U0114496

印度佛學研究

吳汝鈞 著

臺灣學生書局印行

自 序

　　這是我近年所寫有關印度佛學的研究的文字，其中不少在港、臺的學報和有關刊物中刊載過。現在把它們結集成書，題為《印度佛學研究》。

　　在我國的佛學界，研究中國佛學的文字比較多，研究印度佛學的文字比較少。在歐美和日本學界，情況剛好相反。我國少人研究印度佛學的原因，自然很多，其中一個很重要的，顯然是缺乏印度佛學的原典語文的知識，特別是梵文。不過，中國佛學與印度佛學一脈相承，後者搞不通，前者也不會弄得好。天台學與龍樹學是一個很明顯的例子。這兩者有極其密切的關係，不懂龍樹的那套中觀學，休想通天台義理。天台自然有進於龍樹之處，不過，那是另外的問題。在這個意思下，本書對彌補我們對印度佛學研究的不足方面，或許有些幫助。

　　我研究印度佛學的文字，並不限於這本書所收錄的。在拙著《佛教的概念與方法》（臺灣商務印書館，1988）中，也有不少。研究的方法是一貫的。我很重視梵文原典，也喜運用現代哲學與邏輯的概念與理論來詮釋佛教的義理。這便是我在另一拙著《佛學研究方法論》（臺灣學生書局，1983）中所提到的文獻學與哲學雙軌並進的方法。研究的成績如何，我不想說。這應留待高明的讀者來作判斷。

印度佛學研究

目　次

佛陀傳記之研究

佛教的傳統一直都以釋迦牟尼（Sākyamuni）或佛陀（Buddha）為該教的教主或創始人。不過，有關佛陀的實際的生平，是不很清楚的。有些學者甚至懷疑是否真有佛陀其人在歷史中出現過。本文的目的，是要探討一下現代學者對佛陀的生平或傳記的研究，看看記述佛陀的傳記最為詳盡的《佛所行讚》（Buddhacarita）一書的內容，簡單地比較一下這本文獻與漢譯同類書的《長阿含經》（Dīghanikāya）的同異；最後討論一下佛陀的傳記的歷史意義問題。希望通過這個報告，我們可以對佛陀傳記的性格有一中肯的了解。首先我們看看現代學者在佛陀傳記的研究方面的不同進路。

一、對佛陀傳記的研究的兩個進路

說到某一個人的傳記、生平之類，我們會很自然地聯想到在過往發生過的有關該人的事實。不過，佛陀的情況卻是不同，它是較為複雜的。雖然我們可以找到大量記述佛陀生平的資料，但並沒有一種可以被視為是歷史性質的。即是，這些資料都有很濃厚的杜撰意味。因此，對於佛陀傳記的研究，亦有種種式式，它們之間可以有很嚴重的歧異之點。研究佛陀傳記的人，很易犯上

混傳聞為事實的毛病,很多時是把傳聞與事實夾雜起來,不加區別。亦有人採取極其嚴厲的懷疑眼光來看這個問題,懷疑歷史上是否真出現過佛陀其人哩。

　　一般來說,西方學者對佛陀傳記的研究,可大分為兩種態度或進路。其一是對佛陀的歷史的真實性格,持極端保留態度;另一則認為佛陀是一個歷史人物。辛納(Emile Senart)和維爾遜(H. H. Wilson)代表第一種進路;奧登拔(Hermann Oldenberg)和戴維斯(T. W. Rhys Davids)則代表第二種進路。

　　辛納是透過比較神話學(comparative mythology)的方法來看佛陀的生平的。他並不如傳記那樣,承認佛陀在歷史上的存在性,是佛教的創始者,卻以一種太陽聖雄(sun-hero)的身分來看佛陀。他認為人們把佛陀視為具有歷史的真實性,是邏輯上必須這樣做的;倘若不這樣做,佛教的教團便沒有一個教主或創始者了。他強調佛陀是佛教徒透過想像而營造出來的,他們把諷頌的詩歌中有關太陽神的故事作為一種裝扮或外衣,披到一個人的身上,這便是佛陀了。[1]維爾遜則更為直截了當,他認為釋迦牟尼不是一個真實的人物,並非不可能。很多關連到他方面的事情,不過是構想(fiction)而已。[2]

　　奧登拔和戴維斯則和他們不同。這兩個著名的學者承認佛陀是一個歷史的人物,並認為巴利文獻是記載佛陀及其生平的可靠資料。奧登拔更大力強調這些文獻載有一連串的正面的事實,提供我們有關佛陀的生平的了解。他認為巴利文是由南印度傳入

---

[1]　辛納的這種見解,見於奧登拔所撰之《佛陀:其生平、教說與社團》(*Buddha: His Life, His Doctrine, His Order*)一書中,pp. 72-74。

[2]　"Buddha and Buddhism", in *JRAS*, XVI (1856), p. 248.

的，其後在錫蘭變得很流行。錫蘭方面的資料也認為佛陀本人通曉和說過巴利文。[3]另外一個學者布魯斯德（E. H. Brewster），亦屬於這個路數。他相信巴利文經典能提供有關佛陀生平的最可靠資料，而學者們的歷史方面的研究，亦在某些點上證實了這個信念。

在有關佛陀的傳記的研究方面，日本學者亦作出了重要的貢獻。他們包括中村元、水野弘元和增谷文雄。這些學者都寫過有關佛陀傳記的專著。[4]大抵上他們支持奧登拔的論點，認為在提供有關佛陀生平的歷史的描述方面，巴利文獻是較可靠的。例如，中村元即在描劃佛陀的歷史面貌方面，提出以下兩個要點：

a. 雖然所有宗教的文獻都是歷史的產物，但那些在較早時期被編集及出現的，應被視為較可靠的。因此，在原始佛教的文獻中，我們應多留意和重視那些用巴利文來寫的最早期的經典（也包括相應的梵文經典和漢語、藏語的翻譯），特別是最早出現的《經集》（*Sutta-nipāta*）。

b. 即使是上面提到的最早期的巴利文獻，也不能完全免於

---

[3]　*Buddha: His Life, His Doctrine, His Order*, p. 75. 關於戴維斯的看法，可參考他的《作為喬答摩佛陀的生平與教說的一個素描的佛教》（*Buddhism, being a sketch of the Life and Teachings of Gautama the Buddha*）一書。

[4]　中村元：《ゴータマ・ブッダ——釋尊傳》，法藏館；水野弘元：《釋尊の生涯》，春秋社；增谷文雄：《アーガマ資料による佛傳の研究》，在家佛教協會。

　　　　傳聞的和超自然方面的成分。因此，我們有時必須求助
　　　　於真實的證據，例如考古學和地理學方面的資料和事
　　　　實。

基於以上兩點，中村元特別讚許傅希爾（A. Foucher）的研究方
式。後者寫了《佛陀的生平》（*The Life of the Buddha*）一書。他
通過對古代的寫本和出土的雕像或碑銘的研究，來考察印度人是
怎樣描劃佛陀的傳記。

二、有關佛陀的傳聞的故事

　　以下我們看看有關佛陀的傳聞的故事。佛教文獻中有很多這
方面的資料，包括小乘文獻與大乘文獻。小乘文獻通常是用巴利
文來寫，大乘文獻則用梵文來寫。在這些文獻中，學者最注目
的，要數巴利文的《本生經》（*Jātaka*）和梵文的《佛所行讚》
（*Buddhacarita*），這兩者被視為較全面的佛陀的傳記。傳統一
直以那個大詩人馬鳴（Aśvaghoṣa）為《佛所行讚》的作者；在
印度文學史中，這本書享有很好的聲譽。它的梵文本子大概在紀
元 200 年成立，而約在紀元 500 年間被翻譯成中文。我們通常所
用的，是莊士頓（E. H. Johnston）的英文譯本，那是從梵文本子
翻譯過來的。[5]以下我們即根據莊士頓的譯本，並對比譯本所附
的梵文本，簡述一下《佛所行讚》的內容，由此可以見到佛陀的

5　E. H. Johnston, *The Buddhacarita or Acts of the Buddha*. Delhi, Varanasi,
　　Patna: Motilal Banarsidass, 1978 (reprint).

生平大略。

　　在釋迦（Śākya）族中，有一個國王，稱為淨飯王
（Śuddhodana）。族中的人都愛戴他。皇后摩訶摩耶
（Mahāmāyā）有一次不經正常的交接便懷了孕。在這之
前的一次睡夢中，她看到一個白象王進入她的體內。最
後，在藍毗尼（Lumbinī）的一個叢林中，她生下一個男
嬰。

　　嬰兒出生時，大地像船隻被風浪吹打那樣地震動；無雲的
天空降起檀香的雨露來，灑下藍藍的和淡紅的蓮花；毒害
人畜的野獸也聚攏起來，不爭鬥了；困擾著人的身心的病
痛也不醫而癒了。

　　這個孩子在無量的過去世中，生命已淨化了。故他出生
時，並非愚昧的，卻是充滿著智慧。他行了七步，便堅毅
地宣布：「我是為了世間的眾生的覺悟大事而來的，這是
我在現象世界的最後一輪受生了。」在這當兒，天上突然
降下兩條水流，一溫一冷，灑落在他的身體上，使他舒暢
起來。居住於天界的眾生全都預料他是會獲致覺悟的。

　　一天，有些婆羅門來了。他們對國王說：「從環繞著這個
孩子的種種祥瑞看來，他肯定會成為一個覺者，或一個人
群中的轉輪聖王哩。」國王當然希望他的兒子成為大地的
主人，而不希望他遁隱到森林去求取覺悟。不過，他的內
心總是憂慮著兒子最後會走向出家的聖者的道路。因此，
他用財寶、象群、馬匹和友朋把兒子迷惑過來，供給他種
種式式的財富和珠寶，使他癡戀世俗的一切。

摩訶摩耶皇后見到自己的兒子的不思議的力量，像神力那樣，感到異常驚喜，最後竟不能自持，離世死去了。於是王子改由皇后的一個姊妹撫養，日漸長大。他是那樣地精明，在數天之內，便知悉很多學問；這些學問，在一個普通的青年來說，需經年累月才能掌握到。

國王仍然懼怕兒子會跑到森林去。因此他用很多感官上的歡愉，來吸引兒子。他又給兒子成婚，讓他娶了耶輸陀羅（Yaśodharā）：一個美麗、溫柔和有教養的女子。不久，他們生下了一個兒子，叫作羅睺羅（Rāhula）。

在宮廷的豪奢的生活的當兒，王子也曾多次出外遊覽，每次都由忠誠的僕役伴隨著。途中，他曾先後碰到一個老人、一個病人和一個死人。御者告訴他，老病和死都是人生不能避免的事，即使像他那樣一個王子，也不能倖免。王子聽後，內心感到極度煩亂，整日都陷於深沉的尋思中，對官能的對象，都失去興趣和慾望了。他開始嗅到世間無常的本性，認識到一切生命存在都被苦痛所困擾。打那個時候起，他無法安定下來，卻是希望尋得一種精神上的寧靜。有一天，他又出外了，要到森林那邊看看。路上，他看到泥土被掘起，野草被裂碎，蝗蟲、昆蟲及其他動物的屍體，堆得亂作一團。他感到很哀傷，陷入深沉的悲痛中，覺得好像自己的親人被殺害那樣。

最後，他碰到一個乞食的人，或稱托鉢僧，或沙門（śramaṇa）。後者告訴他，由於對生死的恐懼，他放棄家庭生活，以便尋求解脫，追尋生命的永恆性。他還說自己去到哪裏，便在那裏停留下來，有時在樹下，有時在破

廟裏，有時在山上，有時在森林裏；別人給他甚麼供養的食物，他都接受。聽完這些話，王子便打定主意，要離開宮廷，去追尋內心的永恆的寧靜，克服世間的無常的性格。

他懇求父王允許他離去。遭到拒絕後，竟溜了出來，離開京城。他進入叢林，修習起苦行來。在修習期間，他遇到摩揭陀（Magadha）的國王、隱士艾勒達（Arāḍa）和烏特勒喀（Udraka）。後二者曾試圖遊說他相信靈魂存在的道理，但他沒有接受。在他看來，靈魂存在的假設與追尋永恆性這一目標是不協調的；因為靈魂始終為苦惱所圍，即使一個人在精神上達致某種境界，這種假設也會把他扯回現世中來。

他來到尼連禪（Nairañjanā）河畔，碰到五個乞食行者；他們正在修習苦行，要克制五官的慾望。他視他們為自己的信徒，和他們聚在一起。他挨餓，不進食，修習極端的苦行，以為這樣便可以了斷生死大事。六年過去了，他變得體衰力疲，卻未能達致他的目標。

最後他領悟到，純然的苦行並不能使人從苦惱和生死輪轉中解放開來。必須不斷地調適官能，適當地平衡情意和集中地進行瞑想，才能得到內在的寧靜和永恆性。因此他停止苦行，回復進食和沐浴。在尼連禪河沐浴的當兒，他由牛群主人的女兒手中接過乳糜（以牛奶來煮的粥品）。那五個乞食行者失望地離去了，他們以為他已經放棄了聖潔的生活。

剩下自己一個人了，王子最後來到菩提樹下，坐了下來，

並發誓若不能得覺悟，便不離開這個座位。

他發出這個覺悟的弘願時，整個世界都歡欣鼓舞起來。但摩羅（Māra）——正法的敵人——卻驚慌起來。他害怕倘若王子獲得覺悟，向世界宣示獲致解脫的途徑，他會對世界失去威權與制宰。因此，他走近王子身邊，用盡一切方法，企圖摧毀他的求覺悟的意志。但王子不為所動，沒有改變坐姿。最後，摩羅只得失望沮喪離去。

王子以堅毅的意志與力量克服了摩羅的騷擾，便使自己進入深沉的禪定境界，俾能獲得有關究極的真實的知識；這知識是，苦惱的世界是由因緣生起的。這究極的真實與苦惱、解脫都有非常密切的關連。若能真正地體證它，便得解脫；若不能了解它，便淪於苦惱。

王子終於有如下的體會了。苦惱是由老與死而來的，老與死是由生而來的，生是由存在（個別自我的形成）而來的，存在是由佔有而來的，佔有是由渴愛而來的，渴愛是由感受而來的，感受是由接觸而來的，接觸是由六感官而來的，六感官是由名與色而來的，名與色是由意識而來的，意識是由盲目的意志而來的，盲目的意志是由無明而來的。因此，若能斷除無明，便能斷除盲目的意志。同樣，斷除了盲目的意志，便沒有意識，便沒有名色，便沒有六感官，便沒有接觸，便沒有感受，便沒有渴愛，便沒有佔有，便沒有存在，便沒有生，便沒有老與死，因而便沒有苦惱。（這在後來被稱為十二因緣的理論。）

這樣順逆地觀照了因緣的真理，王子便站了起來，面對世界，而成為佛陀（Buddha）。（佛陀的意思是一個已經

得到覺悟的人。）他獲致完全的覺悟。

這時，大地震動起來，四方八面一片光明，鼓聲從天而降。沒有人憤怒了；也沒有人受疾病困擾；或感覺煩憂；沒有人犯罪，或內心恣意放縱。整個世界平靜下來，好像達到完滿的境地。

佛陀體證到因緣的真理，進入無我的狀態，也激發起來。他決定在餘下的有生之年，向世界宣揚正法（Dharma）的真理，使眾生由無常的苦惱中解放開來。

三、《佛所行讚》與漢譯《長阿含經》

以上是《佛所行讚》所記載有關佛陀的傳聞的故事。以下我們比較一下這部梵本的佛陀傳記與漢譯的本子，並關連著漢譯《長阿含經》的一些有關問題作些討論。

現存的梵文本《佛所行讚》，計有十七章；其中只有前頭的十四章可被確認為馬鳴所作。這十四章記述佛陀的前生的生活，以及於他最後獲致覺悟的境地。漢譯本的《佛所行讚》[6]則有二十八章，記載了佛陀一生的完整故事。就前十四章來說，梵文本與漢譯本在內容上可以說是大同小異。因此，我們可以說，漢譯本是相當忠實於原文的，因而是可靠的；而梵文本亦可視為本來由二十八章所構成，只是其後的十四章失去了。至於現存的十七章的梵文本子，其第十五至第十七章計三章，則是後人加進去的。

6　《大正藏》卷 4，頁 1-54。

　　若就內容方面看《佛所行讚》與《長阿含經》，則可以說，《佛所行讚》雖有些怪異的說法，但總的來說，還是較溫和較平實的，特別是關乎王子的出生的事。據《長阿含經》，王子是從他母親的右邊腋窩出生的。這部文獻還誇張地說王子有三十二種身體方面的奇特的相狀；例如，他的皮膚是金黃色的，他的舌頭特別長，以至於可以伸出來碰到耳朵之類。這些都是較極端的說法，為《佛所行讚》所無的。

　　佛陀傳記的中心故事，自然是他的不平凡的出生、相士的預言、豪奢的宮廷生活、四門出遊、矢志出家求道、多年的苦行、最後在菩提樹下成正覺。這些情節，《佛所行讚》與《長阿含經》大抵上是相同的。至於在成覺前所悟到的有關人生與宇宙的真理，特別是順逆地觀十二因緣而得出的因果關連的理則，兩者的說法可謂完全相同。

四、佛陀傳記的歷史意義

　　佛陀的傳記雖不必表示歷史，實際上，有很多情節，可以定案為非歷史的。即使是如此，佛陀傳記仍可反映出某些歷史的，甚至是社會的事實。在這方面，筆者以為我們應留意以下諸點。

　　a. 在有關佛陀的很多傳聞中，佛陀總是被說成為王子的出身，那當然是他在成佛以前的事。而他的父母，也被說為國王與皇后。這些點都是與歷史的現實相違的。事實是，在佛陀的那個時候，整個印度在政治上分裂為多數細小的社團，或集團。他的父親充其量只可能是某一族人的長官或領袖而已，不可能是「國王」。而有關佛陀在年輕時的豪奢的宮廷生活，肯定有誇張的成

分。因為在那個時候，印度人都是農民，生活很貧困；即使是那些經濟較富裕的家庭，其生活方式也是很單調的。不過，我們可以看到，這些誇張的傳聞的作者們，實在要刻意地營造出佛陀的在家與出家間的強烈的對比氣氛，顯示出佛陀對於他所享有的一切名位與財富如何地不屑一顧，也突顯出他出家而矢志求道的堅強的意願。

b. 佛陀的傳聞包含很多有關他的出生的奇跡，和他在智慧方面的異乎常人的早熟。例如，他不需經過正常的父母的交合而出生，在生理上，他是沒有父親的，卻是自他的輪迴圈中下降至他的母親的身體內，受胎而生；他出生後，馬上便能行走，並宣稱有關覺悟的事。這些情節自然是他的傳記的作者們的渲染。他們的意向，很可能是要突出作為佛教的創始人的特異性與偉大性。他們很可能是佛教徒，或起碼是佛教的強力的支持者。

c. 在傳聞中，王子家庭的成員，常被描繪成具有高貴的品格。他的父親、母親、姨母和妻子是人中最優秀的一群；甚至他的坐騎馬匹，也被描述為極為忠誠和仁厚。這又再一次顯示出這些傳聞的作者們如何透過一個強烈的對比：王子本來的高貴的地位、家庭的溫暖與出家後遭遇到的貧困和孤淒的生活，以突出王子還是那樣堅毅地要捨棄宮廷的生活，一心一意地追求生命的解脫這一終極目標。

由以上三點，我們可以想像到佛陀傳記的作者們刻意把佛陀描劃成一個傑出甚至是超人的形象的苦心；似乎如果不這樣做，便不能解釋佛教的偉大。這就學術的立場來說，當然是無意義的，甚至會對學術做成障礙，因為這會使弄學術的人徘徊於歷史與構想之間，而迷失自己。不過，從另一角度看，這種做法仍有

一定的歷史意義。它能使我們知道當時的人是如何了解佛陀的，
或者說，佛陀在當時印度人心中的印象是怎樣。另外，我們可以
追問：那些佛教徒或佛教的支持者為甚麼要這樣地渲染和誇張佛
陀的生平呢？這一方面可能出自對佛陀的景仰心情。但也可能基
於現實上的需要。即是說，在與其他宗教競爭，俾佛教能生存並
且繼續發展下去的要求下，誇張以至神化佛陀，是必要的。一個
宗教的創始人，倘若能以超人的形象出現，對於促進該宗教的發
展和強化它的影響力，以至鞏固它的根基，都可以起重大的作
用。因此，我們有理由相信，在佛陀傳聞中出現的這樣的形象的
佛陀，實反映了在這傳聞醞釀時佛教所遭遇到的一些政治的、社
會的或教義上的危機。[7]

後記：這篇文字本來是筆者多年前在北美參加一個研討會上的研
　　　究報告，原文用英語寫出。由於是報告，故當時並未詳細
　　　記下有關書目的資料，如出版地、出版者和出版時一類。
　　　現在已離開北美，故一時也不易找到這些資料，希望日後
　　　有機會補上。
　　　原文雖然不夠詳盡，但筆者為了做這個報告，看了好些書
　　　籍；覺得這個報告對我國的讀者來說，還是有些參考價
　　　值，因此把它用中文轉寫刊出。不完足之處，希讀者諒
　　　察。

7　關於這方面的問題，瓦爾瑪（V. P. Varma）在其《原始佛教及其起源》
　　（*Early Buddhism and its Origins*）一書中有扼要的敘述。（頁 25）

從巴利文與漢譯經典論原始佛教

前　言

在我國的思想界和佛教界，提到原始佛教或釋迦牟尼的教法，通常都列舉四聖諦、三法印及十二因緣這幾種說法。一般來說，這是對的。不過，這些說法，都不是最根本的。最根本的義理，應該是緣起。即使是釋迦牟尼覺悟的契機，所謂苦，對生命存在的苦痛煩惱的普遍的深沉的感受，亦是在緣起或緣生的義理下說的。緣起是義理，在實踐方面，則是中道。本文的目的，是要依據巴利文與漢譯的經典，說明這點。另外，我們也會討論三法印的說法是否有虛無主義的傾向一問題。

文中的略號 Skt. 表 Sanskrit，即梵文。Pāli 則表巴利文。這則不是略號。

一、佛教的發端

所謂佛教的發端，是指釋迦牟尼（Śākya-muni）在菩提樹下覺悟到有關世間種種事象與人的生命存在的真理，而把這真理傳播開來之意。釋迦牟尼或釋迦覺悟到這真理後，便成為所謂「如來」（tathāgata），指到達真理的人之意。[1]他又被尊為佛陀

---

[1]　關於「如來」（tathāgata）一詞，通常是指到達真理的人之意。若細加考察分析，則可有五個意思。參看拙著《佛學研究方法論》，臺北：臺灣學生書局，1983，頁 108-109。

（Buddha），指覺悟了的人之意。他有時又被稱為一切智者，這是指他所獲致的智慧，是一切智慧的基礎之意。他是在三十五歲時開悟的，其後招納了不少徒眾，成為出家弟子，而成為一個教團，這即是佛教。另外，他又度化了不少在家的人，使他們領悟到佛教的真理。釋迦自悟道後，四十五年間，都從事教化的工作；最後在八十歲入滅。他生於紀元前 463 年，歿於紀元前 383 年（一說生於紀元前 564 年，歿於紀元前 484 年）。

釋迦本人並未有著述。他的教說，為弟子所傳誦。在他歿後，弟子們集合起來，把他的教說紀錄整理。在當時中印度的摩揭陀（Magadha）國的首都王舍城（Rājagṛha），即有五百個佛弟子集合起來，蒐集和整理釋迦在四十五年間所宣示的教說。他們各自把從釋迦口中聽到的東西憑記憶錄下，集合起來，確認哪些真能代表釋迦的教說。這便是所謂「第一結集」。這個結集由釋迦的大弟子大迦葉（Mahā-kāśyapa）主持。在教法（Dharma）的結集方面，由有記憶第一之稱的阿難（Ānanda）負責；在戒律（Vinaya）的結集方面，則以在這方面最有研究的優波離（Upāli）負責。

二、經、律、論三藏

釋迦滅後，教法與戒律兩者分別傳播開來。在教法方面，內容與形式經過不斷的整理，而成為《經》（Pāli, *sutta*；Skt., *sūtra*）。「經」有連繫的意思，表示教法通過簡單的方式被濃縮連串起來。這樣，可方便記憶背誦。不過，其後又附加上說明的語句，以「如是我聞」為開端而發展下去，因而有較冗長的經

典被製作出來。這些經典的結集成為「經藏」。這即是《阿含經》（*Āgama*）。在漢譯方面的所傳，是四阿含經：《長阿含經》、《中阿含經》、《雜阿含經》、《增一阿含經》。在巴利語原典方面的所傳，則分為五部：《長部》（*Dīgha-nikāya*）、《中部》（*Majjhima-nikāya*）、《相應部》（*Saṃyutta-nikāya*）、《增支部》（*Aṅguttara-nikāya*）、《小部》（*Khuddaka-nikāya*）。此中的每一部經典，都由眾多較小的經典集合而成。例如漢譯的《長阿含經》，即由三十部小經集合而成。

　　關於戒律方面，那是佛弟子的修行規則的結集，同時也包含佛教作為一個出家教團的整套團規。佛教的教團，通常稱為「僧伽」（saṃgha），或「僧」。隨著教團的發展，這些僧伽的團規與運作、管理方法也跟著受到整備，增大了戒律的內容。這些戒律的結集，便是「律藏」。這可分三部分：《經分別》（*Suttavibhaṅga*）、《犍度》（*Khandhaka*）、《後篇》（*Parivāra*）。大體來說，在釋迦歿後一百年間，經與律這兩個藏逐漸具備了雛形。

　　隨著教團的擴大與開展，研究經藏與律藏的文獻的僧眾便與日俱增。對於這些文獻，特別是經藏的，有很多解釋。這都是佛弟子的著作，而不包含於經藏中的。把這些著作集合起來，便成「論藏」。要注意的是，論藏通常是指對經藏的解釋，並不包括對律藏的解釋在內。當然亦有人對律藏作注釋，但為數不多，並未成獨立的藏。這些對律藏的注釋，其後收入於律藏中，成為其中的一個組成部分。

　　這樣，便有所謂經、律、論「三藏」（Pāli, *ti-piṭaka*；Skt., *tri-piṭaka*）了。這是早期佛教文獻的全部內容。其後雖有新的大

乘經論被製作出來，但「三藏」的名稱，仍然沿用。有時包括大
乘文獻，有時則仍特別指早期的文獻。這些三藏文獻，在紀元前
一世紀左右寫在貝葉上[2]，成為書本的形式。

三、原始佛教的義理

所謂「原始佛教」，指以經、律兩藏為基礎的佛教，特別是
指阿含的文獻而言。[3]日本學者喜以「原始佛教」指由釋迦在世
時至其後佛教分裂為二十個部派間所發展的佛教。在西方，它被
稱為 Primitive Buddhism，或 Original Buddhism。

原始佛教的經典，雖非直接出自釋迦之手，但最能反映釋迦
的思想與本懷。後來發展的佛教，不管是小乘抑大乘，都不能違
背，故可視為佛教的根本，稱它為「根本佛教」，亦無不妥。以
下我們即就釋迦的思想與本懷，來說原始佛教。這些教義在佛教
發展中所以有特殊意義，正是由於它是根本佛教之故。

釋迦的教法，基本上可分義理與實踐兩方面，而這兩者又有
密切的關連。在義理方面，其骨幹在緣起，由此說苦、無常、無
我（空）等觀念，這些觀念表示於以苦為中心的四諦中。在實踐
方面，則是中道，由此而說八正道。義理與實踐的匯合，則是涅
槃的宗教理想的實現。釋迦的終極歸宿，或終極關心（ultimate

2　貝葉，又稱貝多羅葉，這是由多羅（tāla）樹的葉製成。多羅樹形似棕
　　櫚，身高可達 24-25 米，花大，為白色，果實為赤色；葉大，成羽狀。
　　古代印度人喜以針（鐵筆）在貝葉上刻上經文，因而有寫本存留；這些
　　寫本，稱為「梵篋」。

3　阿含（āgama），傳承之意。佛教即由這一經典系列傳承下來。

concern），是如何解決生命存在的苦痛煩惱等無常問題，而使之轉化或超化，獲致永恆與無限的意義，這便是所謂解脫（mokṣa）。故他的教法，有一救贖的（soteriological）的目標，實踐意味非常濃厚。要說他有哲學，這基本上是實踐的哲學，而不是理論的哲學。[4]

四、緣起與苦

根據《相應部》經典的記載，釋迦極其重視緣起（Pāli, paṭiccasamuppāda；Skt., pratītyasamutpāda）的真理。他強調以生為緣，所以有老死，這便是緣起。這個真理，或法（Dharma），是不易的，如來出世前是如此，如來出世後，也是如此。這緣起的意思，是相互依存。如來的成道，是覺悟到這個真理之故。這真理又稱為「如性」（tathatā）、「不虛妄性」（avitathatā）、「不異如性」（anaññathatā）、「相依性」（idappaccayatā）。[5]對於緣起，他提出一個很素樸的公式來說明：

> 有這便有那，此生便彼生；

4　這種傾向，不獨原始佛教為然，整個佛教體系也是如此。實踐義或救贖義總是在第一位的，理論只有輔佐作用而已。不能緊握這點，便不能理解與深入佛教。

5　*Saṃyutta-nikāya*, 12・15。（《南傳大藏經》，13，頁 24-25）《南傳大藏經》（以下省稱《南傳》）是以巴利文（Pāli）記述的藏經，是錫蘭上座部所傳。

> 無這便無那，此滅便彼滅。

這是《小部》經典的說法。[6]在漢譯《增一阿含經》中，亦有相似的說法：

> 因是有是，此生則生。……此滅則滅，此無則無。[7]

「有這便有那，此生便彼生」是說緣生；「無這便無那，此滅便彼滅」是說緣滅。二者都是緣起一義理所涵。在這方面，他特別關聯到老死方面，提出若沒有生，便沒有老死；若生滅，老死便滅。這樣便發展出十二因緣（dvādaśāṅgika-pratītyasamutpāda）的順逆的系列，以解釋個體生命或生命存在的生起與息滅。[8]

釋迦說緣起，最初並不是就存在論的角度提出來的，即不是要以緣起來解釋事物存在的原因。他卻是對人生的苦，或苦痛煩惱，有很深沉的感受，因而探究苦的生起問題，其目的是要去除苦惱。他的領悟是，苦是緣起的，是由種種條件或緣的結集而成的。要除去苦，便要破除這些條件的結集。故他說緣起，不是出於哲學的、理論的興趣，而是發自一種救贖的（soteriological）、實踐的（practical）動機。在緣起的脈絡下，環繞著苦這一重大課題，他提出四個問題：

一、關於苦的問題

6　*Khuddaka-nikāya*，自說部，1・1～3。（《南傳》，23，頁 85-87）
7　《大正藏》2・776a。
8　關於十二因緣，參看拙著《佛教的概念與方法》，臺北：臺灣商務印書館，1988，頁 1-4。

二、關於苦的生起的問題

三、關於苦的滅去的問題

四、關於苦的滅去的方法或途徑的問題

從實踐的角度來說，這四個問題合起來便成為生命的真理，所謂「諦」（Pāli, sacca；Skt., satya）。四者便成「四諦」（cattāri saccāni），或「四聖諦」。具體地說，這即是：

一、苦的聖諦（dukkhaṃ ariyasaccaṃ）

二、苦的生起的聖諦（dukkhasamudayo ariyasaccaṃ）

三、苦的滅去的聖諦（dukkhanirodha ariyasaccaṃ）

四、苦的滅去的途徑的聖諦（dukkhanirodhagāminī ariyasaccaṃ）

所謂「聖」（ariya），即是尊貴之意。這四個問題，或四諦，在漢譯《中阿含經》中的《箭喻經》中亦有提及，這即是：

苦、苦集（習）、苦滅、苦滅道跡。[9]

這四聖諦的名目，在漢譯《雜阿含經》卷 15 中也常提到：

爾時世尊告諸比丘：有四聖諦。何等為四？謂苦聖諦、苦集聖諦、苦滅聖諦、苦滅道跡聖諦。[10]

關於無常、無我、空等義理，都在這緣起或緣生的思想下提出來

---

[9]　《大正藏》1‧805c。

[10]　《大正藏》2‧104c-105a。

的。人的生命的目的，或方向，是要從苦中解脫開來，求得寂滅的涅槃（Pāli, nibbāna；Skt., nirvāṇa）境界。所謂「三法印」：諸行無常，諸法無我，涅槃寂靜，亦是在這緣起與苦的思想下提出來。

五、中道與八正道

釋迦教人滅去苦，這並不表示他有偏好快樂的傾向，特別不表示他要人追求放縱的樂。他是反對一切縱情縱慾的行為的。他反對過分的刻苦，也反對過分的快樂，這兩者都視為極端，所謂「禁慾主義」與「快樂主義」，而提出「中道」（Pāli, majjhimā paṭipadā；Skt., madhyamā pratipad）的態度。這中道並不止限於對苦樂的感受而言，而實蘊涵一對世間的正確的不著不捨的態度。世間的物事，都是緣起；苦也是緣起。苦是生命的一個普遍存在的現象。釋迦教人除去苦，卻不教人除去世間法。除去苦之後，世間法還是保存，一切還是依緣起的理法來運行。緣起基本上表示世間事物的存在形式。世間事物，由於是緣起，故不是常住不變的有，也不是虛無斷滅的無。「有」、「無」代表兩個極端，所謂「邊」。釋迦教人正確地理解世間事物的緣起的本性，不取著它們，也不捨棄它們，這便是中道。《雜阿含經》卷 10 謂：

> 如實正觀世間集者，則不生世間無見。如實正觀世間滅，則不生世間有見。……如來離於二邊，說於中道。[11]

---

11 《大正藏》2·67a。

同經卷 34 又謂：

> 若先來有我，則是常見。於今斷滅，則是斷見。如來離於
> 二邊，處中說法。[12]

「中道」中的「中」（majjha），是一個概念，或表示一種思想
的立場。但中道則是一個實踐的方法，亦有目標的意味。這即是
遠離兩種極端或「二邊」（dve antā）的實踐法。在這方面，釋
迦提出八正道，或「八聖道」（ariyo atthaṅgiko maggo）。這是
八面思想與行為的正確方法，所謂「正見、正志、正語、正業、
正命、正方便、正念、正定」。正志亦作正思，正方便亦作正精
進。這八聖道指的是甚麼，很容易理解。簡單來說，可述如下：

一、正見是遠離虛妄的正確的見解。這即是對世間事象的
　　緣起性具有如實的見地。不執著於有，亦不執著於
　　無。

二、正志是正確的思惟，遠離世俗的執見、邊見。不起虛
　　妄分別。

三、正語是純正清淨的言說，合乎佛法的言說。遠離一切
　　戲論（prapañca）。

四、正業是正當的活動、行為。遠離一切惡行。

五、正命是正當的生活方式、平實的生活方式。遠離一切
　　奇詭與怪異。

---

[12]　《大正藏》2・245b。

六、正方便是正確的努力，修善棄惡，努力不懈地向解脫
　　的目標邁進。遠離種種懈怠與昏沉。

七、正念是正確的心志，一切以佛法為念。遠離種種妄
　　念。

八、正定是正確的禪定修習方式，正身端坐，專心一志。
　　遠離一切散亂。

對於每一個正道，在文獻上都有解釋。例如《雜阿含經》卷 10
解正見云：

> 世人顛倒，依於二邊，若有若無。世人取諸境界，心便計
> 著。……若不受、不取、不住、不計於我，此苦生時生，
> 滅時滅。……於此不疑、不惑、不由於他，而能自知，是
> 名正見。[13]

這八正道或八聖道的方法，平實易行，不標榜奇特。重要的是，
釋迦以為，這是使人正確地認識苦、苦的原因、苦的熄滅，及苦
的熄滅的有效方法。《雜阿含經》卷 12 謂：

> 謂八聖道：正見、正志、正語、正業、正命、正方便、正
> 念、正定。我從彼道見老病死，老病死集，老病死滅，老
> 病死滅道跡。……我於此法自知自覺，成等正覺。[14]

---

[13]　《大正藏》2‧66c-67a。
[14]　《大正藏》2‧80c-81a。

此中的老病死，其實是苦的較具體的說法。八聖道能使人通達並實踐四聖諦，而得覺悟。

六、關於三法印

說到原始佛教，或釋迦的教法，學者總會提到「三法印」。所謂「法印」（dharma-mudrā），在佛典中有時又作「法本末」、「法本」、「相」等詞彙列出。法是佛法，或佛法所表示的真理；印是旗印、標幟之意。故法印指足以證實為佛法或真理的規準。印亦有真實、不動、不變之意。故這些規準是真實不動搖的。

法印有三。這即是一般所說的諸行無常、諸法無我、涅槃寂靜。要注意的是，在巴利語經典中，並無三法印的說法。在漢譯《雜阿含經》中，曾經三度提到如下的語句：

> 色無常，受、想、行、識無常；一切行無常。一切法無我。涅槃寂滅。[15]

所謂「諸行無常」，顯然是「色無常，受、想、行、識無常；一切行無常」的省略語。「行」（saṃskāra）音譯作「刪迦羅」，有兩個意思：造作與遷流。很多時是指向心識方面，所謂「心之行」，這便是意志、意念之意。不過，這裏先說色、受、想、行、識這五蘊（skandha）是無常，然後說一切行無常，似是以

---

[15]　《大正藏》2・66b-c。

行來總括五蘊，或以行來說五蘊之意。在佛教典籍中，通常是說五蘊無我，或五蘊皆空的，很少說五蘊無常。當然說五蘊無常（常指常住不變的本質），亦是可通的。至於「諸法無我」則與「一切法無我」完全同義。不過，所謂「無我」應作何解釋，卻是一問題。對應於無我的梵文表示式，通常是 nairātmya，anātman，或 nirātman，都表示對那常住不變的我體（ātman）的否定之意。這我體自然有主體義、自我義。諸法無我即指一切存在，或法（dharma），都沒有常住不變的我體。這便有點不自然。因說沒有常住不變的我體，通常是就五蘊說的，五蘊是構成人的生命存在的五種要素，說五蘊無我，無異說人的生命存在並無常住不變的主體或我體。這是早期佛教持之甚堅的論點。但這又有困難。因上面已說五蘊無常，這裏似乎沒有再說五蘊無我的必要。故「無我」的「我」，很可能不指常住不變的我體，而指那常住不變的自性（svabhāva）。諸法無我，可指一切存在都沒有那常住不變的自性。這樣解釋，亦可與緣起的義理相通。不過，這樣解釋，亦有文獻上的問題。「沒有那常住不變的自性」或「沒有自性」的相應梵文表示式是 niḥ-svabhāva，這通常譯作「無性」、「無自性」、「非自性」、「無定性」。在漢譯的文獻中，通常是這種譯法。[16]好像沒有「無我」的譯法。無我通常是 nairātmya、anātman 或 nirātman 的譯法；而不是 niḥ-svabhāva 的譯法。

這樣，若據上引《雜阿含經》所引的文字，說五蘊無常、諸法無我，都有些問題。若作一些調整，說五蘊無我、諸法無常，

---

[16]　參看荻原雲來編，《梵和大辭典》8，鈴木學術財團，1965，頁 706。

其中,「我」指我體,「常」指自性,便較為通順。早期佛教很強調五蘊中沒有我體,以表示即使我們自己的生命存在都是緣起的,沒有那常住不變的形而上意義的自我,因而教人不要對我起執。但這樣調整,在文字上,又不全合經文。由於沒有巴利文原典來查考,故這個問題,一時亦難解決得了。

日本學者武邑尚邦在其所著的《佛教思想辭典》中,解到「三法印」一條,以《雜阿含經》中的「一切行無常」的巴、梵表示式為 sabbe-saṃkhārā-aniccā, sarva-saṃskāra-anitya;「一切法無我」為 sabbe-dhamma-anattā, sarva-dharma-anātman;「涅槃寂滅」為 nibbāna-vūpasanna, nirvāṇa-vyūpasāma。[17]這些表示式,以巴利文、梵文的文法和語法來看,是沒有問題的。不過,由於巴利文原典沒有這三法印的說法,故即使正確地將漢譯還原為巴、梵原文,對解決我們上面提出的問題,並無幫助。而武邑氏在其書中,也沒有列明這種還原為巴、梵原文的經典根據。

筆者以為,對於這個問題,我們不必太計較文字上的運用。說五蘊無我固是最合切,但說諸法無我,在義理,亦無不可。五蘊本來可包括於諸法之中。「法」(Pāli, dhamma;Skt., dharma)一概念,在古代印度文獻中,可有三個涵意。其一是真理;其二是義務,或本分,指人在家庭與社會所應擔當的任務,所謂 "duty" 或 "obligation"。其三則是一切東西。這最後一個涵意,意思非常廣泛,凡是在現實中存在的,以至於只在思想中

17　武邑尚邦著,《佛教思想辭典》,東京教育新潮社,1982,頁 227。

存在的東西，都是法的所含。[18]五蘊自然是包含於法中。以五蘊來概括一切法，亦無不可。在另一方面，說諸法無常，或五蘊無常，亦是可通的。「常」指那常自不變的自性（svabhāva），這自性當然可包括我體（ātman）在內。諸行或五蘊無常，與諸法無我這兩個法印，意思非常相近，也可說是相通，表示同一的義理，即一切東西都無常住性，不管一切東西是指五蘊或其他東西，也不管常住性是否特就我體而言，或泛指自性。[19]

故三法印的實際所指，是一切東西都無常住性。它們的本來面目，是寂靜的、無造作的，所謂「涅槃寂滅」。

七、三法印非虛無主義

三法印的說法，見於《雜阿含經》。其後又有另一法印被提出來，這即是「一切皆苦」。據武邑尚邦的《佛教思想辭典》所言，在《大智度論》卷 15 有「一切有為生法無常苦印」的說

---

[18] 關於「法」的含意，亦可參考增谷文雄著，《東洋思想の形成》，東京富山房，1964，頁 293。不過，增谷氏並沒有強調法的義務或本分的涵義一面。

[19] 日本學者水野弘元亦以為，「諸行無常」與「諸法無我」都是佛教的根本命題。「諸行無常」中的諸行，是在時間空間中生滅變化的現象界的總稱。「諸法無我」中的諸法，則指存在的東西，其意與諸行可視為等同。（水野弘元著，《釋尊の生涯》，增補版，東京春秋社，1975，頁 96）不過，他未有特別提到諸法亦可指存在於思想中的東西，而只泛說諸法指存在的東西。他所說的存在的東西，大概就是就存在於時空中的現實的東西說。

法。[20]另外，同書又謂在《瑜伽師地論》（*Yogācāra-bhūmi,*
Yogācārya-bhūmi, 或 *Yogacaryā-bhūmi*）卷 46 中，有「一切諸行
皆悉是苦」的說法。[21]武邑的提出，只是引述已有的文獻，想無
訛誤，這裏姑不復查原書對照。我們這裏所留意的是，三法印中
的前兩個法印，都是出之以遮詮或否定的方式，第三個涅槃寂滅
法印，提到涅槃（nirvāṇa），其原意亦是以遮詮表達，消極意義
很明顯。[22]至於第四法印的一切皆苦，亦是從負面來看人生與世
間，消極意味亦很濃厚。我們不免要提出一個問題，三法印是否
有虛無主義（nihilism）或甚至斷滅論（annihilationism）的傾向
呢？它是否有一宗教意義的正面理想呢？

　　要回答這個問題，讓我們再檢查一下上面引述的《雜阿含
經》中的那段文字。按該段文字並非釋迦所親說，而是出之他的
弟子之口。當時釋迦已入滅（般泥洹）。他入滅未久，有一個長
老稱為闡陀的，向諸比丘請教，諸比丘便對他說這段話。即是：

> 色無常，受、想、行、識無常；一切行無常。一切法無
> 我。涅槃寂滅。

闡陀謂已知道這些義理，但他不喜歡聽到，因為「一切諸行空
寂，不可得，愛盡離欲涅槃」。這顯然是認為這種說法傾向空
寂，或虛無主義。最後，他找到尊者阿難。阿難為他說同樣的

20　武邑尚邦，op. cit., p. 227。

21　Ibid., p. 228.

22　有關「涅槃」（nirvāṇa）一觀念的文字學的分析，參閱拙著《佛學研究
　　方法論》，頁 108。

話，不過，他補充說從釋迦方面聽到的教誨，這即是上面強調的
緣起與中道的義理。阿難謂：

> 我親從佛聞教摩訶迦旃延言：「世人顛倒，依於二邊，若
> 有若無。世人取諸境界，心便計著。……如實正觀世間集
> 者，則不生世間無見；如實正觀世間滅，則不生世間有
> 見。迦旃延，如來離於二邊，說於中道。所謂此有故彼
> 有，此生故彼生；……此無故彼無，此滅故彼滅。……」

闡陀聽了這番話，甚為歡喜，「見法得法知法起法，超越狐
疑」。他對阿難說出自己的感受：

> 心樂正住解脫，不復轉還，不復見我，唯見正法。[23]

以上的故事與引文的意思都很清楚。阿難是釋迦弟子中記憶力最
好的一個，他應該沒有錯記釋迦自己的意思。他重說三法印的
話，表示三法印很可能是釋迦自己說過的。根據他的記憶，釋迦
是配合著緣起與中道的教法來說三法印的。即是，此有彼有，此
生彼生，此無彼無，此滅彼滅，都是緣起。故說有說無，都無絕
對義，都是在緣起的脈絡下說的。緣在則為有，緣散則為無。在
緣起的觀點下，對於世間諸法，不硬執為有，亦不硬執為無，這
便是中道，這便是真理。緣起是就世間諸法的本性說；中道則很
有實踐的意味，因此由它可開出八正道。中道一概念，在佛教各

---

[23]　以上的故事與引文，俱見《雜阿含經》卷10，《大正藏》2・66b-67a。

派中，有著重要的位置，特別是大乘中觀學派。不過，它的基本涵義，即在緣起的脈絡，不住兩邊，邊即是偏，執取任何一邊，都有所偏，都不能見真理之全。這兩邊通常以有、無兩範疇來概括。這些涵義，如上所示，在原始佛教中，都已確立得很清楚。必須不執兩邊，而行於中道，才能顯真理之全。宗教意義的理想，亦要在這種義理的脈絡下說。這只是如緣起的實情來理解世界，並不是要否定它，更不是要斷滅它。三法印是依於這緣起的義理和中道的實踐而建立的，故不是虛無主義，更不是斷滅論。

　　原始佛教的教法，是很平實的，也很有世間性。它的理想是植根於現實中。有人說佛教是捨離精神，這充其量只適宜說小乘（Hīnayāna）佛教。原始佛教並不捨離世間。大乘（Mahāyāna）佛教更不是「捨離」所能概括。

《法華經》思想要義

一

　　《法華經》（《妙法蓮華經》，*Saddharma-puṇḍarīka-sūtra*）是較早期成立的大乘經典。它的出現，僅次於般若系（Prajñāpāramitā）的經典而已。它在中國佛教的傳統中，一直都有崇高的地位。歷代的祖師，或重要的出家僧眾，都或多或少地受到它的影響，也為它作了不少疏解或註釋的文獻。如竺道生有《法華經疏》、法雲有《法華義記》、智顗有《法華玄義》與《法華文句》、吉藏有《法華經玄論》與《法華義疏》、道宣有《法華經觀》、窺基有《法華玄贊》、湛然有《法華五百問論》、戒環有《法華經要解》與智旭有《法華經會義》，等等。這部《法華經》有梵文原典現存，亦有西藏文的翻譯。在漢譯方面，則曾先後出現過六個譯本，其中三個失佚，三個現存。三個失佚的譯本為：

　　a. 《法華三昧經》一部六卷

　　b. 《薩芸芬陀利經》一部六卷

　　c. 《方等法華經》一部五卷

三個現存的譯本為：

　　a. 後秦鳩摩羅什譯《妙法蓮華經》七卷

b. 晉竺法護譯《正法華經》十卷

c. 隋三藏崛多譯《妙法蓮華經》七卷

在現代學術界方面，《法華經》也是一個熱門的研究對象。先是有荷蘭學者蓋恩（H. Kern）與日本學者南條文雄合作把梵本校印出來，收於《佛教文庫》（Bibliotheca Buddhica）中；[1]跟著又有日本學者荻原雲來等人將上一版本修訂並以羅馬體出之；[2]其後又有人據中亞出土的本子加以修定梵本，在印度出版。[3]至於翻譯方面，先有畢爾奴夫（Eugène Burnouf）的法譯，[4]再有蓋恩的英譯。[5]近年又出現了一些新的英譯，包括著名的漢維茲（Leon Hurvitz）的譯本。在日本方面，《法華經》的研究風氣，更為盛行。先後把它譯成日語的有南條文雄、泉芳璟、江部鴨村、清水梁山、渡邊海旭、田崎達雄、岡教邃、小林一郎、里見達雄、山川智應、本田義英、紀野一義、坂本幸男、岩本裕，等等一大堆學者。至於對《法華經》的研究（主要是文獻學的研

---

[1]　H. Kern and Bunyiu Nanjio, ed., *Saddharmapuṇḍarīkasūtram*. Bibliotheca Buddhica, No. 10. St. Petersbourg, 1912.

[2]　U. Wogihara and C. Tsuchida, ed., *Saddharmapuṇḍarīkasūtram*. Romanized and revised text of the Bibliotheca Buddhica Publication by Consulting a Skt. MS., Tibetan and Chinese Translations. Tokyo, 1934-1935.

[3]　*Saddharmapuṇḍarīkasūtram*. With N. D. Mironov's Readings from Central Asian MS., revised by Nalinaksha Dutt. Bibliotheca Indica, No. 276. Calcutta, 1952-1953.

[4]　Eugène Burnouf, *Le Lotus de la Bonne Loi*. Traduit du sanscrit, accompagné d'un commentaire et de vingt et un mémoires relatifs au Buddhisme. Paris, 1852. Nouv. ed., Paris, 1925. 2V. Bibliothèque orientale, Tom. 9, 10.

[5]　H. Kern, *The Suddharmapuṇḍarīka*. Sacred Books of the East, Vol. 21. Oxford, 1909.

究），在日本，其量之豐，可以說，凌駕對其他佛典的研究之上。其中最具系統與規模和最受矚目的，要數平樂寺書店出版的一連串的「法華經研究」叢書，其中包括金倉圓照編的《法華經の成立と展開》、坂本幸男先後編的《法華經の思想と文化》與《法華經の中國的展開》等等。橫超慧日更是這方面的專家，他的有關著述，質量俱好。在我國學界，並沒有研究《法華經》的專家。太虛曾有《法華經》講演錄，題為《法華經教釋》，那主要是依據窺基的《法華玄贊》而做的。演繹欠缺流暢，也不夠系統性。在文獻上也追不上時代。

　　本文主要是輯錄《法華經》的重要文字，加以評析，從而顯示它的思想要義。最後我們會作一個總論，歸納此經在思想上的特色。在資料方面，我們用的是鳩摩羅什的翻譯。在有必要時，會拿梵文本子來對照，並加以評論。以下是經文的輯錄和評析。

二

【序品】一經文

　　　　為求聲聞者，說應四諦法，度生老病死，究竟涅槃。為求辟支佛者，說應十二因緣法。為諸菩薩說應六波羅蜜，令得阿耨多羅三藐三菩提，成一切種智。（大9・3；大指《大正新修大藏經》，以下同）

評 析

　　這是對應不同的聖者，說不同的法或實踐。對應於聲聞
（śrāvaka），說苦、集、滅、道四諦之法。對應於辟支佛
（pratyekabuddha）或緣覺，說十二因緣之法。對應於菩薩
（bodhisattva）則說六波羅蜜多。聲聞與緣覺是二乘或小乘聖
者，菩薩則是大乘的理想人格。按四諦與十二因緣是原始佛教的
重要教理，也是爾後佛教發展的基石，《法華經》的作者似未重
視這點，只將之歸於小乘，這明顯地是以大乘佛教的立場來看原
始佛教。這與天台智顗的判教中以藏教攝四諦、十二因緣之理，
而歸於小乘，有同一的旨趣。以波羅蜜多配菩薩，視之為菩薩
覺悟的基礎，則是承《般若經》的傳統而來。有一點要注意的
是，這裏提出「一切種智」（sarvajña-jñāna）。這本是指佛的智
慧，是能知了現象的普遍性與特殊性的智慧。《大智度論》
（Mahāprajñāpāramitā-śāstra）卷 27 所說「佛盡知諸法總相別
相，名為一切種智」（大25・259a），即是這個意思。這裏說菩
薩實踐六波羅蜜多，得菩提智，便能成佛。這菩提智，或阿耨多
羅三藐三菩提（anuttara-samyak-saṃbodhi），其實即是一切種
智。

【方便品】二經文

　　佛所成就第一希有難解之法，唯佛與佛乃能究盡諸法實
相，所謂諸法如是相，如是性，如是體，如是力，如是
作，如是因，如是緣，如是果，如是報，如是本末究竟

等。（大9‧5c）

評　析

這是討論諸法的實相（tattva, dharmatā, dharmatva）的問題。經中的作者以為，只有佛才能徹底地了達諸法或世間的真相、實相。這實相是甚麼呢？這裏列出十個範疇：相、性、體、力、作、因、緣、果、報、本末究竟等。這便是著名的「十如是」。據天台智顗的解釋，相是表象、相狀；性是本性、本質；體是實體；力是功能；作是活動；因是主要條件；緣是輔助條件；果是直接後果；報是間接後果；本末究竟等是以上九者合起來的全部過程。[6]以範疇來說諸法實相，與般若系以空來說實相稍不同。範疇是諸法得以成就為諸法的義理依據，空則是諸法無自性的那種性格。以範疇來說，顯示一肯定的方式，與空的否定的涵義不同，這也顯出對諸法或世間的重視。

要特別指出的是，這裏有一個很嚴重的文獻學問題。按梵文《法華經》原典並無十如是的說法。原文在這方面是這樣說的：

bhavatu paramāścaryaprāptāḥ śāriputra tathāgatā arhantaḥ
samyaksaṃbuddhāḥ, tathāgata eva śāriputra tathāgatasya
dharmaṃ deśayed yān dharmāṃs tathāgato jānāti,
sarvadharmān api śāriputra tathāgata eva deśayati,
sarvadharmān api tathāgata eva jānāti, ye ca te dharmā yathā
ca te dharmā yādṛśāś ca te dharmā yal lakṣaṇāś ca te dharmā

---

[6]　參看《法華玄義》卷2上（大33‧694a）。

yat svabhāvāś ca te dharmāḥ, ye ca yathā ca yādṛśāś ca yal lakṣaṇāś ca yat svabhāvāś ca te dharmā iti, teṣu dharmeṣu tathāgata eva pratyakṣo 'parokṣaḥ.[7]

這原文的意思是：

> 舍利弗啊，如來、應供〔即阿羅漢〕、等正覺佛得到了第
> 一希有的東西。舍利弗啊，只有如來與如來說及如來所知
> 道的法。舍利弗啊，只有如來說一切法。只有如來知一切
> 法。這等法是甚麼呢？這等法像甚麼呢？這等法似甚麼
> 呢？這等法有甚麼特徵呢？這等法有甚麼法體呢？這即是
> 這等法是甚麼，如甚麼，似甚麼，有何特徵，有何法體的
> 問題。唯有如來能夠直接知了這些法；〔如來〕不能覺知
> 這些法，是不可能的。

故原文實未有提到「十如是」的問題。其後天台宗據「十如是」
而提出一念三千的說法，和所謂「三轉讀文」的解釋，都沒有經
典上的根據。雖然，這些說法和解釋，有其義理上的精采處。關
於這點，這裏不多談。若就翻譯本身看，鳩摩羅什的翻譯，顯然
有問題。[8]梵文原典在這裏強調的，只是如來或佛的殊勝智慧，

7　H. Kern and Bunyiu Nanjio, op. cit., p. 30.

8　按鳩摩羅什的翻譯，自然重要，也以行文流麗著稱。但也出現不少文獻
　　上的問題，由文獻的問題亦會影響及義理上的理解。「十如是」是一個
　　明顯的例子。另外，在譯《中論》的三諦偈（即空、假、中偈）、《維
　　摩經》的「諸煩惱是道場」意，都有問題。關於前者，參看拙著《佛教

即是，唯有他能直接證知一切法的實相。至於實相是從哪方面來說的，這裏並沒有特別的提舉（specification），只提到特徵（lakṣaṇa）、法體（svabhāva）而已，這並不能表示甚麼。

【方便品】二經文

佛以方便力，示以三乘教，眾生處處著，引之令得出。（⊛9・6a）

諸佛隨宜說法，意趣難解。所以者何？我以無數方便，種種因緣、譬喻、言辭，演說諸法。是法非思量分別之所能解，唯有諸佛乃能知之。所以者何？諸佛世尊唯以一大事因緣故，出現於世。……欲令眾生開佛知見，使得清淨故，出現於世。欲示眾生佛之知見故，出現於世。欲令眾生悟佛知見故，出現於世。欲令眾生入佛知見道故，出現於世。（⊛9・7a）

如來但以一佛乘故，為眾生說法。無有餘乘，若二若

的概念與方法》，臺灣商務印書館，1988，頁 63-64。關於後者，藏文本的翻譯卻是諸煩惱的熄滅是道場之意，與什譯的意思差得很遠。《維摩經》的梵本已失，但有藏譯與漢譯。一般來說，佛典的藏譯較漢譯更接近原意。故什譯的「諸煩惱是道場」，是否無問題，是很值得研究的。另外一本中觀學鉅著《大智度論》，題為龍樹作，鳩摩羅什譯。這本書的作者問題，在國際學界已普遍引起疑慮，以為鳩摩羅什自作或至少加工的可能性很高。這些都是顯示什譯有問題的例子。

三。……過去諸佛以無量無數方便，種種因緣、譬喻、言辭，而為眾生演說諸法。是法皆為一佛乘故。是諸眾生，從諸佛聞法，究竟皆得一切種智。舍利弗，未來諸佛當出於世，亦以無量無數方便，種種因緣、譬喻、言辭，而為眾生演說諸法。是法皆為一佛乘故。是諸眾生，從佛聞法，究竟皆得一切種智。舍利弗，現在十方無量百千萬億佛土中諸佛世尊，多所饒益安樂眾生。是諸佛亦以無量無數方便，種種因緣、譬喻、言辭，而為眾生演說諸法。是法皆為一佛乘故。是諸眾生，從佛聞法，究竟皆得一切種智。……我今亦復如是，知諸眾生有種種欲，深心所著，隨其本性，以種種因緣、譬喻、言辭、方便力，而為說法。舍利弗，如此皆為得一佛乘一切種智故。……諸佛以方便力，於一佛乘分別說三。（大9・7b）

十方佛土中，唯有一乘法，無二亦無三。除佛方便說，但以假名字，引導於眾生。說佛智慧故，諸佛出於世，唯此一事實，餘二則非真。（大9・8a）

我為設方便，說諸盡苦道，示之以涅槃。我雖說涅槃，是亦非真滅。諸法從本來，常自寂滅相。（大9・8b）

一切諸如來，以無量方便，度脫諸眾生，入佛無漏智。……未來世諸佛，雖說百千億，無數諸法門，其實為一乘。（大9・9b）

諸佛兩足尊，知法常無性，佛種從緣起，是故說一乘。是
法住法位，走間相常住。（大9‧9b）

知第一寂滅，以方便力故，雖示種種道，其實為佛乘。
（大9‧9b）

評　析

　　以上所引的文字，其內容與本品的題名極為吻合。即是，亟
亟強調佛教化眾生，使之轉迷開悟，是運用方便力或法門的。方
便（upāya, upāya-kauśalya）是工具義，是一種權宜的做法，它是
相應於使眾生達到覺悟得解脫這一宗教目標而施設的，猶英語的
expediency。由於眾生各有不同的個別的條件，這包括興趣、質
素、長短處等等方面，要誘導他們覺悟真理，便需以不同的方法
或施設，以回應他們的特殊的或個別的條件，才能生效。對個別
條件不同的眾生，應施設哪一種的方法，或方便法門，是需要智
慧來判斷的。本經即極力強調佛具有這種智慧，和具足種種方便
法門。這些方便，通常是甚麼呢？文中重重復復提到種種因緣、
譬喻、言辭諸種。在下面我們的介紹與討論中，譬喻是一種很重
要和常用的方便法。但譬喻也可有種種式式，需能靈巧或善巧地
施設，佛便具足這種能力。這裏要注意的是，方便始終是方便，
它的目標是成佛的宗教理想。這是經文自始至終都強調的。不管
是過去的、現在的或未來的諸佛，都是以「無量無數方便，種種
因緣、譬喻、言辭，而為眾生演說諸法。是皆為一佛乘」。即
是，其理想都是要人歸向那個共同的、一如的教理，所謂「一佛

乘」（eka-yāna）。三乘（菩薩乘、緣覺乘、聲聞乘）都是方
便，都是就過程而言。一佛乘或一乘則是究極的教法、宗教歸
宿。

　　文中提到「諸佛世尊唯以一大事因緣故，出現於世。……欲
令眾生開佛知見，使得清淨故，出現於世。欲示眾生佛之知見
故，出現於世。欲令眾生悟佛知見故，出現於世。欲令眾生入佛
知見道故，出現於世」，顯示諸佛的示現，目的在使眾生的「佛
知見」能顯露，從而覺悟得解脫而成佛。這佛知見（tathāgata-
jñāna-darśana）令人想起佛性（buddhatā, buddhatva）的問題。佛
性是佛的性格，亦有使佛成為佛的那種性能之意。這佛知見，應
有佛性的涵義，雖然經文並未有明說佛知見即是佛性的話。從梵
文的表述式看，它表示如來或佛（tathāgata）的智慧（jñāna）與
正見（darśana）。

【譬喻品】三經文

　　　　若國邑聚落，有大長者，其年衰邁，財富無量，多有田宅
　　　　及諸僮僕。其家廣大，唯有一門。……炎然火起，焚燒舍
　　　　宅。長者諸子，若十，二十，或至三十，在此宅中。長者
　　　　見是大火從四面起，即大驚怖，而作是念：……諸子等於
　　　　火宅內樂著嬉戲，不覺，不知，不驚，不怖。火來逼身，
　　　　苦痛切己。心不厭患，無求出意。……復更思惟：是舍惟
　　　　有一門，而復狹小。諸子幼稚，未有所識，戀著戲處，或
　　　　當墮落，為火所燒。我當為說怖畏之事。此舍已燒，宜時
　　　　疾出，無令為火之所燒害。作是念已，如所思惟，具告諸

子：汝等速出！父雖憐愍，善言誘喻，而諸子等樂著嬉戲，不肯信受，不驚不畏，了無出心。亦復不知何者是火，何者為舍，云何為失，但東西走，戲視父而已。爾時長者即作是念：……我今當設方便……父知諸子先心，各有所好，……告之言：汝等所可玩好，希有難得。汝若不取，後必憂悔。如此種種羊車、鹿車、牛車，今在門外，可以遊戲。汝等於此火宅，宜速出來。隨汝所欲，皆當與汝。爾時諸子聞父所說，……競共馳走，爭出火宅。……時諸子等各白父言：父先所許玩好之具，羊車、鹿車、牛車，願時賜與。舍利弗，爾時長者各賜諸子等一大車，……駕以白牛。……作是念：我財物無極，不應以下劣小車與諸子等。今此幼童，皆是吾子。愛無偏黨。我有如是七寶大車，其數無量，應當等心，各各與之，不宜差別。……是時諸子，各乘大車，得未曾有，非本所望。舍利弗，於汝意云何？是長者等與諸子珍寶大車，寧有虛妄不？舍利弗言：不也，世尊。是長者但令諸子得免火難，全其軀命，非為虛妄。……是長者先作是意，我以方便，令子得出。以是因緣，無虛妄也。……佛告舍利弗：……如來亦復如是，則為一切世間之父。……具足方便智慧波羅蜜，大慈大悲，常無懈惓，恆求善事，利益一切。……見諸眾生，為生、老、病、死、憂、悲、苦、惱之所燒煮，……眾生沒在其中，歡喜遊戲，不覺，不知，不驚，不怖，亦不生厭，不求解脫。於此三界火宅，東西馳走。……如來……但以智慧方便，於三界火宅，拔濟眾生，為說三乘。……如來爾時便作是念：我有無量無邊智

慧力、無畏等諸佛法藏，是諸眾生皆是我子，等與大乘，不令有人獨得滅度，皆以如來滅度而滅度之。……如彼長者初以三車誘引諸子，然後但與大車。……然彼長者，無虛妄之咎。如來亦復如是，無有虛妄。初說三乘，引導眾生。然後但以大乘而度脫之。……當知諸佛方便力故，於一佛乘，分別說三。（大9‧12b-13c）

評　析

　　這段文字是透過譬喻的方式，以顯示如來以方便的法門引導迷執的眾生從苦痛煩惱的現實中覺醒，而歸向同一的覺悟、解脫境地。這個譬喻的故事很簡單，一個富有的長者的屋中起了火，但他的多個兒子都不覺察，只顧在屋中嬉戲，長者憂慮孩子會為火所傷，勸他們離去，孩子們不理。長者便施設羊車、鹿車、牛車等好玩的東西來誘孩子們，說誰若離開房屋，便得到這些東西。孩子們聽了，大為高興，都爭著離屋而出。結果長者認為孩子都是自己的兒子，應該等同看待，於是每人都給與七寶大白牛車一輛。孩子皆大歡喜。這個譬喻的意思很明顯，長者喻佛或如來，孩子喻眾生，起火的屋喻這個充滿苦痛煩惱的生死世間。孩子不知屋中有火，只顧嬉戲，猶眾生不知世間的苦惱的本質，只隨順一時的慾望生活。長者希望孩子能逃離火屋，表示如來盼望把眾生從苦惱的世間中解脫開來。長者以羊車、鹿車、牛車來引誘孩子，譬喻如來以種種方便施設來誘使眾生遠離苦惱的世間。具體來說，羊車、鹿車、牛車這些方便施設分別譬喻聲聞乘、緣覺乘與菩薩乘這三乘的教說。最後長者對於出離火屋的孩子，都

賜與七寶大白牛車，那是較前三車更有價值的，也顯示長者以平等心看待諸子，不起分別。這譬喻如來對於通過施設三乘的方便而使之出離苦惱世間的眾生，都平等不起分別地引至究極的佛乘，或一乘。這佛乘或一乘，其覺悟與解脫的境界，自較三乘者為圓熟。故三乘的教說是方便法門，其目的是要引眾生歸向一乘或佛乘的教法。「諸佛方便力故，於一佛乘，分別說三」。[9]

文中特別提出一個問題，即是，長者初以羊車、鹿車、牛車引誘孩子，最後卻都給以七寶大白牛車，這是否有虛妄不誠實之嫌呢？經文作者的答案是否定的，他以為最初的三車只是方便、施設，以這些東西來吸引孩子，使逃離火屋，純是出於救人之誠。最後給他們以更寶貴的七寶大白牛車，表示本來誘使孩子逃離危險災區的意願達到了，而給他們更好的東西，這正顯示長者一方面以平等心看待孩子，另一方面更厚待孩子，給他們意想不到的更好的東西，這怎能說是虛妄不誠實呢？同樣地，作者以為，如來以三乘的教法誘導眾生，最後使之歸向精神境界更高的佛乘，亦無虛妄不誠實之嫌。綜觀這一品的內容，仍是發揮方便之意。它是以譬喻來說方便。如上品所屢屢指出，方便法門有多種，譬喻是其中之一。

---

[9]　這裏有一個爭議的問題。文中的牛車與七寶大白牛車是否同一，即相應於牛車的菩薩乘與相應於七寶大白牛車的佛乘是否同一呢？中國佛教對這個問題有不同的回應。三論宗的吉藏與法相宗的窺基以為，牛車與七寶大白牛車是同一的東西。天台宗與華嚴宗則以為，兩者並不是同一的東西，必須分別開來。就羅什譯的經文看，兩者當是不同的，本文即取這個看法。

【信解品】四經文

爾時慧命須菩提、摩訶迦旃延、摩訶迦葉、摩訶目犍連……白佛言：譬若有人，年既幼稚，捨父逃逝，久住他國，……年既長大，加復窮困。馳騁四方，以求衣食，漸漸遊行，遇向本國。其父先來，求子不得。……其家大富，財寶無量。……時貧窮子，遊諸聚落，經歷國邑，遂到其父所止之城。……遙見其父踞師子床，寶几承足。窮子見父有大力勢，……竊作是念：此或是王，或是王等，非我傭力得物之處。不如往至貧里，……衣食易得。……作是念已，疾走而去。時富長者，於師子座，見子便識，心大歡喜。……即遣傍人，急追將還。爾時使者疾走往捉，窮子驚愕，……悶絕躄地。父遙見之，而語使言，不須此人，勿強將來。……父知此子志意下劣，自知豪貴，為子所難。……窮子……往至貧里，以求衣食。爾時長者，將欲誘引其子，而設方便。密遣二人，形色憔悴，無威德者，汝可詣彼，……語之：雇汝除糞。……窮子尋與除糞。其父……著粗弊垢膩之衣，……以方便故，得近其子。……爾時長者有疾，自知將死不久。語窮子言：我今多有金銀珍寶……今我與汝。……宜加用心，無令漏失。爾時窮子，即受教勅，領知眾物。……父臨欲終，……自宣言：……此是我子，……我所有一切財物，皆是子有。……窮子聞父此言，即大歡喜，得未曾有，而作是念：我本無心，有所希求。今此寶藏，自然而至。世尊，大富長者則是如來，我等皆似佛子。……我等……樂著小

法。今日世尊令我等思惟，蠲除諸法戲論之糞。……世尊以方便力，說如來智慧。……佛知我等心樂小法，以方便力隨我等說，而我等不知真是佛子。今我等方知。（大9‧16b-17c）

評　析

　　這段文字，仍是出之以譬喻方式，來說明佛如何引導眾生歸向大乘或一乘教法，而譬喻又是一種方便法門。文中提到一個年輕人捨離老父，遠居外地，生活日益貧困潦倒。其父本有大財富。最後父子相遇，老父很想相認，但因雙方身分懸殊，相認很難進行。老父便施設方便，以「粗弊垢膩」的衣服為裝扮，以掩飾自己的富貴身分。結果取得兒子的親切感，而樂於與之親近。最後老父終能表白本來面目，把一切財寶，交付與兒子。很明顯，在這個故事中，老父喻佛，窮子喻眾生，財寶喻一乘或佛乘的教法。老父與窮子的一體關係，猶佛與眾生的一體關係。但窮子不知此種關係，卻自甘於貧賤，而到處流蕩，猶眾生不知己與佛本是一體，己之所有即本是佛之所有，而執取世間欲樂，「樂著小法」。最後老父終於使方便力，著窮子去除糞，而俟機表白雙方的關係，點化窮子，猶佛以方便力使眾生「蠲除諸法戲論之糞」，使捨棄對小乘的執著，而歸向大乘。

【藥草喻品】五經文

　　如來……於一切法以智方便而演說之。其所說法，皆悉到

於一切智地。如來觀知一切諸法之所歸趣，亦知一切眾生深心所行，通達無礙。又於諸法究盡明了，示諸眾生一切智慧。（大9‧19a）

雖一地所生，一雨所潤，而諸草木各有差別。如來亦復如是，……如來於時觀是眾生諸根利鈍，精進懈怠，隨其所堪，而為說法。……如來說法，一相一味，所謂解脫相、離相、滅相，究竟至於一切種智。（大9‧19b）

如來知是一相一味之法，所謂解脫相、離相、滅相，究竟涅槃，常寂滅相，終歸於空。佛知是已，觀眾生心欲，而將護之。是故不即為說一切種智。（大9‧19c）

一切眾生，聞我法者，隨力所受，住於諸地。或處人天，轉輪聖王，釋梵諸王，是小藥草。知無漏法，能得涅槃，起六神通，及得三明，獨處山林，常行禪定，得緣覺證，是中藥草。求世尊處，我當作佛，行精進定，是上藥草。又諸佛子，專心佛道，常行慈悲，自知作佛，決定無疑，是名小樹。安住神通，轉不退輪，度無量億百千眾生，如是菩薩，名為大樹。佛平等說，如一味雨，隨眾生性，所受不同，如彼草木，所稟各異。……（大9‧20a-b）

諸佛之法，常以一味，令諸世間，普得具足，漸次修行，皆得道果。聲聞緣覺，處於山林，住最後身，聞法得果，是名藥草，各得增長。若諸菩薩，智慧堅固，了達三界，

求最上乘，是名小樹，而得增長。復有住禪，得神通力，聞諸法空，心大歡喜，放無數光，度諸眾生，是名大樹，而得增長。……佛所說法，譬如大雲，以一味雨，潤於人華，各得成實。……以諸因緣，種種譬喻，開示佛道，是我方便。……今為汝等，說最實事。（大9‧20b）

評　析

這裏以藥草作譬喻，仍是在發揮方便法門的意思。它首先強調智慧方面的方便（智方便）。這亦是很可理解的。在菩薩所修習的六種波羅蜜多中，以智慧波羅蜜多（prajñāpāramitā）最為根本。如來所說的教法，或者說，同一如來所說的教法，其最後歸趨雖都是實相，或究竟真實，所謂「一相一味」，但由於聽者的個別條件不同，諸根質素有利有鈍，進展情況有精進有懈怠，還是需施以不同的方便法，以回應他們，才能產生好的效果。「隨其所堪，而為說法」。這種情況，好像在同一地土生長，和接受同樣的雨水滋潤的草木那樣，吸收不同，而各自滋長。「一地所生，一雨所潤」，正譬喻由同一的如來方面聞聽同一的究極的實相的教法。由於眾生的個別條件的不同，因而對有關究極的實相的同一的教法，有不同的領受，所謂「隨力所受」，因而所獲致的境地也不同。這不同的境地，經文作者依次以小藥草、中藥草、上藥草、小樹、大樹來譬況。小藥草相當於人天乘，中藥草相當於緣覺乘，大樹相當於菩薩乘。上藥草與小樹則介乎這兩者之間，未有列明相當於哪一種教法。其後天台的智顗在這方面有所補充，以小藥草或小草相當於人天，中藥草或中草相當於聲

聞、緣覺，上藥草或上草相當於三藏教菩薩，小樹相當於通教菩薩，大樹相當於別教菩薩，這是在他的判教的思想的體系下而作出的，所謂「三草二木」。天台智顗以為，小草的人天諸有情，只能免墮於修羅與三惡道中，而未能有求解脫的自覺。中草的聲聞、緣覺，雖求解脫，得覺悟，但只求利己，其恩澤不能及於他人他物，其智慧亦很有限。上草的三藏教菩薩能兼濟及他人，但他以真理在世間法之外，故要滅除世間法而求覺悟。這在求覺悟的形態或方式來說，未免拙劣。小樹的通教菩薩則以世間法當體是空，是真理的所在。故不離世間而求覺悟。這是善巧的方式。但他的解脫規模，仍限於三界之內，未能至於界外的萬物，故無絕對無限的意義。這幾種教法，智顗都視之為粗。關於大樹的別教菩薩與圓教修行人，智顗以為都能建立中道佛性的觀念，都能破無明；其解脫的規模，都能及於三界之外的萬物，而有絕對無限的意義。就此言，可以說是妙。但別教教法強調次弟修習，要人從種種方便門入真理，故途徑不免曲折迂迴，這則是拙劣，而為粗。只有圓教教法教人即事而顯理，從直門入，故是妙。《法華玄義》卷5上：「小草只免四趣，不動不出。中草雖復動出，智不窮源，恩不及物。上草雖能兼濟，滅色為拙。小樹雖巧，功齊界內。故其位皆粗。大樹實事同緣中道，皆破無明，俱有界外功用，故此位為妙。而別教從方便門，曲徑紆迴，所因處拙，其位亦粗。圓教直門，是故為妙。」[10]

不過，經文還是強調，如來所教給眾生的，總是那平等無二的真實的教法。這種真實的教法，在理上來說，並不受眾生的各

---

[10]　(大)33・737a。

各別異的特殊條件所影響，但眾生的成就，卻可隨這些條件的不同而有異，此中並無矛盾。「佛所說法，譬如大雲，以一味雨，潤於人華，各得成實」。

【授記品】六（此品述世尊為摩訶迦葉、須菩提、大迦旃延、大目犍連等授記，謂於將來作佛）

【化城喻品】七經文

世間無有二乘而得滅度，唯一佛乘得滅度耳。（大9·25c）

如來方便深入眾生之性。如其志樂小法，深著五欲，為是等故，說於涅槃。是人若聞，則便信受。譬如五百由旬險難惡道，曠絕無人，怖畏之處。若有多眾，欲過此道，至珍寶處。有一導師，聰慧明達，善知險道通塞之相，將導眾人，欲過此難。所將人中，中路懈退，白導師言：我等疲極，而復怖畏，不能復進，前路猶遠，今欲退還。導師多諸方便，而作是念：此等可愍。云何捨大珍寶，而欲退還？作是念已，以方便力，於險道中過三百由旬，化作一城，告眾人言：汝等勿怖，莫得退還。今此大城，可於中止，隨意所作。若入是城，快得安隱。若能前至寶所亦可得去。是時疲極之眾，心大歡喜。……於是眾人前入化城，生已度想，生安隱想。爾時導師知此眾人既得止息，無復疲惓，即滅化城，語眾人言：汝等去來寶處在近。向

者大城，我所化作，為止息耳。諸比丘，如來亦復如是。今為汝等作大導師，知諸生死煩惱惡道，險難長遠，應去應度。若眾生但聞一佛乘者，則不欲見佛，不欲親近。便作是念：佛道長遠，久受勤苦，乃可得成佛。知是心怯弱下劣，以方便力，而於中道為止息，故說二涅槃。若眾生住於二地，如來爾時即便為說：汝等所作未辦。汝所住地，近於佛慧。當觀察籌量，所得涅槃，非真實也。但是如來方便之力，於一佛乘，分別說三。如彼導師，為止息故，化作大城。既知息已，而告之言：寶處在近，此城非實，我化作耳。（大9‧25c-26a）

評　析

這裏又再強調方便的作用，所取的譬喻是一個幻化的城。故事述說一個導師帶領眾人到一個藏有珍寶的地方，但中途有很多險阻、障礙，眾人覺得疲累，而起怖畏心，要退回原路，不再前進。導師便以殊勝善巧的方便力，變現一個幻化的城，俾眾人能夠暫時休息，使心情輕快安穩。於是眾人便入城安頓下來，但旋即生起滿足的想法，以為目的已達，不想前進了。於是導師又以方便力使幻化的城消失，告訴眾人藏寶的地方已所在不遠，應堅持尋寶的意志，繼續前進，並直言前此的城，只是以方便力幻化而已。眾人到了這個地方，大概也會振發起來，繼續前行，不會半途而廢。經文的作者接著表示，如來教化眾生，情況與此很相似。即是，如來知道眾生不能一下子便接受一佛乘的究極的教法，便施設方便，先說二乘的教法（聲聞緣覺的二乘的教法），

說二乘的涅槃境界。待眾生達致這境界，才對他們解釋這還不是最後的，不是真正的涅槃。一佛乘才是最後的教法，其涅槃才是真正的涅槃，且這涅槃離此已不遠了。這樣便容易引領眾生進入最後的一佛乘的覺悟。很明顯，此中導師譬喻如來，眾人譬喻眾生，化城譬喻二乘，藏寶之地譬喻一佛乘的教法。

【化城喻品】七經文

> 譬如險惡道，迥絕多毒獸。又復無水草，人所怖畏處。無數千萬眾，欲過此險道。其路甚曠遠，經三百由旬。時有一導師，強識有智慧。……眾人皆疲倦，而白導師言：我等今頓乏，於此欲退還。導師……尋時思方便，當設神通力。化作大城郭，莊嚴諸舍宅，……即作是化已，慰眾言勿懼，汝等入此城，各可隨所樂。諸人既入城，心皆大歡喜。皆生安穩想，自謂已得度。導師知息已，集眾而告言：汝等當前進，此是化城耳。我見汝疲極，中路欲退還，故以方便力，權化作此城。汝等勤精進，當共至寶所。我亦復如是，為一切導師，見諸求道者，中路而懈廢，不能度生死，煩惱諸險道。故以方便力，為息說涅槃，言汝等苦滅，所作皆已辦，既知到涅槃，皆得阿羅漢。爾乃集大眾，為說真實法。諸佛方便力，分別說三乘，唯有一佛乘。息處故說二。今為汝說實，汝所得非滅。為佛一切智，當發大精進。汝證一切智，十力等佛法，具三十二相，乃是真實滅。諸佛之導師，為息說涅槃，既知是息已，引入於佛慧。（大9‧26c-27b）

評　析

　　這是以偈頌的方式，把化城喻的故事重說一次。這裏特別強調一點，即是，佛的教法，就究極言，只有一乘，或一種教法，這是最圓最實的教法，但由於眾生根器不同，多數都較遲鈍，領悟力不強，因而只能施設方便，而為說三乘教法：聲聞、緣覺、菩薩。所謂「諸佛方便力，分別說三乘，唯有一佛乘」。便是由於眾生的精進力不能持久，中途生懈怠心，因而將整個說法歷程分為兩個步驟：三乘與一乘。而三乘的歸趨，仍是一乘。先說三乘，使眾生一時得喘息機會，故稱「息處故說二」。但三乘終非究極教法，不是真正的涅槃寂滅的境界，「汝所得非滅」。故還是要繼續說下去，說到一切智處，才能顯示佛的智慧。必須要到這裏，才能說佛乘。

【五百弟子受記品】八經文

　　……隨順世間若干種性，以方便知見，而為說法。（大9‧27b）

　　……是故諸菩薩，作聲聞緣覺，以無數方便，化諸眾生類。（大9‧28a）

　　（今此富樓那），……常以諸方便，說法無所畏，度不可計眾，成就一切智。（大9‧28b）

爾時五百阿羅漢……悔過自責：世尊，我等常作是念：自謂已得究竟滅度，今乃知之，如無智者。所以者何？我等應得如來智慧，而便自以小智為足。世尊，譬如有人至親友家，醉酒而臥。是時親友……以無價寶珠繫其衣裏，與之而去。其醉臥，都不覺知。起已遊行，到於他國，為衣食故，勤力求索，甚大艱難。若少有所得，便自以為足。後親友會遇見之，而作是言：……我……以無價寶珠，繫汝衣裏，今故現在，而汝不知。勤苦憂惱，以為自活，甚為癡也。汝今可以此寶，貿易所需，常可如意，無所乏短。佛亦如是，為菩薩時，教化我等，令發一切智心。而尋廢忘，不知不覺。既得阿羅漢道，自謂滅度。資生艱難，得少為足。……今者世尊……言：汝等所得非究竟滅，我久令汝等種佛善根，以方便故，示涅槃相，而汝謂為實得滅度。（大9‧29a）

評　析

這頭三段文字，都明顯地提出方便的說法。首段且以「種性」來說眾生的個別的差異性。「方便知見」自然不是佛知見，或佛知見分。它是一種運用方便法門的智慧，亦可以說是佛的智慧的一部分，或一種表現。

下面較長的一段，則是透過譬喻來說方便，這便是所謂衣珠喻。其故事是這樣：有某人到朋友家中，醉酒而臥，其時，友人因事要遠行，因以無價的寶珠，繫於其衣服內裏，然後起行。其後，其人酒醒，竟不知繫寶之事。及後他遠遊，到處流浪，甚為

淒苦。其後終於與友人遇上了，才知道繫寶的事，因而頓成大富。這個故事譬喻二乘的人，昔時在大通智勝佛處接受到大乘教的種因，但由於無明之故，竟不覺知，其後聽聞佛的講說，才能開悟，表現大乘的智慧。很明顯，在故事中，某人喻二乘，無價寶珠喻大乘的種因，醉酒與憂惱喻無明。

【授學無學人記品】九（此品述佛為阿難、羅睺羅及二千聲聞授記）

【法師品】十經文

> 其有欲疾得，一切種智慧，當受持是經，並供養持者。（大9・31a）

> 爾時佛復告藥王菩薩摩訶薩：我所說經典，……此法華經最為難信難解。藥王，此經是諸佛秘要之藏，不可分布，妄授與人。諸佛世尊之所守護，從昔已來，未曾顯說。（大9・31b）

> 若有得聞是經典者，乃能善行菩薩之道。……若未聞未解未能修習是法華經者，當知是人去阿耨多羅三藐三菩提尚遠。……一切菩薩阿耨多羅三藐三菩提，皆屬此經。此經開方便門，示真實相。（大9・31c）

> 若聞是深經，決了聲聞法。是諸經之王。（大9・32a）

評　析

此處極說《法華經》的殊勝與優越，為各大乘經典之冠。它最為「難信難解」，若能修習它，便能顯發菩提智慧而得覺悟。但何以是難信難解，卻未有明說。不過，文中謂《法華經》「開方便門，示真實相」，及「決了聲聞法」，則甚堪注意。前者表示此經的旨趣，基本上是依漸進的途徑，提供眾生種種方便的法門，藉以導引他們進入最高真實的境界。這些方便的法門，自是相應眾生的特殊的條件而施設的。故方便門有多個，但皆指向同一的究極的真理，這是所謂「殊途同歸」。「決了聲聞法」則表示此經所以較其他諸經優越的理由。決了是開決、開發、開示、開顯而使之了達、通達之意。即是，對於小乘的聲聞的教法，順其獨善的旨趣而開發之，使之了達獨善的非是，引導他通達大乘的教法。

這裏有一點是很有趣的。此經是《法華經》，但經文內復說《法華經》，謂為如何如何，這無異在 a 中說 a，在語言層次上是不通的。但經文的作者顯然未有注意到這點。同樣的事例在經文中還多次出現。

【見寶塔品】十一、【提婆達多品】十二、【勸持品十三】（無重要性，略）

【安樂行品】十四經文

於法無所行，而觀諸法如實相，亦不行不分別，是名菩薩

摩訶薩行處。（大9‧37a）

……常好坐禪，在於閑處，修攝其心，……是名初親近
處。……一切法空如實相：不顛倒、不動、不退、不轉、
如虛空、無所有性、一切語言道斷、不生、不出、不起、
無名、無相、實無所有、無量、無邊、無礙、無障。但以
因緣有，從顛倒生故，說常樂。觀如是法相，是名菩薩摩
訶薩第二親近處。（大9‧37b）

評 析

這裏提出兩種親近處。親近處殆指一個大乘菩薩所應關心的
事。第一種親近處是實踐上的，「常好坐禪，在於閑處，修攝其
心」。這其實指禪定的工夫，目的在使心念純化，不起雜想。第
二種親近處則涉及對實相或真理的認識。上面方便品提到諸法實
相。到底諸法或現象世界的真理是甚麼呢？這裏作了一連串的描
述：不顛倒、不動、不退、不轉、虛空、無所有性、語言道斷、
不生、不出、不起、無名、無相、實無所有、無量、無邊、無
礙、無障。這完全是以遮詮或否定的方式來說真理，與《般若
經》說實相的方式相同。《般若經》只比《法華經》稍為早出而
已，在這方面，後者很可能受了前者直接的影響。另外，這裏也
提到空如和因緣而有的問題，但並未怎樣強調。

【安樂行品】十四經文

若有難問，隨義而答。因緣譬喻，敷演分別，以是方便，皆使發心，漸漸增益，入於佛道。（大9‧38a）

如來方便隨宜說法。（大9‧38c）

如來⋯⋯為是眾生，說種種法，以大方便，說此諸經。既知眾生，得其力已，末後乃為說是法華。⋯⋯此經為尊，眾經中上。（大9‧39b）

評　析

這裏仍然強調方便的法門。「隨義而答」即表示隨順問者的個別情況而予以適當的回應，使發趣入佛道的心願。這裏又特別提到《法華經》的特尊地位：它的教法是最後的，先說其他的經典，待眾生明瞭了，再宣說《法華經》的義理。

【從地踊出品】十五經文

爾時彌勒菩薩摩訶薩及無數諸菩薩等，⋯⋯作是念：云何世尊於少時間，教化如是無量無邊阿僧祇諸大菩薩，令住阿耨多羅三藐三菩提？即白佛言：世尊，如來為太子時，出於釋宮，去伽耶城不遠，坐於道場，得成阿耨多羅三藐三菩提。從是已來，始過四十餘年。世尊，云何於此少

時，大作佛事？……爾時彌勒菩薩欲重宣此義，而說偈
言：佛昔從釋種，出家近伽耶，坐於菩提樹，爾來尚未
久，此諸佛子等，其數不可量，久已行佛道，住於神通
力，善學菩薩道，不染世間法。如蓮華在水，從地而踊
出，皆起恭敬心，住於世尊前，是事難思議。云何而可
信？佛得道甚近，所成就甚多。願為除眾疑，如實分別
說。（大9・41b-42a）

評　析

　　這裏提出一個問題，以作下一品討論如來的壽命問題作引。
這問題是，釋迦牟尼佛在成道以前，是太子的身分。[11]其後他出
家修行，終於在伽耶（Gayā）的菩提樹下坐道場，成就大覺。
那時他三十五歲。之後他便過著遊方的生活，到處教化眾生，從
事度生的事業，至八十歲入滅。即是，釋迦度化眾生的事，從歷
史上來說，只經歷四十五年而已，這不能算是長時期，只能說是
「少時」。但他卻能「大作佛事」，教化無邊無量眾生，使之覺
悟成道，這是不可能的；最低限度，在常識層面或世間角度來
說，是難以理解的。「佛得道甚近，所成就甚多」，如何可能
呢？

---

[11]　按這點從歷史與社會的角度看，是可爭議的。釋迦出家前未必一定是一
　　般所了解的那種意義的太子，可能只是一族（釋迦 Śākya 族）的族長的
　　兒子而已。不過，他出家前生活奢華，有豐裕的物質享受，與眾人不
　　同，這點卻是肯定的。

【如來壽量品】十六經文

> 爾時世尊……告之言：如來祕密神通之力。一切世間天人
> 及阿修羅，皆謂今釋迦牟尼出釋氏宮，去伽耶城不遠，坐
> 於道場，得阿耨多羅三藐三菩提。然善男子，我實成佛已
> 來，無量無邊百千萬億那由他劫。……我常在此娑婆世界
> 說法教化，亦於餘處百千萬億那由他阿僧祇國導利眾
> 生。……若有眾生來至我所，我以佛眼觀其信等諸根利
> 鈍，隨所應度，處處自說名字不同，年紀大小，亦復現言
> 當入涅槃，又以種種方便說微妙法。……如來所演經典，
> 皆為度脫眾生。或說己身，或說他身，或示己身，或示他
> 身，或示己事，或示他事。諸所言說，皆實不虛。……以
> 若干因緣、譬喻、言辭，種種說法。所作佛事，未嘗暫
> 廢。如是我成佛已來，甚大久遠。壽命無量阿僧祇劫，常
> 住不滅。（大9・42b-c）

評　析

　　這裏回應上一品提出的問題。釋迦牟尼在伽耶的菩提樹下成
正覺，而遊化四十多年，最後示寂，這是一個歷史的事實。但在
《法華經》的宗教立場看，事情並不如是簡單。《法華經》的意
思是，釋迦早已成佛，而且曾在不同的國土中說法度生，在伽耶
樹下的成道，只是一種示現而已：示現覺悟的身軀，與眾生有直
接的接觸，而為之說法。這便可建立本跡的關係。即是，佛自無
量劫以來，早已得覺悟而證法身；這法身（dharma-kāya）是永

恆不滅的精神主體。這便是本。佛在伽耶樹下成道,則是這作為精神主體的法身的示現,它採取應身或變化身(nairmāṇika-kāya)在世間遊化,則是跡。跡是本之跡,本是跡之本。這兩者是不能離的。[12]

佛在世間的遊化度生,仍是運用種種方便法門。「若有眾生來至我所,我以佛眼觀其信等諸根利鈍,隨所應度,處處自說名字不同,年紀大小」,「以若干因緣、譬喻、言辭,種種說法」。有一點應注意的是,佛為了適應眾生不同的根器、質素,而施以不同的說法、開示,這些說法、開示,都具有真實的涵義,「皆實不虛」。這似乎隱藏有這樣的意思:為了眾生的特殊需要,在一些特殊機緣下,為了開導眾生,佛即使是施設一些虛構的故事,也是可被認許的。這個意思在下面引出的文字中得到證實。

【如來壽量品】十六經文

諸善男子,我本行菩薩道,所成壽命,今猶未盡,復倍上數。然今非實滅度,而便唱言,當取滅度。如來以是方便教化眾生,所以者何?若佛久住於世,薄德之人,不種善根,貧窮下賤,貪著五欲,入於憶想,妄見網中,若見如來常在不滅,便起憍恣,而懷厭怠,不能生難遭之想、恭

---

[12] 關於釋迦牟尼佛自無量劫以來早已成佛,而在伽耶成正覺的事只是一種示現而已一點,牟宗三先生在其《佛性與般若》(臺北:臺灣學生書局印行,1977)一書中有詳盡的闡發,參考該書論《法華經》之性格部分,頁 576-598。

敬之心，是故如來以方便說。比丘當知，諸佛出世難可值遇。……斯眾生等聞如是語，必當生於難遭之想，心懷戀慕，渴望於佛，便種善根。是故如來雖不實滅，而言滅度。（大9‧42c-43a）

又善男子，諸佛如來法皆如是。為度眾生，皆實不虛。譬如良醫……諸子飲毒，或失本心，或不失者，遙見其父，皆大歡喜。拜跪問訊：……我等愚癡，誤服毒藥，願見救療，更賜壽命。父……求好藥草，……與子令服。……其諸子中不失心者，……即便服之，病盡除愈。餘失心者，……不肯服。……父作是念：……我今當議方便，令服此藥。即作是言：汝等當知，我今衰老，死時已至。是好良藥，今留在此。汝可取服，勿憂不差。作是教已，復至他國，遣使還告：汝父已死。是時諸子聞父背喪，心大憂惱，而作是念：若父在者，慈愍我等，能見救護。今者捨我遠喪他國，自惟孤露，無復恃怙。常懷悲感，心遂醒悟。乃知此藥色味香美，即取服之，毒病皆愈。其父聞子悉已得差，尋便來歸，咸使見之。（大9‧43a-b）

諸善男子，於意云何？頗有人能說此良醫虛妄罪不？不也，世尊。佛言：我亦如是，成佛已來，無量無邊百千萬億那由他阿僧祇劫，為眾生故，以方便力言當滅度，亦無有能如法說我虛妄過者。（大9‧43b）

自我得佛來，所經諸劫數，無量百千萬，億載阿僧祇。常

> 說法教化，無數億眾生，令入於佛道，爾來無量劫。為度
> 眾生故，方便現涅槃，而實不滅度，常住此說法。……我
> 時語眾生，常在此不滅。以方便力故，現有滅不滅。（大
> 9‧43b）

評 析

這裏提出的問題，十分有趣和有啟發性，使人對方便的涵義有進一步的了解。按常理說，佛愈能住於世，應愈能教化眾生，對眾生愈為有益。但這亦會促成或引致眾生的倚賴心理，以為既然有佛住世，自己的覺悟得解脫便沒有問題，甚至得到保障，因此不但不精進修行，反而輕慢放肆起來。他們實在不明白能遭逢佛住世說法是極為希有難得的機緣，反而輕忽了這種機緣。要對治這類眾生的毛病，最好的辦法，莫如佛方便示寂，現滅度相。當然佛或如來已證得法身，這是一永恆的精神生命，是無所謂滅度的。他滅度只是一種方便，使具有上述不正的想法與行為的眾生以為不能再倚賴佛的說法助力了，因而不得不警惕起來，收攝放肆的行為，而認真地修習佛道。佛的這種方便滅度，自然不是真正的滅度，他是隨時可再示現於世的。這種方便的滅度，是否虛假作偽呢？《法華經》的作者的答案是否定的。他以為，佛施設滅度以為方便，目的在激發倚賴而又懈墮的眾生自勵，奮發起來，積極自求佛道。這是透過目的來肯定手段的一種論證法。為了使眾生達致覺悟得解脫的目的，佛不妨採取權宜的做法，虛假地示寂。

文中舉的另外一個事例為譬喻也很有趣。有一個作為良醫的

父親，孩子們誤服了毒藥，父親最後取得解藥，給他們服食。有些兒子服了，便得痊癒。有些則竟生倚賴心理，以為父親是良醫，遲早會替自己治病，故輕慢起來，不肯服藥。父親於是施設方便，裝起死來：他對兒子們說，我快要死了，現在把藥留在這裏，你們可自取服。說完便遠行去了。然後派人前來報訊，說父親已去世。兒子們便大為驚慌起來，以為今後不能再倚靠父親了，便趕快把藥吃了，也痊癒過來。作者以為，作為良醫的父親這樣地裝死，是正確的，我們不能說他犯有虛妄的罪。這自然又是以目的來證成手段的說法。

【分別功德品】十七、【隨喜功德品】十八、【法師功德品】十九、【常不輕菩薩品】二十、【如來神力品】二十一、【囑累品】二十二、【藥王菩薩本事品】二十三（俱無特別重要性，略）

【妙音菩薩品】二十四經文

> 是〔妙音〕菩薩現種種身，處處為諸眾生說是經典〔法華〕。或現梵王身，或現帝釋身，或現自在天身，或現大自在天身，或現天大將軍身，或現毘沙門天王身，或現轉輪聖王身，或現諸小王身，或現長者身，或現居士身，或現宰官身，或現婆羅門身，……而說是經。……如是種種變化現身，在此娑婆國土，為諸眾生說是經典。……若應以聲聞形得度者，現聲聞形而為說法；應以辟支佛形得度者，現辟支佛形而為說法；應以菩薩形得度者，現菩薩形

而為說法；應以佛形得度者，即現佛形而為說法。如是種
種，隨所應度，而為現形。乃至應以滅度而得度者，示現
滅度。（大9‧56a-b）

評　析

這裏誇張地述說妙音菩薩以不同的變化身出現，為眾生說
法。所說的都是《法華經》的妙諦妙理。不單佛能示現不同的身
形，菩薩也具有這種示現的能力。這自然都是在說方便。所示現
的身形，基本上還是回應所要教化的眾生的特殊的處境。之所以
要這樣做，是為了要養成與眾生的親和力（affiliation），俾有利
於教化的進行。如對方是聲聞的境界，即示現聲聞身而為說法。
就現代的社會情境來說，如要教化的對象是吸毒者、娼妓，即分
別示現吸毒者與娼妓的身分而為說法。「隨所應度，而為現
形」。眾生的身分無量，菩薩的示現也相應地無量。

這種「隨所應度，而為示現」的做法，其後為天台思想所吸
收。智顗的《摩訶止觀》在論到佛的應身時，即這樣說：「應以
佛身得度，即作佛身說法，授藥；應以菩薩、二乘、天龍八部等
形得度，而為現之。」[13]

【觀世音菩薩普門品】二十五經文

觀音妙智力，能救世間苦。具足神通力，廣修智方便。十

---

[13]　大46‧79c。

方諸國土，無剎不現身。（大9‧58a）

評　析

這仍是誇張地闡述觀世音菩薩能運用神通力，方便現身以化度眾生。

【陀羅尼品】二十六、【妙莊嚴王本事品】二十七、【普賢菩薩勸發品】二十八（俱無特別重要性，略）

三

以上我們輯錄了《法華經》二十八品的重要部分並加以評析。輯錄的標準，是就思想上的重要性而言的。由於篇幅所限，我們未能把二十八品的全文錄出和評析。在這方面，讀者可參看橫超慧日對《法華經》所作的〈諸品の要旨と問題點〉。[14]這是一種對《法華經》的內容的十分詳盡的研究，對於每一品，都闡述其要旨，並提出問題點。以下我們要對《法華經》的思想特色，作一概括性的論述。

首先我們想提出一點：《法華經》的作者對此經推崇備至，這種評價，多次見於經文中，如法師品第十即盛讚此經是「諸經之王」。另外，如本文開首所表示，這部經在我國佛教享有崇高的地位，不同學派的祖師，都無異議地推尊它，為它作疏或註。就這些點看，《法華經》應有它的獨特性，而為其他經典所無

---

[14]　橫超慧日編著：《法華思想》，京都：平樂寺書店，1975，頁23-177。

的。這獨特性是甚麼呢？

　　就義理方面言，《法華經》所牽涉的概念或問題相當廣泛，但若與其他經典比較，似乎沒有一點足以令人留下深刻的印象。例如，佛教的最根本的義理是緣起性空。《法華經》雖都提到這兩個面相，但都只是輕輕略過，未予重視。如方便品第二說「佛種從緣起」，安樂行品第十四說到「因緣有」；藥草喻品第五說如來了達諸法都是寂滅相，「終歸於空」。不過，它說緣起，顯然不若《阿含經》說得具體而親切。後者是在「此有彼有，此生彼生」的因果關係的脈絡下，緊扣著十二因緣來說生命存在特別是個體生命的緣由的。[15]它說空，也沒有怎樣發揮，這自不能與專門闡發無自性的空的義理的龐大的《般若經》的文獻結集比較。[16]至於佛性問題，《法華經》並未正面觸及；它在方便品第二提到「佛知見分」，這自可視為相當於佛性的成佛的可能性或潛力，但未有充分發揮。經文也在多次提到「一切種智」，這是佛的智慧，是同時觀照諸法的普遍性與特殊性的智慧，必須要具足這種智慧，才能成佛。對於這一切種智，經文也未作詳細闡述。關於實相或最高真理方面，經文在〈安樂行品〉第十四說得較為詳盡，但其遮詮或否定式的描述方式，基本上是承襲般若思想的思路；而在行文的鋪排與辭藻方面，也不及《維摩經》（*Vimalakīrtimirdeśa-sūtra*）般整齊與華美。後者在〈入不二法

15　關於這點，參看拙著〈從巴利文與漢譯經典論原始佛教〉，載於臺灣《獅子吼》雜誌第 28 卷第 4 期，1989 年 4 月，頁 1-9；〈論十二因緣〉，載於拙著《佛教的概念與方法》，頁 1-4。

16　關於《般若經》的空義，參看拙文〈般若經的空義及其表現邏輯〉，載於《佛教的概念與方法》，頁 22-42。

門品〉第九描述不二法或實相的境界，實出之以生華妙筆，亦有很濃厚的實踐意味。最後維摩（Vimalakīrti）更現身說法，以「默然無言」的姿態顯示不二法，引來文殊師利（Mañjuśrī）的無比讚嘆。[17]《法華經》實在缺乏這種技巧與文采。

　　不過，《法華經》非常強調方便的涵義與運用。經中的〈方便品〉第二，便專談這個問題。另外，很多其他品都是環繞這個主題而展開的。佛或如來為了化度眾生，俾得覺悟、解脫，而運用種種方便法門；甚至佛自身的示現或示寂，都可以方便出之：佛一方面可「以一大事因緣，出現於世」[18]，另一方面又可「方便現涅槃」[19]，目的都在度生。〈法師品〉第十明說「此經開方便門，示真實相」。眾生能明瞭真實相，或最高真理，即能得覺悟，成就解脫。這「方便」幾乎可以無所不包，即使是聲聞、緣覺、菩薩的教法，站在大乘究極的教法來說，亦可視為方便，視為到一乘的佛乘或一佛乘的方便途徑。「諸佛方便力故，於一佛乘，分別說三」[20]，「如來方便之力，於一佛乘，分別說三」[21]，「諸佛方便力，分別說三乘，唯有一佛乘」[22]，都表示這個意思。

　　由方便以顯真實，或一般所謂「開權顯實」，或「發跡顯本」，是一種很平實的引人悟入真理的方式。這裏沒有特別崇高的、特別令人欣羨的境界，也沒有精采曲折的思辯，而一往是平

---

[17]　Cf. 大14・550b-551c。

[18]　方便品第二。

[19]　如來壽量品第十六。

[20]　譬喻品第三。

[21]　化城喻品第七。

[22]　Idem.

實的道路，使人由之可達目的。此中又以譬喻運用得最多，所謂
「法華七喻」：火宅喻、長者窮子喻、藥草喻、化城喻、衣珠
喻、髻珠喻、醫子喻。大部分在上面都介紹和討論過了。每一個
譬喻都顯示一種方便，使人由之可覺悟到最高真理。這正是平實
中見不平實，平凡中顯不平凡，這是《法華經》的性格。橫超慧
日以〈方便品〉為《法華經》的核心思想[23]，也正道出了方便的
平凡中的不平凡性是《法華經》的旨趣。

　　大多數佛教經典都有其思想上的特色或重點。如《阿含經》
（*Āgama*）重在顯示生命的苦惱與八正道或中道的實踐方法；
《般若經》重在顯示諸法無自性的空的性格；《華嚴經》
（*Avataṃsaka-sūtra*）重在烘托出一個莊嚴璀璨的華藏世界；
《涅槃經》（*Mahāparinirvāṇa-sūtra*）重在強調一切眾生都有佛
性，在具足這佛性的前提下建立眾生的平等性；《勝鬘經》
（*Śrīmālādevīsiṃhanāda-sūtra*）與《楞伽經》（*Laṅkāvatāra-
sūtra*）重在強調如來藏的清淨性格。《維摩經》（據羅什的翻
譯）則透過維摩居士的無礙的辯才，申斥小乘的獨隱山林的消極
態度，以宏揚大乘菩薩的不捨世間的悲願，以至於提出「不斷煩
惱，而入涅槃」[24]，「淫怒癡性即是解脫」[25]一類貌似矛盾卻涵
著極深刻的辯證智慧的說法。這些經典都具有其思想特色和吸引
人的魅力。至於《法華經》，我們認為它的特色在強調方便法門
的涵義與運用，在平實與平凡中顯現出不平凡的性格。日本學者
田村芳朗在他述說《法華經》的一本書中，提到《法華經》具有

23　橫超慧日，op. cit., p. 31。
24　⊛14・539c。
25　⊛14・548a。

三大思想：一是其一乘妙法所指向的宇宙的統一的真理，二是那作為久遠的人格生命的久遠本佛，三是菩薩行道所顯示的現實的人間活動。[26]我們以為，這些都是《法華經》的思想內容，但似未足以言其特色。我們無寧可以說，這些思想內容都基於方便這一特色而得鞏固起來。一乘妙法並非《法華經》所特別強調的，《華嚴經》也強調它。但以三乘作為方便來顯示一乘，則是《法華經》的發明。久遠本佛其實指法身而言，很多大乘經典都說到法身的問題，但《法華經》卻特別強調久遠本佛由本位下落而方便垂跡，示現肉身以化度眾生。《法華經》很重視從本垂跡，以垂跡為一種方便，是很明顯的。至於菩薩行道與現實人生的密切關係，更需賴種種方便法門來建立。菩薩自身便有無數量的方便法門，以供運用。故我們以為田村的說法，正足以支持我們以方便為《法華經》的思想特色的論調。[27]

在這裏我們想強調一點。我們說方便教法是《法華經》的思想特色，並不表示這種教法只見於《法華經》中。事實上，很多大乘經典都提到方便的問題，例如《維摩經》的〈方便品〉第二，便專談方便的問題，以下謹錄取有關文字以作顯示：

> （維摩詰）欲度人故，以善方便居毗耶離。資財無量，攝諸貧民。……雖為白衣，奉持沙門清淨律行。雖處居家，

---

[26]　田村芳朗：《法華經～真理・生命・實踐》，東京：中央公論社，1976，頁 70-120。

[27]　我們這裏說方便，一直都重在它的義理方面，而且限於篇幅，說得不夠詳盡。較詳盡的闡述，而且在文獻學方面有明確交代的，可參看雲井昭善之〈方便と真實〉一文，載於橫超慧日，op. cit., 頁 321-351。

不著三界。示有妻子，常修梵行。現有眷屬，常樂遠
離。……若至博奕戲處，輒以度人。……雖明世典，常樂
佛法。……執持正法，攝諸長幼。……遊諸四衢，饒益眾
生。入治政法，救護一切。入講論處，導以大乘。入諸學
堂，誘開童蒙。入諸婬舍，示欲之過。入諸酒肆，能立其
志。

若在長者，長者中尊，為說勝法。若在居士，居士中尊，
斷其貪著。若在剎利，剎利中尊，教以忍辱。〔以下續說
婆羅門、大臣、王子、內宮、庶民、梵天、帝釋、護世〕
長者維摩詰以如是等無量方便，饒益眾生。

其以方便，現身有疾。……皆往問疾。其往者，維摩詰因
以身疾，廣為說法。（大14‧539a-b）

《維摩經》自然很強調方便的問題。不過，就全經的內容言，它
的特色，它的最引人入勝之處，是顯示一種極度積極進取的入世
態度，它的現世的關懷（worldly concern），是很濃厚的。這種
極度的現世關懷，很多時以弔詭但卻是以辯證為基調的方式來表
達，如：

不斷煩惱，而入涅槃。（大14‧539c）

直心是道場，無虛假故。（大14‧542c）

三十七品是道場。（Idem.）

諸煩惱是道場，知如實故。（Idem.）

淫怒癡性即是解脫。（大14・548a）

菩薩行於非道，是為通達佛道。（大14・549a）

譬如高原陸地，不生蓮華，卑濕淤泥，乃生此華。如是見
無為法入正位者，終不復能生於佛法。煩惱泥中乃有眾生
起佛法耳。……一切煩惱為如來種。（大14・549b）

關於這種辯證基調的涵義，由於不是本文的主題，故不予詳細闡
釋，詳情可參考拙著《中道佛性詮釋學：天台與中觀》。[28]
　　最後要一提的是，《法華經》的方便的教法，在爾後印度特
別是中國的佛學界，有巨大的影響。方便法門的運用，其目標直
接指向眾生的度化問題，故最能表現現世的關懷。在這方面，天
台的智顗發揮得最好，他是以圓教的立場來看這個問題的。即是
說，他是在菩薩以圓力用建立眾生的脈絡下來說方便的。《摩訶
止觀》云：

菩薩聞圓法，起圓信，立圓行，住圓位，以圓功德，而自
莊嚴。以圓力用建立眾生。……云何圓建立眾生？或放一
光，能令眾生得即空即假即中益，得入、出、雙入出、不
入出益。歷行、住、坐、臥、語、默、作，亦如是。……

[28] 《中道佛性詮釋學：天台與中觀》，臺北：臺灣學生書局，2010。

〔龍王〕興種種雲，震種種雷，耀種種電，降種種雨。龍
於本宮，不動不搖；而於一切，施設不同。菩薩亦如是。
內自通達即空即假即中，不動法性，而令獲種種益，得種
種用，是名圓力用建立眾生。[29]

智顗這樣說方便，哲學意味很濃，這可從即空即假即中的覺悟目
標中看到。而在方便法門方面，《法華經》通常都是列舉種種因
緣、譬喻、言辭之屬；智顗則進一步，把方便法門的範圍，推廣
至無所不包的程度，甚至一般認為要被捨棄被熄滅的煩惱，亦可
作方便度生用。這真是把方便的思想發揮到極點了。關於這點，
可參看上提的拙著《中道佛性詮釋學：天台與中觀》，這裏不贅
了。本文亦止於此。

---

[29]　㊛46・2a-b。

《維摩詰所說經》研究

　　本經原名 *Ārya-vimalakīrtinirdeśa nāma mahāyāna-sūtra*，譯為
《聖維摩詰之所說之大乘經》。原書梵文本已失，有西藏文翻譯
及三個漢譯本。今所用的，是鳩摩羅什的漢譯本，載於《大正
藏》第十四卷中。此書有多個現代語譯本，包括拉莫特（E.
Lamotte）、長尾雅人者，前者是法譯，後者是日譯。拉莫特的
法譯，又有人譯為英語。我們的翻譯，主要根據鳩摩羅什的譯
本；什譯本欠清晰之處，則參考西藏文譯本 *Hphags-pa dri-ma-
med-par-grags-pas bstan-pa shes-bya-ba theg-pa chen-pohi mdo*（東
北目錄），不復一一註明。我們又參考長尾雅人的日譯（載《大
乘佛典》2，中央公論社，1975）。長尾的翻譯，基本上是依據
西藏文譯本的。我們的譯文有時與什譯不全符順，那是參考了西
藏文譯本而作的調整。

　　本書的主角為維摩（Vimalakīrti，或作維摩詰，又意譯作無
垢稱、淨名）。據說維摩是當時跋闍（Vṛji）國離車（Licchavi）
族的首都毗耶離（Vaiśālī）的大富豪。他在社會上有相當的地
位，在群眾間有相當的聲譽，樂善好施，持身嚴謹，有妻名無
垢，子名善思，女名月上。維摩在當時的人的印象中是，雖居處
於世俗家庭中，但對欲界、色界等三界不生絲毫染著；雖如常人
一樣的示有妻子，但亦經常潛修清淨梵行；雖也有自己的兒女眷

屬,但又時常遠離自樂,不為眷屬所牽纏。這實是當時世俗中的
理想人格。

維摩還是一個精於佛法的大居士。《維摩詰所說經》(或省
稱《維摩經》)即以他的說法而取名。此經之另一名為《不可思
議解脫經》。所謂「不可思議」,是不能用言說、思維來表示之
意,不管是議論、推度,都是不當。這是指維摩所說的解脫法
門,或到解脫境界的途徑,為真實不可思議。這種法門,又稱
「不二法門」。「二」是相對性,「不二」即是非相對性,而是
絕對性。凡是心想、口說,都是二,都有相對性。當時很多菩薩
在討論這個問題,甚麼是不二法門呢?有些說無主觀無客觀的分
別,有些說無時間性無空間性。但都不夠稱為不二法門。到文殊
師利(Mañjuśrī)說不可言不可說,不可示不可識,是不二法
門。這雖是進了一步,還未到究竟的、徹底的階段。最後,維摩
竟杜口無示,默然無言。文殊師利乃歎這是真入不二法門。維摩
是以存在的事例,來顯示不二之理。這是此經的主旨。

以下是《維摩詰所說經》的摭錄、註釋、現代語譯。在此之
前,又省略交代所錄該品的大意。

〈佛國品〉第一

品即章節,相當於英語的 chapter。此品敘述講習此一《維
摩詰所說經》的因緣,並讚頌三萬二千個菩薩。又借長者子寶積
之口,歌頌如來,或佛,謂「佛以一音演說法,眾生隨類各得
解」。即是說,佛的說法,是隨眾生不同的根基而有不同的相應
的影響。繼而佛演說淨土的種種好處,而歸結於「若菩薩欲得淨

土，當淨其心；隨其心淨，則佛土淨」。這很明顯地顯示出佛教的唯心論的立場。雖然這唯心論基本上是就教化而言，不是就存有論而言。

此品文字不錄。

〈方便品〉第二

此下即敘述維摩如何運用方便以施教化。方便（upāya）即是權宜運用之意，它有工具的價值、效用，但不是最後的、真實的。維摩的方便，是示現有疾；以表面身體的疾病，引發眾生對生命的生、老、病、死的注意，而生起無常之感，因而追求常住不滅的清淨法身。佛教說法身（dharma-kāya），用現代語來說，指在解脫狀態中的精神主體。

本品的內容，是介紹維摩的功德，又盛讚他在佛教社會中的崇高地位，並敘述他如何運用方便。

經　文：

爾時，毗耶離[1]大城中，有長者，名維摩詰[2]。已曾供養無量諸佛，深植善本。得無生忍[3]，辯才無礙，遊戲神通，逮諸總持[4]，獲無所畏，降魔勞怨，入深法門，善於智度[5]，通達方便，大願成就。明了眾生心之所趣，又能分別諸根利鈍。久於佛道，心已純淑，決定大乘。諸有所作，能善思量，住佛威儀，心大如海。諸佛咨嗟弟子，釋、梵、世主所敬。

註　釋：

1. 毗耶離（Vaiśālī），維摩所居的城鎮。

2. 維摩詰（Vimalakīrti），維摩的全名。Vimala 是無垢、淨之意，音譯為維摩；Kīrti 則是好的名聲之意，音譯為詰。維摩詰有時亦作淨名、無垢稱，那是意譯。

3. 無生忍，指對於無生的真理的忍住的力量。佛教說經驗世界就其本質、本性言，是不生不滅；生與滅是只就流變無常的事象言。這種不生不滅的本質或真理，可以「無生」概括之。無生有空寂之意，很易導致虛無主義和斷滅觀；意志不堅定的人，未必能承受這種真理。無生忍即指能承受這種真理的力量。有時又稱無生法忍。

4. 種持又作陀羅尼（dhāraṇī），指殊勝的記憶能力。

5. 智度（prajñā-pāramitā），度化的智慧，完全的智慧。智是 prajñā，度是 pāramitā。智度一般來說，可指般若智慧；此智慧是特定的觀照諸法空無自性的智慧，故又是空之智慧。

現代語譯：

那時，在毗耶離大市鎮中，有一個叫維摩詰的長者。他曾經供養過無量數的佛，積了很深厚的善的功德。他又獲致忍可那無生的真理的力量；有流暢的辯才；得到神通的力量，而能自由運用；他又獲致殊勝的記憶能力，遠離畏懼，能降伏魔怪與敵對者；他已深入正法，具足完全的智慧，通達種種教化眾生的方便法門，以大願來成就眾生。他明瞭眾生的心意，能區分他們的或利或鈍的根器。他在佛法的道途上涉足已久，心念已臻圓熟，能

抉擇大乘教法。種種作為，他都能經深思熟慮，而後出之；他具足佛的儀容，心量如海般廣大。他是諸佛都讚賞的佛弟子，而為帝釋因陀羅、婆羅門和世間的神祇所尊崇。

經　文：

　　欲度人故，以善方便居毗耶離。

　　資財無量，攝諸貧民；奉戒清淨，攝諸毀禁；以忍調行，攝諸恚怒；以大精進，攝諸懈怠；一心禪寂，攝諸亂意；以決定慧，攝諸無智。

　　雖為白衣，奉持沙門[1]清淨律行；雖處居家，不著三界[2]；示有妻子，常修梵行[3]；現有眷屬，常樂遠離；雖服寶飾，而以相好[4]嚴身；雖復飲食，而以禪悅為味。若至博奕戲處，輒以度人；受諸異道，不毀正信；雖明世典，常樂佛法；一切見敬，為供養中最；執持正法，攝諸長幼；一切治生諧偶，雖獲俗利，不以喜悅；遊諸四衢，饒益眾生；入治正法，救護一切；入講論處，導以大乘；入諸學堂，誘開童蒙；入諸淫舍，示欲之過；入諸酒肆，能立其志。

　　若在長者，長者中尊，為說勝法；若在居士，居士中尊，斷其貪著；若在剎利[5]，剎利中尊，教以忍辱；若在婆羅門[6]，婆羅門中尊，除其我慢；若在大臣，大臣中尊，教以正法；若在王子，王子中尊，示以忠孝；若在內官，內官中尊，化正宮女；若在庶民，庶民中尊，令

興福力；若在梵天[7]，梵天中尊，誨以勝慧；若在帝釋
[8]，帝釋中尊，示現無常；若在護世[9]，護世中尊，護諸
眾生。

　　長者維摩詰，以如是等無量方便，饒益眾生。

註　釋：

1.　沙門（śrāmaṇa），指遠離世間，過著刻苦生活的修行者。

2.　三界（traidhātuka），指三種仍未脫輪迴的境界或生命存
　　在。這即是：欲界（kāmadhātu），情欲的生命存在；色界
　　（rūpadhātu），感覺的生命存在；無色界（arūpadhātu），
　　非感覺的生命存在。

3.　梵行，指嚴刻的修行；其目的是淨化身心。

4.　相好，指如來的三十二相與八十種好。這都是身體上的殊勝
　　的特徵。相是主要的特徵，好是附屬的特徵。

5.　剎利，即剎帝利（kṣatriya），為印度古代四種階級之一，
　　指武士階層，其性勇武，常不能忍讓。

6.　婆羅門（brahman），印度古代四種階級之首，指宗教的祭
　　司；其性傲慢。

7.　梵天（Brahmā），本來被視為宇宙的主宰之神，其後納入
　　佛教，而成為佛法的守護神。

8.　帝釋，指因陀羅（Indra）神；這本是印度神話中最有力的
　　神，其後納入佛教，而成為佛法的守護神。佛教以為，帝釋
　　常只會享受天上的欲樂。

9.　護世，指守護世間的神祇，如四天王之屬；其任務是保護四

大洲。

現代語譯：

他為了要教化他人，因而以殊勝的方便，在毗耶離城居住。

他以無量數的錢財接濟那些貧民；奉行清淨的戒律，攝化那些毀壞戒禁的人；以忍耐來調正行為，攝伏那些易生恚怒的人；以精進不懈的願力，攝化那些懈怠的人；專心修習禪定，以攝化那些漫生意念的人；以決定不移的智慧，攝化那些缺乏智慧的人。

他雖然如俗人般穿著白衣，卻奉行和堅持嚴刻的修行者的清淨的戒律和操守；雖居處於世間，卻不對三界的誘惑起執著；雖有妻子兒女，卻時常過寡慾的生活；雖有親族眷屬，卻常遠離他們，不被他們所牽纏；雖然佩帶寶玉飾物，卻具有如來的相好來莊嚴身體；雖然如常飲食，卻以禪寂的悅樂為美味。在那些賭博等遊戲的場合，他總是俟機教化他人；他能容受外道的教說，但不破毀對於正法的信仰；他雖然深明世間的典章，卻時常樂在佛法之中；他出席所有的場合，都受到別人的尊敬，最得別人供養的心意；他以佛教正法為軌持，以之安攝老幼眾人；他從事一切生產事業，雖都得到世俗的利益，但不因此感到喜悅；他又巡遊於各個街道之中，幫助眾生，使他們得益；他從事政治活動，為的是要救助一切眾生；他步入講壇，為的是引導眾生悟入大乘教法；他又到學校中去，向兒童們開示；他又出入於妓院之中，向嫖客宣示淫慾的害處；他又到酒館中，使酗酒的人恢復正念。

在長者群中，他成為其中受尊敬的長者，為他們宣說殊勝的教法；在在家的居士群中，他成為其中受尊敬的居士，斷除他們

的貪念與執著；在武士群中，他成為其中受尊敬的武士，教他們忍受屈辱的美德；在祭司群中，他成為其中受尊敬的祭司，去除他們的我慢心；在大臣群中，他成為其中受尊敬的大臣，把正法灌輸給他們；在王子群中，他成為其中受尊敬的王子，教他們忠孝之道；在後宮，他成為其中受尊敬的宦官，以正道化導宮女；在人民群眾中，他成為其中受尊敬的人，使他們興福增力；在梵天神祇中，他成為其中受尊敬的梵天，教他們殊勝的智慧；在帝釋神祇中，他成為其中受尊敬的帝釋，向他們示現無常的道理；在護世天王中，他成為其中受尊敬的天王，幫助護持眾生。

這個長者維摩詰，便是以這樣的無量數的方便，饒益眾生。

經　文：

其以方便現身有疾。以其疾故，國王、大臣、長者、居士、婆羅門等，及諸王子，並餘官屬，無數千人，皆往問疾。

其往者，維摩詰因以身疾，廣為說法：「諸仁者！是身無常、無強、無力、無堅、速朽之法，不可信也。為苦、為惱，眾病所集。諸仁者！如此身，明智者所不怙。是身如聚沫，不可撮摩；是身如泡，不得久立；是身如炎[1]，從渴愛[2]生；是身如芭蕉，中無有堅；是身如幻，從顛倒起；是身如夢，為虛妄見；是身如影，從業緣現；是身如響，屬諸因緣[3]；是身如浮雲，須臾變滅；是身如電[4]，念念不住。是身無主為如地，是身無我為如

火[5]，是身無壽為如風，是身無人為如水[6]。是身不實，四大[7]為家；是身為空，離我、我所；是身無知，如草木瓦礫；是身無作，風力所轉。是身不淨，穢惡充滿；是身為虛偽，雖假以澡浴、衣食，必歸磨滅；是身為災，百一病惱；是身如丘井[8]，為老所逼；是身無定，為要當死。是身如毒蛇[9]，如怨賊，如空聚[10]，陰界諸入[11]所共合成。」

註　釋：

1. 炎，即陽燄；指海市蜃樓，虛幻的東西。

2. 渴愛（tṛṣṇā），指強烈而盲目的愛著。這是一種嚴重的迷執，十二因緣中，即有愛這一因緣。佛教以為，我們的生命存在，由十二個因果環節而得成就。

3. 諸因緣，指成就我們的肉身的種種因緣。即是，我們的身體，過去假惑業因緣而成；現在則依父母的遺體，才能得一期的生存。若沒有這些因緣，即無身體可得。

4. 是身如電，是以電光喻身體。這種比喻，亦見於《金剛經》：「一切有為法，如夢幻泡影，如露亦如電，應作如是觀」。（《大正藏》8·752c）肉身亦是有為法之一。有為即被製作而成之意。

5. 火依於因緣而念念生滅；肉身亦依於四大（地、水、火、風）而成，故非實有，無自體。

6. 在溪流中，前水非後水。肉身亦如是，前一生命存在不是後一生命存在，此中並無定體。

7. 四大指地、水、火、風四種根本要素。古代印度人以為，宇宙是由不同的要素組成，最根本的要素，即是地、水、火、風。

8. 丘井，即舊水井。舊井年久失修，井內無水；人為老病所逼，終究會壞滅。

9. 構成肉身的四大不調協，如毒蛇傷身。

10. 空聚，指沒有人居住的村落、聚落。人體的眼、耳、鼻、舌、身、意六種感官，只是虛假地結合，身體內實無真的主宰。

11. 陰（skandha）即聚合之意，又作蘊。佛教通常說五陰，指構成我們的生命存在的五種要素。這即是色、受、想、行、識。色是物質，指構成我們生命存在的物理要素；受是感受，想是想像，行是意念、意志，識是認識；這四者是構成我們的生命存在的心理的、精神的要素。界（dhātu）指被區分的界域，有時又指原因、要素。佛教通常說十八界，指構成宇宙及眾生的生命存在的十八種要素，所謂六根、六境、六識。六根是六種感受官能：眼根、耳根、鼻根、舌根、身根、意根，根即官能之意。六境是六種認識或感受的對象：色、聲、香、味、觸、法。六識是六種認識機能：眼識、耳識、鼻識、舌識、身識、意識，識即認識機能。在認識活動中，六識分別認識六境，六境發用的處所，即是六根。故六識純是心理的、精神的要素，六境純是物質性，六根則帶濃厚的物質性。六境與六根合起來，又稱十二入。入（āyatana）即處所之意，物質義很濃。

現代語譯：

　　他運用方便，示現身體有疾病。由於他有疾病，國王、大臣、長老、居士、祭司等人，並各個王子及其他官僚，計有幾千人之眾，都來探病。

　　對於來探病的人，維摩都藉著身體上的疾病為機緣，開示法要：「朋友們！這個肉身沒有常住性，是脆弱的、沒有力量的、不堅實的，是很快會壞滅的東西，不可倚賴的。它是苦痛、煩惱、種種疾病的結集。朋友們！對於這樣的肉身，明智的人是不會依恃的。這肉身好像水泡，不能拿來摩捏；這肉身像泡沫，不能久住；這肉身像海市蜃樓，由渴愛而生起；這肉身像芭蕉，（由層層蕉皮裹纏而成），內裏沒有堅實的東西；這肉身像幻境，由顛倒妄想而起；這肉身像夢幻，由虛妄見解而來；這肉身像影子，由善惡業力因緣所起種種身相而來；這肉身像聲音的回響，（並無實物），是種種因緣結集的結果；這肉身像浮雲，來去無定，須臾變滅；這肉身像電光，念念不住。這個肉身如大地那樣，沒有主人；這個肉身如火那樣，念念生滅，沒有自體；這個肉身如風那樣飄忽不定，沒有永恆的壽命；這個肉身如水那樣，沒有定體。這個肉身是不實在的，它以地、水、火、風為依據；這個肉身是空，無自性，它沒有自我，和我所有的東西；這個肉身沒有感覺，它像草、木、瓦、石那樣；這個肉身沒有自主性，隨時被風力所轉動。這個肉身並不潔淨，它充塞著污穢與邪惡；這個肉身是虛妄不實的，即使是用水來清洗它，用衣食來供奉它，它終究會磨損消失的；這個肉身是災難，它有多種疾病與苦惱；這個肉身像舊的水井，被老、病所驅逼；這個肉身不能長

久存在，它是要死滅的。這個肉身像毒蛇，像怨賊，像無人的村落，它是五陰、十八界、種種根與境所合成。」

經　文：

　　「諸仁者！此可患厭，當樂佛身。所以者何？佛身者，即法身¹也。從無量功德智慧生；從戒、定、慧、解脫、解脫知見²生；從慈、悲、喜、捨³生；從布施、持戒、忍辱、柔和、勤行、精進、禪定、解脫、三昧⁴、多聞、智慧諸波羅蜜⁵生；從方便生；從六通⁶生；從三明⁷生；從三十七道品⁸生；從止觀生；從十力、四無所畏、十八不共法生；從斷一切不善法、集一切善法生；從真實生；從不放逸生；從如是無量清淨法生如來身⁹。諸仁者！欲得佛身，斷一切眾生病者，當發阿耨多羅三藐三菩提心¹⁰。」

　　如是，長者維摩詰為諸問疾者如應說法，令無數千人皆發阿耨多羅三藐三菩提心。

註　釋：

1.　法身（dharma-kāya）指精神主體的顯露狀態；它的潛隱狀態，即是如來藏（tathāgata-garbha）。法身有時亦被視為佛性，即佛的本性、本質。法（dharma）是真理，身（kāya）則是無邊功德的總集合；故法身是無量無邊的清淨功德所成。

2. 解脫知見指對於解脫的反省、自覺。戒、定、慧、解脫、解脫知見五者，稱為五分法身。

3. 捨離偏執為捨。慈、悲、喜、捨合為四無量心。

4. 三昧，梵語 samādhi 的音譯，為一種禪定的實踐。又作三昧定。

5. 波羅蜜，梵語 pāramitā 的音譯，完全的功德之意；又作波羅蜜多。布施、持戒、忍辱、精進、禪定、智慧，通常稱為六波羅蜜。

6. 六通，指六種超自然的神通力。這即是：天眼通、天耳通、他心通、宿命通、神境通、漏盡通。前五種是有漏（不完足）神通力，最後一種是無漏（完足）神通力。

7. 三明即三種智明之力：宿命明知過去事，生死智明知未來事，漏盡明知覺悟之事。

8. 三十七道品，為菩薩所修習的法門，俾能進於悟道成覺。

9. 如來身即佛身、法身。如來（tathāgata）是佛的同義語。

10. 阿耨多羅三藐三菩提，為梵語 anuttara-samyak-saṃbodhi 的音譯。uttara 是至上之意，an-uttara 是其對抗意，指無以上之的境界，an- 有否定的意味；samyak 是正等，saṃbodhi 是正覺。整個複合詞指無上正等正覺，是最高的覺悟；這亦是成佛的覺悟。

現代語譯：

　　「朋友們！這肉身是令人生厭的，我們應當樂求佛身。為甚麼呢？佛身即是法身。這法身從無量的功德與智慧生起；它又可分別從持戒、禪定、智慧、解脫、解脫知見生起；它又可從慈、

悲、喜、捨生起；它又可從布施、持戒、忍辱、柔和、勤行、精進、四種禪定、八種解脫、三種三昧、多聞、智慧等種種完全的功德生起；它又可從方便生起；它又可從六種神通力生起；它又可從三種智明之力生起；它又可從菩薩所修的助道法生起；它又可從入定與觀照生起；它又可從佛所特有的十種智力、四種無畏懼心和十八種特徵生起；它又可從斷除一切不善法，積集一切善法的修習生起；它又可從真實性生起；它又可從嚴肅的態度生起。如來身便是從這些無量數的清淨法生起的。朋友們！你們若要實現佛身，斷除一切眾生的病苦，便要發實現那無上正等正覺的心念了。」

　　這樣，維摩長者向那些來探病的人恰如其分地說法，使以千數的人都發心實現那無上正等正覺。

〈弟子品〉第三

　　佛陀想派他的五百弟子，特別是那稱為十大弟子的，到維摩家探病。但他們都不敢接受這個差使，因為他們過去遇到維摩，和他談論到佛法的問題，都不是他的對手。他們覺得總是維摩說得圓滿契理，自己的說法有缺陷。他們都是學小乘的。這便顯出小乘教法的不足；這種教法不能與不可思議解脫法門相比肩。

　　這十大弟子各有長處：舍利弗是智慧第一，目犍連是神通第一，大迦葉是頭陀第一，須菩提是觀空第一，（以上是四大聲聞）富樓那是說法第一，迦旃延是論議第一，優波離是持律第一，（以上是三大三藏法師）阿那律是天眼第一，阿難陀是多聞第一，羅睺羅是密行第一。（以上是三大眷屬）這些弟子都是了

不起的人，他們所做的，都是出家人所應做的事，如打坐、懺悔、托鉢乞食、說法、現神通。但他們都受到維摩的批評與申斥。此中的關鍵在於，這些弟子基本上都只關心個人了脫生死的事，而他們所走的了脫的方式，是與世間隔別開來，到山林中修行。他們視這世間的生死事如寇讎，不能面對現實，不免有逃避之嫌。他們對真理（法）的了解也有偏差。這一〈弟子品〉便是記述維摩對他們的訓斥的經過。維摩的論點是，覺悟或了脫生死，不應遠離世間，也不單是個人的事。維摩同時也闡述了真理的絕對性。

經　文：

　　爾時，長者維摩詰自念：寢疾於牀，世尊[1]大慈，寧不垂愍？佛知其意，即告舍利弗：「汝行詣維摩詰問疾。」

　　舍利弗白佛言：「世尊，我不堪任詣彼問疾。所以者何？憶念我昔曾於林中，宴坐[2]樹下。時維摩詰來謂我言：『唯，舍利弗，不必是坐為宴坐也。夫宴坐者，不於三界現身意[3]，是為宴坐。不起滅定[4]而現諸威儀，是為宴坐。不捨道法[5]而現凡夫事[5]，是為宴坐。心不住內，亦不在外，是為宴坐。於諸見不動，而修行三十七品[6]，是為宴坐。不斷煩惱，而入涅槃，是為宴坐。若能如是坐者，佛所印可。』時我，世尊，聞說是語，默然而止，不能加報。故我不任詣彼問疾。」

註 釋：

1. 世尊（Bhagavān, Bhagavat），指佛陀而言，他是世間被尊崇的人。音譯為薄伽梵。

2. 宴坐，指安然地坐禪、打坐。這是修習佛道的一種重要表現。

3. 其意是，身心不為三界所繫縛，要能於無身、意中而現身意。

4. 滅盡定，指屏息一切心念活動的禪定。舍利弗是小乘系統。小乘中人對自己的情感、思想，常加以壓抑，以至於身如槁木，心如死灰，毫無生氣。這是把禪定與世間日用事情隔絕開來，因而受到維摩的批評。維摩以為，禪定與世間日用事情，如行、住、坐、臥，並不互相排斥，而可並存。這是大乘的看法。

5. 道法是聖道的修習，凡夫事是凡俗的事務。兩者可以同時進行。但小乘中人以為，要修證道法，就不能實現凡夫事，故真俗不能兩全。維摩以為，這是一種偏執之見。

6. 三十七品，即三十七菩提分，這是以下各種修行系列的總稱：四念處、四正勤、四神足、五根、五力、七覺支、八正道。小乘中人認為要壓伏諸見，才能現起戒、定、慧三無漏學，修習三十七品。

現代語譯：

那時，維摩長者自己這樣想：我臥病在牀上，世間的尊者有大慈愛，怎會不垂憐呢！佛陀知道他的心意，馬上對舍利弗說：

「你到維摩那處探病吧。」

　　舍利弗對佛陀說：「世間的尊者啊，我是不堪擔任向維摩探病的差使的。為甚麼呢？猶記從前我在森林中，在樹下宴然打坐。當時維摩過來對我說：『舍利弗呀，宴然的打坐並不是這樣的坐法呀。所謂宴然的打坐，是不在三界中顯示身體與心念，這便是宴然的打坐。即在滅盡定中而表現行、住、坐、臥，便是宴然的打坐。不捨棄聖道而表現凡俗的事，便是宴然的打坐。心念不住著於生命的內部，亦不住著於外面的物質世界，這便是宴然的打坐。在不遠離一切謬見中而能修習三十七菩提分，這便是宴然的打坐。不斷除煩惱，而證入涅槃，這便是宴然的打坐。倘若能夠這樣打坐，便能得到佛的印可。』其時，世間的尊者啊，我聽了這番話，也就說不出話來，無以回答。因此，我是不堪擔任向維摩探病的差使的。」

經　文：

　　佛告大目犍連：「汝行詣維摩詰問疾。」

　　目連白佛言：「世尊，我不堪任詣彼問疾。所以者何？憶念我昔入毗耶離大城，於里巷中為諸居士說法。時維摩詰來謂我言：『唯，大目連，為白衣居士說法，不當如仁者所說。夫說法者，當如法說。法無眾生，離眾生垢[1]故。法無有我[2]，離我垢故。法無壽命，離生死故。法無有人[3]，前後際斷故。法常寂然，滅諸相[4]故。法離於相，無所緣故。法無名字，言語斷故。法無有說，離覺觀故。法無形相，如虛空故。法無戲論，畢竟

空故。法無我所，離我所故。法無分別，離諸識故。法
無有比，無相待故。法不屬因，不在緣故[5]。』

『法同法性[6]，入諸法故。法隨於如[7]，無所隨故。
法住實際，諸邊不動[8]故。法無動搖，不依六塵[9]故。法
無去來，常不住故。法順空，隨無相，應無作[10]。法離
好醜，法無增損，法無生滅，法無所歸[11]。法過眼、
耳、鼻、舌、身、心[12]。法無高下。法常住不動。法離
一切觀行。唯，大目連，法相[13]如是，豈可說乎？夫說
法者無說無示，其聽法者無聞無得。譬如幻士為幻人說
法[14]。當建是意而為說法。當了眾生根有利鈍，善於知
見，無所罣礙，以大悲心讚於大乘，念報佛恩，不斷三
寶，然後說法。』維摩詰說是法時，八百居士發阿耨多
羅三藐三菩提心。我無此辯，是故不任詣彼問疾。」

註　釋：

1. 眾生垢，指眾生生命中的污垢。眾生由五蘊（色、受、想、
   行、識）和合而成，有種種染污性。這裏所說的法，指真理
   而言。
2. 我（ātman），指那常住不變，不由因緣生的自體、我體。
   依佛教，一切皆空，並無所謂我或我體。
3. 人（pudgala），指前後一致的人的實體。這實體預認時間
   前後的連貫性。又音譯為補特伽羅。
4. 相（lakṣaṇa），指相狀、特徵。這都作為現象而呈現，由虛

妄分別而來。

5. 真理是絕對的，它不在因果系列中，無所謂因緣。故「法不屬因，不在緣」。

6. 法性（dharmatva, dharmatā），指諸法的本性、本質，這其實是空的本性。故法性與空為同義語。

7. 如（tathatā），指真如、真理之意。佛教說真如，一般來說，是就空的本性而言。

8. 諸邊即是二邊，或兩種極端，如有無、生滅之屬。有二邊，便有動；超越二邊，即臻於絕對，故無動。動即變化之意。

9. 六塵指色、聲、香、味、觸、法六種感覺對象。這些對象，作為現象看，都有變化。

10. 空、無相、無作三者稱為三解脫門。這是求解脫的重要途徑，一向為般若系統所重視。

11. 所歸，指歸宿，最後根據。法是真理，自身即是標準，即是依據，故無所歸向的依據。

12. 法是絕對真理，非六識所能認識。六識只能認識現象意義的對象，這是相對的範域。

13. 法相，指法的真實、真相。此中的「相」，不是作現象義的特徵解，而是作真理義解。

14. 在這種情況下，說者如幻如化，聞者亦如幻如化；說者不作實說，聞者不作實聞。

現代語譯：

佛陀對目犍連說：「你到維摩處探病吧。」

目犍連對佛陀說：「世間的尊者啊，我是不堪擔任向維摩探

病的差使的。為甚麼呢？記得從前我進入毗耶離大城，在里巷中向多個居士說法，闡述佛教的真理，那時維摩過來對我說：『目犍連呀，向穿著俗世的白衣的在家居士說法，是不應像你那樣說的。要說法，便應依如來的教法來說。法是遠離眾生的，它不具有眾生的污垢。法是遠離我體的，它不具有慾望的污垢。法是遠離壽命的，它無所謂生、死。法是遠離人的實體的，它不具有時間前後的連續性。法是恆常寂然的，它超越現象意義的種種特徵。法是遠離特徵、相狀的，它不具有慾望的對象。法是沒有名字的，它超越言說。法是不可說的，它超越思想領域。法是沒有形相的，它像虛空那樣遍在於萬物中。法是遠離戲論的，它的本性是畢竟空寂。法是沒有所謂我所有的東西的，它超越這樣的東西。法是遠離分別的，它超越種種認識。法是沒有東西能和它比較的，它超越相對性（而為絕對）。法是沒有與它對應的原因的，它亦沒有作為緣而被設定的東西。』

『作為真理的法，即是法性，是諸法的本質。法隨順於真如，沒有所隨相。法達於真理的極限，它超越相對的二邊，故為不動。法是不變化的，它不倚於感覺對象。法是沒有去來的運動相的，它是常住不動的。法隨順空無自性之理，它超越由虛妄分別而來的特徵，遠離種種作為。法是超越好醜、增損、生滅等相對性的。法是沒有其所歸向的依據的。法是超越眼、耳、鼻、舌、身、意等六識的認識範圍的。法無所謂高、低的分別。法是常住不動的。法超越一切相對意義的觀照與實踐。目犍連呀，法的真實是這樣，怎能拿來說呢？實際上，說法的人，並無所說，並無所示，聽法的人，也無所聞，無所得。（法實不能作一般的對象看）。這猶如以幻士姿態出現的人對由幻術所變現的人說法

那樣哩。我們必須明瞭了這點而後說法呀。我們要了解眾生的根器是有利有鈍的，要培養好智慧與見地，不能有罣礙，以大悲心頌揚大乘教法，時時念想著佛陀的恩典，胸懷僧、佛、法三寶，才能說法。』正當維摩這樣說法時，有八百個在家居士發心要實現無上正等正覺。我沒有這種辯才，故不堪擔任到他家探病的差使。」

（以下不錄）

〈菩薩品〉第四

　　在上面的〈弟子品〉中，維摩呵責小乘中人的偏執。他們遠離世間，有沉空滯寂之嫌。在這〈菩薩品〉中，維摩抨斥某些大乘菩薩的偏執。按菩薩發菩提心，廣行六度萬行，在實行方便法時，亦易起執；對於方便法的本質，了達未透，亦未能以之作廣面的概括。維摩的意思是，方便法以誘導悟入佛理為目的，故或染或淨的東西，只要能達致這個目的，皆可作方便法看。此中，維摩所批評的幾個菩薩為：彌勒菩薩、光嚴童子、持世菩薩、長者子善德。我們這裏只錄有關光嚴童子一段。

經　文：

（以上不錄）

　　佛告光嚴童子[1]：「汝行詣維摩詰問疾。」

　　光嚴白佛言：「世尊，我不堪任詣彼問疾。所以者何？憶念我昔出毗耶離大城，時維摩詰方入城。我即為作禮而問言：『居士從何所來？』答我言：『吾從道場[2]

來。』我問：『道場者何所是？』答曰：

> 直心是道場，無虛假故。發行是道場，能辦事故。
> 深心是道場[3]，增益功德故。菩提心是道場，無錯謬
> 故。布施是道場，不望報故。持戒是道場，得願具
> 故。忍辱是道場，於眾生心無礙故。精進是道場，
> 不懈怠故。禪定是道場，心調柔故。智慧是道場，
> 現見諸法故[4]。慈是道場，等眾生故。悲是道場，忍
> 疲苦故。喜是道場，悅樂法故。捨是道場[5]，憎愛斷
> 故。神通是道場，成就六通故。解脫是道場，能背
> 捨故。方便是道場，教化眾生故。四攝是道場[6]，攝
> 眾生故。多聞是道場，如聞行故。伏心是道場，正
> 觀諸法故。三十七品是道場，捨有為法故[7]。四諦是
> 道場[8]，不誑世間故。緣起是道場[9]，無明乃至老、死
> 皆無盡故。諸煩惱是道場，知如實故。眾生是道
> 場，知無我故。一切法是道場，知諸法空故。降魔
> 是道場，不傾動故。三界是道場，無所趣故。師子
> 吼是道場[10]，無所畏故。力、無畏、不共法是道場
> [11]，無諸過故。三明是道場，無餘礙故。一念知一切
> 法是道場，成就一切智故。如是，善男子，菩薩若
> 應諸波羅蜜，教化眾生，諸有所作，舉足下足，當
> 知皆從道場來，住於佛法矣！

說是法時，五百天人[11]皆發阿耨多羅三藐三菩提心。故

我不任詣彼問疾。」

註　釋：

1. 光嚴童子，年輕的在家菩薩。又作光淨童子、光嚴菩薩。
2. 道場，即菩提道場（bodhi-maṇḍa）。這是佛陀在菩提樹下成正覺的場所，所謂「金剛寶座」也。道場（maṇḍa）原來是指果汁的髓液，其後泛指修行與弘法的場地，或成正覺的處所。
3. 深心，指深廣大心。只有這種心才能包容一切功德，而不以小功德為滿足。
4. 現見，現前地了達之意。這種了達，是覺悟義的了解，不是概念性的了解。它實是一種睿智性的直覺。以上是以六波羅蜜多來說道場。
5. 捨，指對偏執的捨棄。它與慈、悲、喜，合稱四無量心。
6. 四攝，即四攝事（saṃgraha-vastu）。這即是布施、愛語、利行、同事。布施是無條件的施與，愛語是溫柔的話語，利行是使他人得益的行為，同事是與別人共苦樂。這四者都是用來攝化眾生的。
7. 有為法，指被製作的東西，這即是緣起法。這有為法與無為法相對說，後者指不被製作的法，如絕對的真理、空、真如。這裏所謂「捨有為法」，其實不是單就有為法而言，而是說捨棄對有為法與無為法的分別之意。這種分別，就究竟意義言，亦是一種偏執。
8. 四諦，即四聖諦（catvāri-ārya-satyāni），這是原始佛教的根

本教說。這四諦是苦諦（duḥkha-satya）、集諦（samudaya-satya）、滅諦（nirodha-satya）、道諦（mārga-satya）。苦諦是說眾生與世界，都充塞著苦痛煩惱；集諦是說這些苦痛煩惱都由種種因緣積集而成。滅諦是說那斷除一切苦痛煩惱的寂滅境界；道諦是說那使人臻於寂滅之境的方法。這表面上是四種諦，或真理，其實只是一個意思，即是教人要從現實生命的苦痛煩惱中脫卻開來，實現那解脫的理想。

9. 緣起（pratītya-samutpāda）是佛教的基本教法，它表示諸法或作為現象看的東西，都是因緣和合而成，即是，由條件的組合而成，因此無獨立的自性。緣起的一種具體說法，用以解釋個體生命的形成的，是所謂十二因緣。這是以十二個環節，作為原因，來說明個體生命的成長歷程；無明與老、死是其中最先與最後兩個環節。

10. 師子吼，向眾生說法，如獅子吼叫那樣，震破彼等的迷執。

11. 不共法，即十八不共法，指佛陀或如來所特有的性格，這是不與一般眾生共有的。

12. 餘礙，指其餘的煩惱。礙即煩惱，能障礙人的悟道成覺。

13. 天，指神祇。它們居住於天上，不在人間。

現代語譯：

佛陀對光嚴童子說：「你到維摩處探病吧。」

光嚴童子對佛陀說：「世間的尊者啊，我是不堪擔任到維摩處探病的差使的。為甚麼呢？記得從前我離開毗耶離大城，當時維摩剛入城。我馬上行禮問他：『居士從哪裏來呢？』他答我說：『我從菩提道場來。』我問他：『菩提道場是甚麼意思

呢？』他回答說：

率直的心便是菩提道場，那是沒有虛假的。發起加行便是
菩提道場，這表示能成辦事務。深廣的心便是菩提道場，
它能增益功德。發菩提心便是菩提道場，方向正確，沒有
差錯之故。無條件的布施便是菩提道場，那是不希望回報
的。謹守戒律便是菩提道場，這樣一切便能得心應手。忍
受屈辱便是菩提道場，因為沒有報復之心。精進加行便是
菩提道場，那是使人不懈怠的。修習禪定便是菩提道場，
它可以使心念柔順，而安定下來。般若智慧便是菩提道
場，它能使人現前地了達諸法。慈愛便是菩提道場，它平
等地對待眾生。悲憫便是菩提道場，它使人忍受一切迫
害。喜悅便是菩提道場，那是對佛法而感欣喜。不偏執便
是菩提道場，由此可以斷除愛與憎。神通便是菩提道場，
它能成就六種超自然的力量。解脫便是菩提道場，它能使
我們遠離虛妄分別。方便法門便是菩提道場，藉此可以教
化眾生。四攝事便是菩提道場，可以攝化眾生。廣博地聽
聞佛法便是菩提道場，這樣便能生起真摯的行為。攝伏心
念便是菩提道場，由此可以正確地觀照諸法。三十七道品
的菩提分法，便是菩提道場，它能使我們斷除對有為法與
無為法的分別。四聖諦便是菩提道場，它揭示世間的真
相。緣起正理便是菩提道場，它顯示由無明以至老、死這
些煩惱的無窮無盡的作用。一切煩惱的鎮伏便是菩提道
場，由此可以如實地了知真理。一切眾生便是菩提道場，
因為他們不具有我體。一切法便是菩提道場，因為我們知
道它們都是空無自性。降伏魔怪便是菩提道場，因為魔怪

　　　　使一切不能傾動。三界便是菩提道場，這是因為不再受生
　　　　於三界之故。作獅子吼便是菩提道場，作了獅子吼，可以
　　　　使人遠離恐懼。佛陀的十力、四無畏懼心和十八種他獨有
　　　　的性格便是菩提道場，那是可以使人免除過失的。三種知
　　　　明便是菩提道場，因為它們可使煩惱不再殘存。心能在一
　　　　剎那間知了一切法，便是菩提道場，這可成就一切知的智
　　　　慧。良家之子啊，若菩薩能具足這樣的完全的善德，教化
　　　　眾生，那麼，不管他做甚麼東西，一舉手一投足，都是從
　　　　菩提道場中來，而安住於佛教的教法中。

當維摩這樣說法時，有五百神祇與民眾發心要成就無上正等正
覺。因此我是不堪任到他那裏探病的。」

　　（以下不錄）

〈文殊師利問疾品〉第五

　　此品主要闡揚大乘的義理。印度佛教的大乘精神，在於不捨
世間，這主要表現於大乘菩薩的實踐中。由不捨世間的精神而開
出對世間法或經驗世界的肯定與正視；世間法雖然包含有染污成
素，但我們要做的，是除去這些染污成素，而不是除去世間法。
這即是本品所說「但除其病，而不除法」的本意。本品同時也具
體地闡述甚麼是菩薩行。要能「但除其病，而不除法」，必須實
踐菩薩行。

　　十大弟子與四大菩薩都婉辭探病的任務。最後佛陀差遣文殊
師利（Mañjuśrī）前去探病。文殊師利是佛陀的上首弟子，由他
去探病，益顯出維摩長者的智慧與方便的不可思議。文殊師利亦

是大菩薩，簡稱文殊，在中國譯為妙德、妙首、妙智、妙吉祥。

經　文：

　　爾時，佛告文殊師利：「汝行詣維摩詰問疾。」

　　文殊師利白佛言：「世尊，彼上人者，難為酬對。深達實相[1]，善說法要，辯才無滯，智慧無礙。一切菩薩法式悉知，諸佛祕藏無不得入，降伏眾魔，遊戲神通，其慧方便，皆已得度。雖然，當承佛聖旨，詣彼問疾。」

　　於是眾中諸菩薩、大弟子、釋、梵、四天王咸作是念：今二大士文殊師利、維摩詰共談，必說妙法。即時八千菩薩、五百聲聞、百千天人皆欲隨從。於是文殊師利與諸菩薩、大弟子眾，及諸天人恭敬圍繞，入毗耶離大城。

註　釋：

1. 實相，指真理、最高真理。通常的梵文表述式為 tattva, satya。一般來說，佛教所說的實相，指空理而言，這即是諸法空無自性的本性、本質。

現代語譯：

　　那時，佛陀對文殊師利說：「你到維摩處探病吧。」

　　文殊師利對佛陀說：「世間尊敬的人啊，維摩這個有修行的

人，是難以與他酬答的。他已經深刻地了達最高真理，能夠善巧地發揮佛法的精要，又具有無滯礙的辯才與智慧。他熟知一切菩薩的做法，又能入一切佛陀的秘奧，能降伏眾魔怪，自在無礙地運用神通力，他的智慧與方便都是超卓的。雖然是這樣，我還是應當接受如來的旨意，到他那裏探病。」

於是，在集會上的各個菩薩、聲聞大弟子、帝釋天、梵天、護世四天王等都這樣想：文殊師利與維摩這兩個高貴的賢士要對談了，他們必會發揮微妙的教法。那時，有八千個菩薩、五百個聲聞、過百過千的神祇與民眾都想跟隨前往。於是他們擁戴著文殊師利，進入毗耶離大城。

經　文：

爾時，長者維摩詰心念：今文殊師利與大眾俱來。即以神力空其室內，除去所有，及諸侍者。唯置一牀，以疾而臥。文殊師利既入其舍，見其室空，無諸所有，獨寢一牀。

時維摩詰言：「善來文殊師利！不來相[1]而來，不見相[1]而見。」

文殊師利言：「如是，居士。若來已更不來，若去已更不去。所以者何？來者無所從來，去者無所至[2]。所可見者，更不可見[3]。且置是事，居士是疾，寧可忍否？療治有損，不至增乎？世尊慇懃，致問無量。居士是疾，何所因起？其生久如，當云何滅？」

維摩詰言：「從癡[4]有愛[5]，則我疾生。以一切眾生病[6]，是故我病。若一切眾生病滅，則我病滅。所以者何？菩薩為眾生故入生死，有生死則有病；若眾生得離病者，則菩薩無復病。譬如長者，唯有一子，其子得病，父母亦病，若子病癒，父母亦愈。菩薩如是，於諸眾生，愛之若子，眾生病則菩薩病，眾生病愈，菩薩亦愈。」又言：「是疾何所因起？菩薩疾者以大悲起。」

註　釋：

1. 來相與見相，指來與見的動相。這預認一種刻意的安排。來者自來，見者自見，一切都是因緣和合。

2. 此中的密意是，來與去，都是因緣和合的結果；有如是的因緣，便有如是的來去。此中並無一冥冥的主宰，去決定來與去。故來去無定，一切從緣。這幾句玄談，亟顯佛教的緣起正理。

3. 這一念所見的東西，瞬即消失；後一念所見的，已非這一念所見的。沒有兩念所見的東西是同一的。這是佛教所謂剎那滅，亦是無常之意。

4. 癡，即無明（avidyā）。這是沒有方向的盲動狀態。佛教即以無明來說世界和生命的開始，十二因緣便是以無明為首。

5. 愛，即渴愛（tṛṣṇā），一種顛倒的愛著。

6. 這裏說病，基本上是就迷執而亡失方向而言。故這是精神的病痛，而不是身體的病痛。

現代語譯：

那時，維摩長者心想：現在文殊師利與眾人都來了。他馬上運用神通能力把居家空掉，去除所有的東西和眾侍從。他只放置一張牀在房中，自己臥病在牀上。文殊師利進入他的居所，看見房內空無所有，只有維摩一人獨自臥在牀上。

當時維摩說：「文殊師利，你來得好啊！沒有來的動相，你便來了；沒有見的動相，我們便見面了。」

文殊師利說：「是呀，維摩居士。來了的，便不會再來；去了的，便不會再去。為甚麼呢？來的東西，是沒有所自來的；去的東西，也沒有所至的處所。已見過的東西，是不可以再見的。我們還是暫時不談這些問題吧。維摩居士，你這個疾病是否可以忍受呢？經過治療後，病情是否已減輕，而不增加呢？佛陀很關心你，要我們致深深的問候。居士的病是因何而起的呢？這樣久了，怎樣才能去除呢？」

維摩說：「由無明而有渴愛，這樣，我的病便來了。由於一切眾生有病，我便有病了。倘若一切眾生的病去除了，則我的病亦會去除。為甚麼呢？菩薩為了眾生而入生死苦海；有生死，便有病，若眾生能遠離疾病，則菩薩亦不會有疾病。譬如說，一個老人，只有一個兒子。兒子若有病，他的父母亦會（因憂心）而發病的；兒子的病好了，父母的病自亦會好轉的。菩薩也是這樣。他愛護一切眾生，有如子女。眾生有病，則菩薩亦有病；眾生的病好了，菩薩的病亦會隨而好轉。」又說：「這個病是因何而起的呢？菩薩的病，是因大悲而起。（他為利益眾生而示病。）」

經　文：

文殊師利言：「居士此室，何以空無侍者？」

維摩詰言：「諸佛國土，亦復皆空。」

又問：「以何為空[1]？」

答曰：「以空空。」

又問：「空何用空？」

答曰：「以無分別空故空。」

又問：「空可分別[2]耶？」

答曰：「分別亦空。」

又問：「空當於何求？」

答曰：「當於六十二見[3]中求。」

又問：「六十二見當於何求？」

答曰：「當於諸佛解脫[4]中求。」

又問：「諸佛解脫當於何求？」

答曰：「當於一切眾生心行中求。又仁所問何無侍者，一切眾魔外道[5]皆吾侍也。所以者何？眾魔者樂生死，菩薩於生死而不捨[6]；外道者樂諸見，菩薩於諸見而不動[6]。」

文殊師利言：「居士所疾，為何等相？」

維摩詰言：「我病無形，不可見。」

又問：「此病身合耶，心合耶？」

答曰：「非身合[7]，身相離故；亦非心合[7]，心如幻

故。」

又問：「地大、水大、火大、風大，於此四大，何大之病？」

答曰：「是病非地大，亦不離地大；水、火、風大亦復如是。而眾生病從四大起[8]。以其有病，是故我病。」

註　釋：

1. 這裏說空，已由房間的空而說到諸法無自性的空（śūnyatā）。此下數句，我們依西藏文譯本來翻譯。

2. 這裏的分別，作認識、認知解。

3. 六十二見，指六十二種錯誤的見解。外道執著有我（我之自體，我體），以四句來執著色蘊，以之為有我：(1)即在色蘊中有我；(2)離開色蘊有我；(3)色蘊為大，我為小，因而我在色蘊中；(4)我為大，色蘊為小，因而色蘊在我中。亦以四句來執著受、想、行、識，以之為有我。這樣，便有二十種錯誤的我見。這二十種見解又分別以過去、現在、未來三時來說，便得六十種。此外，再加上斷見與常見為根本，即成六十二見。斷見是以世間一切法都是虛無，畢竟會斷滅，這是虛無主義的想法。常見是以世間一切法都是常住，能永恆地存在。這兩者都與緣起的教理相悖。

4. 諸佛或如來的解脫，正是要從六十二見中解脫開來。

5. 外道，指不信佛法或誹謗佛法的種種異端邪說。

6. 不捨、不動亟顯菩薩的高貴品質。此中的意思是，菩薩正要

點化在生死界中的魔怪，和矯正外道的種種邪見，使魔怪與外道都歸向佛法，而成為佛法的侍者。

7. 身合心合的身病心病，是眾生之見。其實身與心都是緣生，都是假的，都是空無自性。

8. 眾生的身體由地、水、火、風這四大或四基本要素組成。地有堅性，如皮、骨、筋、肉即是；水有濕性，如濃血、涕、唾即是；火有煖性，如體內有溫度；風是動性，如呼吸。若四大的運作協調，身體便健康；如任何一大的運作過盛或不足，身體即會生病。

說病非四大，亦不離四大，其意思是，疾病是由四大不調而起，以四大為因緣，而得的結果，故它不是四大自身，但亦非與四大無關，故不離四大。

現代語譯：

文殊師利說：「居士這個房間，為甚麼空無侍從呢？」

維摩說：「諸佛的國土也全是空的。」

又問：「那是甚麼樣的空呢？」

維摩答：「那是作為空性的空。」

又問：「在空性中還有空麼？」

維摩答：「那便是認識，它是作為空性而是空的。」

又問：「空性是不是可以認識的呢？」

維摩答：「（是的，不過，）這認識亦是空的。」

又問：「在哪裏可以求得空性呢？」

維摩答：「空性可於六十二種錯誤的見解中求得。」

又問：「這六十二種錯誤的見解可以在哪裏求得呢？」

維摩答：「可於如來的解脫中求得。」

又問：「如來的解脫應在哪裏求得呢？」

維摩答：「這可於一切眾生的心開始發動處求得。又你問到我為甚麼沒有侍從，（其實，）一切魔怪與外道都是我的侍從哩。為甚麼呢？（因為）眾魔怪樂著於生死輪迴的慾樂中，菩薩則在生死世界中救度眾生，不捨棄他們；外道樂著於種種邪見，菩薩則不為種種邪見所動搖。」

文殊師利說：「居士的病是何種症狀呢？」

維摩說：「我的病沒有形相，是不可以眼見的。」

又問：「這病是身病抑是心病呢？」

維摩答：「這不是身病，它是遠離身體的；也不是心病，心是如幻如化的。」

又問：「在地、水、火、風這四種基本要素中，哪一種是構成這個病的呢？」

維摩答：「這病並不來自地一要素，但亦不離地一要素；水、火、風諸要素也是一樣。眾生的病是從這四種基本要素而起的。由於他們有病，因此我也有病了。」

經　文：

（中略）

文殊師利言：「居士，有疾菩薩云何調伏其心？」

維摩詰言：「有疾菩薩應作是念：今我此病，皆從前世妄想顛倒諸煩惱[1]生，無有實法，誰受病者[2]？所以者何？四大合故，假名為身。四大無主，身亦無我。又

此病起，皆由著我。是故於我，不應生著。既知病本，即除我想及眾生想，當起法想。應作是念：但以眾法合成此身，起唯法起，滅唯法滅[3]。」

「又此法者各不相知，起時不言我起，滅時不言我滅[4]。彼有疾菩薩，為滅法想，當作是念：此法想者亦是顛倒，顛倒者即是大患[5]，我應離之。云何為離？離我、我所。云何離我、我所？謂離二法。云何離二法？謂不念內外諸法，行於平等[6]。云何平等？為我等、涅槃等。所以者何？我及涅槃，此二皆空。以何為空？但以名字[7]故空，如此二法無決定性。得是平等，無有餘病，唯有空病[8]，空病亦空[9]。是有疾菩薩以無所受[10]而受諸受，未具佛法，亦不滅受而取證也。設身有苦，念惡趣[11]眾生，起大悲心，我既調伏，亦當調伏一切眾生。但除其病，而不除法。」

（以下不錄）

註　釋：

1. 由這些煩惱積集惡業，因而召感身體；病痛即就身體說。

2. 其意是，並沒有病痛的受者可得。

3. 即是，起滅都是諸法的事，與自我及眾生無關。這樣看便能免除對自我及眾生的不正的看法（我見、眾生見）。

4. 一切法由於因緣和合、離散，而各自起滅，自然形成彼此間的展轉關係，並非有意識地這樣表現。

5. 由顛倒的見解可生起種種煩惱，造作惡業，而召感身體，領受種種苦痛。

6. 平等指內外諸法的平等性。這即是空性、無自性性。

7. 這即是假名（prajñapti）。一切都是方便施設的假名、名字，無自性可得，故是空。

8. 由對空的不正確理解或執著而來的毛病，即是空病。以空為有空之自性，或以空為一種理論，都是不正確的理解。空是自性或邪見的否定，其作用是遮詮的。

9. 這即空宗所說的「空空」（śūnyatā-śūnyatā）。

10. 無所受，即過而不留的心情。不執取諸受，亦不因諸受而生煩惱。

11. 指三惡趣。即地獄、畜生、餓鬼。

現代語譯：

（中略）

　　文殊師利說：「居士，有病痛的菩薩要怎樣調伏內心的煩惱呢？」

　　維摩說：「有病痛的菩薩應該這樣想：現在我這個病痛，是從以前的世代的虛妄的想法與顛倒的見解等種種煩惱而生起的，因而（身體方面）並沒有實在的東西，誰是病痛的受者呢？為甚麼呢？因為身體是由地、水、火、風四種要素和合假名而成；這四要素並無主宰性，因而身體亦無獨立的自性。另外，這病痛是由執著於自我而生起的。因而對於自我，不應起執著。既然知道了病痛的來源，即應除去對自我及眾生的不正的看法，而應建立對諸法的正確的看法。我們應該這樣理解：這個身體是諸法和合

而成的。生起的唯有諸法，滅去的亦是諸法。」

「另外，這些諸法都是相互間沒有感知的。各個法生起時，不宣稱自己的生起；滅去時，亦不宣稱自己的滅去。有病痛的菩薩，為了滅除對諸法的執著，應該這樣理解：這對諸法的執著也是顛倒的見解；這顛倒的見解是大患，應該遠離它。怎樣遠離呢？這便要遠離主觀的我與客觀的我所對所成的相對性。要怎樣遠離主觀的我與客觀的我所對所成的相對性呢？這便要遠離相對性的兩端。怎樣遠離相對性的兩端呢？這便要放棄內外諸法有實性的想法，而行於平等的境地。甚麼是平等的境地呢？這即是自我、涅槃等的平等（空）性。為甚麼呢？因為自我與涅槃這兩者都是空無自性可得的。這兩者本於甚麼而為空呢？由於它們都是假施設的名字，因而是空。內外二法都是沒有決定的自性可得的。了達這平等的空性，便不會有其他的病痛，只有由執著於空而來的病痛。這種病痛亦是需要捨棄的。有病痛的菩薩以無所承受的心情來承受種種苦樂的感受；他未具足佛法（仍在生死煩惱海中），也不滅除苦樂的感受而證取寂滅的境界。他設想自己身體上的苦痛，念及三惡趣中的眾生（所受的苦痛，遠過於自己的），而生起大慈悲心。調伏了自身的煩惱，亦應調伏一切眾生的煩惱。我們只應去除煩惱病痛，而不應去除世間法。」

（以下不錄）

龍樹的空之論證

一、龍樹與空

　　空（śūnyatā）是佛教的根本概念，它的涵義是無自性，或對自性的否定。佛教以一切法都是依因待緣而生起，所謂緣起；沒有常住不變的獨立的自性，因而是空。這自性（svabhāva）指自己便能決定自己的存在形態的本性，是常住的、不變的和獨立的，它是形而上學的實體義（Substance in metaphysical sense）。佛教不承認有這種東西，以為一切物事都是流變無常，故說空。

　　空的思想，在原始佛教已很流行；對於現象世界與生命存在，總是說無常、苦、空、無我。大乘佛教的般若（般若波羅蜜多，prajñāpāramitā）文獻，更盛言諸法無自性、諸法空，甚至「五蘊皆空」（《心經》Hṛdaya-sūtra 語）。龍樹（Nāgārjuna）承接般若的思想傳統，繼續發揚無自性的空義。不過，他說空，與前此的不同。原始佛教與般若文獻說空，只是對宇宙與人生的深刻觀察的結果，此中當然表現出滲透到宇宙與人生的本性的深邃的智慧，般若文獻更說這是般若智慧（prajñā）所把得的。它們並未進一步去思考、證立空這一本性，未提出嚴格的論證來證成空。因而只有空之思想，沒有空之理論、空之哲學。後者需要嚴密的論證來支持，才能成就。龍樹所做的，便是這後一段的工作。因

而有所謂空之論證。佛教的空之哲學,當自龍樹的空之論證開始。在這一點來說,他不單是中觀學的始祖,也是佛學的始祖。

龍樹的著作很多。其中最重要的,當推《中論》(*Madhyamakakārikā*)與《迴諍論》(*Vigrahavyāvartanī*)。特別是《中論》,討論的題材相當廣泛,其基調都在論證諸法無自性或空這一本性或真理。本文即要以《中論》為主,輔以《迴諍論》,選取有代表性的題材,看龍樹如何展開他的空之論證。

二、龍樹的空之論證的邏輯

龍樹對空的論證,採取一種很特別的方式或邏輯。他並不正面地鋪陳論證,建立諸法無自性因而是空這一義理。他是採取反面的方式,先設定事物有自性,或我們以自性的立場來看事物,由這種設定或立場所引生出來的種種矛盾或困難,以反證事物不能有自性,因而是空。即是說,倘若我們以事物(包括一切現象和關係在內)為有自性,則勢必導致一連串與我們的正常的認識與理性相悖離的情況,這些情況與我們世俗的或世間的知解相矛盾,它們足以擾亂甚至破壞世間的知解,或一般說的世間法。要避免這些矛盾,使它們不發生,世間法得以保全,勢必要放棄或否定自性的設定;即是說,不以自性的立場來看事物,不執取事物,以之為有自性。因而以事物為無自性,為空。

這種論證方式在邏輯上是否合法呢?是否有效呢?讓我們檢查一下。

設:p 表自性的設定

　　q 表困難的產生

則上面的意思——若設定自性來看事物，則會涵蘊種種困難——可以記號式表示如下：

$$p \supset q$$

依邏輯上的換位原理，可得

$$\sim q \supset \sim p$$

這表示，不帶來種種困難，涵蘊不作自性的設定。不作自性的設定即是否定自性，這即是空。換句話說，$\sim q \supset \sim p$ 表示世間法的保持，涵蘊無自性或空的真理。

我們可以看到，這種論證式不單有效，而且透露一個重要的訊息：世間法是涵蘊著空這一真理的；即是說，空不是甚麼超離的（transcendent）、不食人間煙火的真理，卻是包涵於世間法中。這可導出這樣一個意思：若要體現空這一真理，便不能遠離世間法，必須扣緊世間法來體證空，因為空包涵在世間法中。

這也同時透露另一與此有密切關連的訊息：空這一真理能維持世間法，使世間法能以世間法的性格而存在。這性格即是依因待緣的性格，亦即緣起的性格。《中論》第 24 品第 14 頌所謂「以有空義故，一切法得成」，說的正是這個意思。

這兩個訊息應以第一個為主。它展示空這一真理在世間法中的內在性（immanence），這在宗教實踐上有極其重要的意義。佛教以觀空為破除執著與煩惱的法門，由此可通至覺悟、成道、得解脫的宗教理想。在甚麼地方觀空呢？在世間法或現實的世界中。從實踐的觀點說，觀空只能在現實的世界中進行，離此之外，無空可觀。這也是《心經》的色空相即的意味。

在龍樹的空之論證中，有時有些詭辯意味。但這基本上並不影響整個論證的性格；而論證的意向，也是清楚可見。

　　上面說，龍樹透過對不同題材的處理，來展開其空之論證。這些題材包括因果關係、運動、時間與運動者、作者與對象的關係等多項，以下我們依次逐一闡釋。

三、論因果關係

　　因果關係（causal relation, causality）是知識論的一個重要範疇，通過它可解釋認識對象的關係與持續程序。在存有論方面，事物的交互變化，亦需因果關係來解釋。在現象層面，因果關係是連結不同事象的原理。在佛教，與因果關係最有密切關連的概念，自然是緣起（pratītya-samutpāda, pratītya-samutpanna）。一切法都是依因待緣而起，此中，一切法是果，因、緣是因。緣起也是佛教的正理的一面；一切法都是由緣（條件，因素，pratītya）的結集而生起（samutpāda），沒有自己的獨立的自性，故是空。[1]

　　在龍樹的哲學中，因果關係常被討論。不過，它通常是作為被否定的對象來處理的。《中論》第一章〈破因緣品〉，便是詳細討論這個問題。但他所要破的因緣，或因果，是以自性的立場來看的。以因、果的任何一方有自性，都是邪見，都不能建立因

---

[1]　緣起或因果是佛學研究界的一個熱門的論題，在這方面的研究，可謂汗牛充棟，多得很。近年有一種著作，很受注意，這便是佛教思想研究會（日本）編的《佛教思想3：因果》（平樂寺書店，1978年發行，1982年第2版），內收多篇重要論文，包括中村元的〈因果〉、梶山雄一的〈中觀哲學と因果論〉、武內紹晃的〈インド佛教唯識學における因果〉和高崎直道的〈如來藏思想と緣起〉，很受學界重視。

果關係。即是說，以自性的立場來看因與果，會產生種種困難，非世間知見所能理解，會打亂世間法的秩序。若要避免這些情況出現，則不要以自性的立場來看因果關係。

下面我們看龍樹在《中論》中對因果關係的辯破，或更確切地說，對以自性立場來看的因果關係的辯破。

> 果為從緣生？為從非緣生？是緣為有果？是緣為無果？
> （1：3）[2]

首先，龍樹對生果的可能情況，作一窮盡性的檢舉。果的生，只有二可能情況：從緣生和從非緣生。「非緣」表示與果全無關連的東西。從世間的知見來看，果是不能從「非緣」生的，而是要從緣生的。而果從緣生，倘若以自性的立場來看，只有兩個可能：在緣中先已有果，然後生果；在緣中預先沒有果，然後生果。到底是哪一種情況呢？抑或兩種情況都不合呢？

> 因是法生果，是法名為緣。若是果未生，何不名非緣？
> （1：4）

在提出答案之前，龍樹先就世間的知解，提出因與果是相對比的：果不能獨立於因而說果，因也不能獨立於果而說因。果是對因說的，因是對果說的。龍樹提出，由於某東西是生某果的因，故我們說它是緣；在果未生之前，它不能稱為緣。緣是對生果這

---

[2]　1：3表示《中論》第1章第3偈頌。以下用例情況相同。

一現實說的。在這一生果的現實出現之前，它與非緣沒有分別。
離開生果這一現實，甚麼東西都是一樣，都是非緣。明白了因與
果或緣與果的對比後，龍樹便處理上面提出的問題。

> 果先於緣中，有無俱不可。先無為誰緣？先有何用緣？
> （1：5）

龍樹的意思是，不管是果先有於緣中，或先無於緣中，都不能成
就緣，不能建立因果關係。若是緣中預先沒有果，則緣是對於甚
麼而為緣呢？上面說，因與果或緣與果是對比著說的，是在因生
果這一事實中說的。倘若緣中預先沒有果，則緣由於沒有果和它
對比，因而不能說緣。另外，若是緣中預先已有果在，則早已在
那裏，又何必以緣來生果呢？倘若沒有生果，緣亦不能作緣看。

　　要注意的是，當龍樹說果先有於緣中，或先無於緣中，他是
以自性的立場來說緣與果，即是說，以緣與果都各有其自性。而
且他透過時間的分割，把緣生果這一因果關係所依的事實，化解
開去，使緣與果不能在緣生果這一現前的事實中對比地成立，卻
是成為緣預先沒有果與緣預先已有果的兩種斷然情況。在這兩種
斷然的情況中，緣與果都無法透過一個歷程作此起彼承的作用，
不能使緣與果在作用中對比起來。於是不能說因果關係。以自性
的立場來看緣與果，這種結局是勢所必然的。自性是單一的、自
足的、獨立的。緣的自性與果的自性不能有此起彼承的連續性的
作用；而因果關係，就世間的知見來說，卻是表現於緣與果的此
起彼承的連續性的作用中。故自性的設定不能建立因果關係，起
碼不能建立在世間的知解下的因果關係。

跟著的偈頌，運用四句否定的思考作出。[3]頌文如下：

> 若果非有生，亦復非無生，亦非有無生，何得言有緣？
> （1：6）

若以自性的立場來看，果不能在它先有於緣中的情況下生起，也不能在它先無於緣中的情況下生起，亦不能在兩種情況的結合下生起，（亦不能在與緣完全無關涉的情況下生起）[4]那麼怎能說有其緣呢？以下進一步敘述緣的不能生果。

> 略廣因緣中，求果不可得。因緣中若無，云何從緣出？
> （1：10）

> 若謂緣無果，而從緣中出；是果何不從，非緣中而出？
> （1：11）

無論總略地從因緣和合聚中看，或詳廣地從一一因緣中看，都得不到果。這樣，因緣中既然沒有果，又怎能說是從緣中生出果呢？此中實找不到因生果的事實或因果關係。緣中既然沒有果，而又說從緣中生出果，則這與說從非緣中生出果有甚麼分別呢？非緣是與果完全沒有關連的東西。

3　關於四句否定，下面會有進一步的解釋。

4　這是第四句的否定。在四句否定的運用中，應該有這第四句的否定的。不過，龍樹在運用四句或四句否定時，常會漏掉第三句或第四句，或兩者的分別的否定。這裏我們替他補上。

四、同一性與別異性

龍樹在論證中，特別是在破因果關係方面，喜歡運用不同的範疇（category），包括一些邏輯類型來處理。其中較有代表性的，是同一性（identity）與別異性（difference）。具體地說，是依據「原因與結果的同一與別異的可能性」為線索，運用四句否定與兩難的邏輯形式，論證原因與結果不管是同一抑是別異都有困難，以否定因果關係。當然這被否定的因果關係，是建基於自性的立場上的。

由先我們看龍樹如何把同一性與別異性這兩個範疇套在四句否定這一邏輯形式中來否定因果關係：

> 諸法不自生，亦不從他生，不共不無因，是故知無生。
> （1：1）

這裏我們有先交代四句與四句否定的必要。所謂四句（catuṣkoṭi）是指四個命題，依次表示肯定、否定、綜合（肯定與否定）與超越（肯定與否定）四種思考方式或層次。《中論》中表示四句的典型偈頌是：

> 一切實非實，亦實亦非實，非實非非實，是名諸佛法。
> （18：8）

這四句可依次寫成：

1. 一切是實（肯定）

2. 一切不是實（否定）

3. 一切是實亦不是實（綜合）

4. 一切不是實亦不是不是實（超越）

用記號式表示，可如：

1. p

2. ~p

3. p・~p

4. ~p・~~p

四句否定即是同時否定這四句所表示的思考。[5]上來所引龍樹有關生的偈頌，把生區分成四種情況或可能性：

1. 自生

2. 他生

3. 共生

4. 無因生

這便是以四句的方式來表示，起碼粗略地說是如此。[6]這四句表示生的四種可能性：1.自生：果由自己生出來。2.他生：果由其他東西生出來。3.共生：果由自己與其他東西結合而生出來。4.無因生：果不必原因便能生出來。龍樹以為，這四種情況都有困難，故否定了這四句。生只能有這些情況，若都有困難，則生根本不可能，因此是「無生」。這即是沒有果生或因果關係這一回事。

---

[5] 關於龍樹的四句與四句否定，參看拙著《中道佛性詮釋學：天台與中觀》，臺北：臺灣學生書局，2010，第五章〈中觀學和智顗的四句〉，五、從中觀學到智顗。

[6] 此中牽涉的細微問題，這裏不多作討論，詳情參閱上註所引拙文。

　　案生只能有兩種情況：有因生與無因生；這兩者窮盡一切可能的生。有因生不外三種情況：自生、他生、共生。諸法的自生指從自己生起，以自己為因而生起自己的果。他生指從他者生起，以他者為因而生起自己的果。共生是自生與他生的結合，諸法以自己與他者合起來為因，而生起自己的果。無因生則是不需要任何原因，作為果的東西都能生起。

　　我們的理解是這樣。倘若以自性的立場來看生的問題，以能生的原因與被生的結果都有自性，則會有如下的情況出現，使生的事情無法在世間的知解中成立，因而生不可能。諸法從自生表示原因與結果是同一，諸法從他生表示原因與結果是別異。這兩種情況都有困難。若諸法能從自身生起，則我們可以說「手錶由手錶自己生起」了。這是違背常理的，手錶是由很多零件依據一定的設計（design）而成就。這裏有一種零件與手錶在時間上的此起彼承的情狀發生，這此起彼承的情狀使手錶在我們的感官前面宛然詐現。自生不能解釋這種情狀。另外，倘若手錶可由自己生起自己，則手錶應不限於只一次地生起自己，卻是恆常地繼續不斷地生起自己。若原因與結果是相異[7]，則兩者變得毫無關係；手錶的零件能生手錶，若手錶的零件與手錶別異，則與手錶別異的水，或麵粉，亦應可以生手錶了。這是正常的世間知解所無法接受的。對於手錶來說，零件與水、麵粉都是相異的東西，都是他者。因此自生與他生都不可能。

　　共生是自生與他生二者相合而生。即是在很多原因中，有某一東西是果的自身，這是因與果同一；其他東西都是他者，這是

---

[7]　這裏說相同、相異，是就絕對的立場來說。關於這點，下面有解釋。

因與果別異。或者是在一個原因中，其中一部分是自身，另一部分是他者。[8]由於共生具備第一的自生與第二的他生所有的困難，故亦不能成立。

無因生是由「又不是自身又不是他者」而生起，自身與他者窮盡一切東西，故這等於由無而生，這在世間的知解來說，是不能被接受的，自然不能建立因果關係。

四種生都被否定掉。龍樹藉著這樣的論證要強調的是，具有自性的諸法，要生起具有自性的另外的諸法，而以前者為因，後者為果，而成因果關係，是不可能的。因此說「無生」。[9]

以上我們看到龍樹把同一性與別異性套在四句否定一邏輯形

8　關於這點，倘若原因是以自性的立場來看，便不能說了，因自性是不能有部分可言的。參看下文。

9　青目（Piṅgala）對這一偈頌的解釋，與我們所作的，有同亦有異。他的解釋如下：

　　不自生者，萬物無有從自體生，必待眾緣。復次，若從自體生，則一法有二體：一謂生，二謂生者。若離餘因從自體生者，則無因無緣。又生更有生生，則無窮。自無故他亦無。何以故？有自故有他，若不從自生，亦不從他生。共生則有二過，自生他生故。若無因而有萬物者，是則為常。是事不然。無因則無果。……（《大正藏》30・2b）

青目以萬物待眾緣而生，不能從自體生，由此說不自生。這自不違緣起正義。不過，這是順著緣起說下來，不是先假定自性而遭遇困難地說上去，故論證的意味很輕。「一法有二體」的提出，則有論證意味。即是說，若自生能成立，則一法便可有二體：被生之體與能生（生者）之體。這是世間的知解所不能接受的。在因果事象中，因是能生，果是所生，兩者的分際，并然有別。若混同了這兩者，便違世間的因果見解。另外，青目以自生可引致生之生，以至於無窮，則是我們所說的「手錶應不限於只一次地生起自己，卻是恆常地繼續不斷地生起自己」的意思。

式中來否定自性立場的因果關係。下面我們看他如何把這兩個範疇套在兩難的邏輯形式中來討論因果關係。所謂「兩難」（dilemma）指一命題的正面及其反面都有困難。這種情況顯示基本的預設有問題。要化解兩難，便得放棄基本的預設。下面先引《中論》在這方面有代表性的兩則偈頌看看：

> 因果是一者，是事終不然。因果若異者，是事亦不然。
> （20：19）

> 若因果是一，生及所生一。若因果是異，因則同非因。
> （20：20）

上一偈頌明說不管因與果是同一抑是別異，都有困難。這裏要注意的是，由於自性的設定，即是說，由於視因與果都有其自性，故原因與結果只能有同一或別異兩種關係。而且這同一與別異都是絕對義，即是絕對地、完全地同一與絕對地、完全地別異。理由是，自性是獨立的、常住的，特別是單一的。自性不能被分割為部分，它是完整的單一體；自性的因與自性的果不能有部分相同，有部分相異，因這預認自性內部可含有不同性質，這與單一性相違悖。即是說，自性的因與自性的果不是完全同一，便是完全別異。但這任何一種情況，都有困難，都悖離世間的知解。

這困難是甚麼呢？龍樹以為，倘若因果是完全同一，則能生與所生是一，沒有能所的分別，則「生」從何說起？倘若因果是完全別異，則因便與與果完全無涉的東西等同，而成「非因」。如以泥造瓶，我們說泥是瓶因。如泥與瓶完全別異，則火、草與

瓶亦完全別異，如是，則就與瓶都是完全別異一點來說，泥與火、草並無不同之處，即因與非因並無不同。

　　以上是龍樹把同一性與別異性套在兩難中來說因果關係，他從自性的設定來說，故因果關係不能成立。很明顯，自性的設定，必否定緣起的可能性。下面他直就果的自性的有無來觀察，仍然是依循正反的思路，結果不論說果的自性是有，或果的自性是無，都產生兩難，不能成立因果關係。不過，這裏擬設果的自性是無，是以絕對虛無的立場來說，果無自性，表示一無所有，不止無自性，而且也無緣起。

　　　　若果定有性，因為何所生？若果定無性，因為何所生？
　　　　（20：21）

假定果確定地有其自性，則自性是獨立自存的，不能由他物所生，這樣，因的能生身分便不可能，故說：因是作為甚麼的所生而為因呢？但假定果確定地無自性，（一無所有，如石女兒，如空中花）也不能說因有所生，不能說因能生果，故又說：因是作為甚麼的所生而為因呢？

　　表面看來，佛教盛言緣起，龍樹繼承之。這緣起即是因果關係，但龍樹又猛烈摧破因果關係。這似乎是矛盾的。實際情況是，龍樹在現象的層面說因果關係，但在自性的層面，則否定因果關係。現象層面的因果關係，可同時說因與果是同一和別異的，而這同一與別異，都不是絕對義。在這種關係中，由因至果，有一具有延續性的發展歷程，在這歷程中的任何一個段落，因與果都在變化，前者對後者不斷徹入、影響，以致最後形成結

果。結果形成，原因可以消失掉，也可與結果並存，但肯定是變化了，與生果前的狀態不同。十年前的某甲與目下的某甲是因果關係，兩者是不同的。但這不同或別異是相對義，不是絕對義。這表示對於十年前的某甲，我們可以將之分成兩部分，其中一部分與目下的某甲不同，另一部分則與目下的某甲相同。從目下的某甲看亦然。故相對性的別異必包含相同在內，而這相同也是相對性的。這是就現象層面看的因果關係；在這關係的兩端的因與果，同時有同異可說。但從自性立場說的「因果關係」，關係的兩端的因與果，由於都以自性看，而自性是單一的，不能分割，故因不能分成部分，而說其中一部分與果同，另一部分與果不同。果的情況亦然。故因與果不能有相對性的同異，只能有絕對性的同異。即是，因與果完全相同或完全別異。而這兩種情況都不能作為世間的知解下的因果關係看。要成立世間知解下的因果關係，便得放棄自性的立場，不以自性來看諸法，而以諸法為無自性，為空。上面說龍樹在自性的層面否定因果關係，當然不是他的目的；這無寧是他要證立無自性或空這一諸法的真理的機括：自性的設定必排斥世間的因果法，要建立、保住世間的因果法，便要否定自性，以世間法為無自性，為空。[10]

10　對自性的否定，可以有兩面涵義：一面是認識論的，另一面是實踐的以至救贖的（soteriological）。認識論一面是認識到世間種種法都是緣起的，都沒有恆常的、不變的自性可得，這是世間法的本性。實踐的一面則是否定世間法的自性，不執取這自性，因而也不執取世間法。這樣便能免除種種由迷執而來的煩惱，因而有助救贖性的宗教目標的達致，這即是覺悟、成道、得解脫。在佛教特別是龍樹的哲學來說，實踐一面的意義尤其重要。

五、論運動、時間與運動者

　　所謂運動，一般來說，是物體的位置的轉移。當然這與空間、時間有密切關連。龍樹的看法是，物體的運動只能在現象層面說，作為現象的事物，在我們的感官面前宛然乍現，有變化，也有運動。但作為自性看，則事物是永恆地靜止不變的。以自性的立場來說運動，是不成的。與運動相關連的時間與運動者，都不能說自性。

　　《中論》中以去（來）表示運動。下面一連串的偈頌，都是有關運動無自性的論證。首先我們看第一偈頌：

> 已去無有去，未去亦無去；離已去未去，去時亦無去。
> （2：1）

這偈頌的梵文原文在意思上與漢譯有些微差別，原文為：

> gataṃ na gamyate tāvadagataṃ naiva gamyate,
> gatāgatavinirmuktaṃ gamyamānaṃ na gamyate.[11]

其意思是：

> 實際上，已經逝去了的東西是不會去的，還未逝去的東西

11　Louis de la Vallée Poussin, ed., *Mūlamadhyamakakārikās de Nāgārjuna avec la Prasannapadā Commentaire de Candrakīrti.*（此書以後省作 *Poussin*）Bibliotheca Buddhica, No. IV, St. Petersbourg, 1903-13, p. 92.

> 亦是不會去的；除了這兩者之外，目下的正在發生的逝去
> 活動不能被知。

兩個本子都在說沒有去的運動。不過，梵本以去的東西作為本位，而說去的東西與去的運動的關係。漢譯則以去的時間為本位，而說去的時間與去的運動的關係。兩者都是說得通的。下面我們先依梵本以去的東西為本位說；之後便就漢譯以去的時間為本位說。實際上，漢譯在這偈頌後的幾則偈頌，都強調去時，即以去的時間為本位來談去的運動能否成立。

　　龍樹依時間的脈絡把宛如在運動（去）著的東西，置於三個階段：過去、未來與現在，而說在這三個時間階段下宛如在去的東西，其實並沒有去的運動。[12]所謂去的運動，或去法，並沒有自性，它只是我們描述事物在時間的遷流中位置不斷轉變而已。不單去法沒有自性，去的東西與時間自身，都不能說自性。若不以自性來看去法，則已經去了的東西，這東西自身已無自性，不能說有，它的去法，自然無自性，也當然不能說有了。未去的東西，其去法在時間上來說，尚未出現，自然無從說有。至於正在去的東西，或東西在正在去時，龍樹以為，其去法也不能說。關於最後一點，比較難解。一般的理解是，正在去的東西，其去正依附在這東西上，或正在去的東西「正在」表現去的運動，故應有去法，怎麼說沒有呢？我們以為，關鍵仍在不能以自性說去法

---

[12]　這裏我們說到運動，說到去，加上「宛如」字眼，表示這運動或去在我們的感官前表現這樣的狀態，或使我們的感官覺得它們有這樣的狀態，而不表示實在有運動或去。運動或去，宛如也，只是好像是這樣，與實在無涉。

一點上。龍樹並未否認正在去的東西有宛如的去的運動，或去法，卻是否認這去法具有能離開去的東西而獨立存在的自性，或「去法的自性」。實際上，去的東西與去的運動是相依待而成立的：某東西因為有去的運動，才成為去的東西；而去的運動又因為是某東西的運動，需要某東西在「去」，才能成為去的運動。兩者的成立，都有所依待，自然不能說自性了。關於這兩者的依待關係，龍樹在後面也有說到。

　　再就漢譯以去的時間為本位說。在事物已經去了的時間中，那是過去了的時間，當然不能有去的運動。在事物還未去的時間中，那是未來的時間，也自然不能有去的運動。即使在事物正在去的時間中，這是現在的時間，去的運動也不能說。龍樹的理由，基本上是去的時間是依待去的運動的，在邏輯上來說，運動在先，時間在後，沒有運動，根本不能說時間，故不能說去時有去，亦即去的時間不能有去的運動。關於這點，我們可以進一步說，活動是第一序（primary order）的，時間是第二序（secondary order）的。第一序的要先成立了，才能說第二序的。除非我們把兩序的東西都賦與自性，這樣，時間有了自性，便可離開活動而先說，說時間中有去的運動，當然這去的運動亦是以自性說。但這是不可能的。去的運動倘若以自性說，則它是自在自足的，不與時間或任何東西相涉，自然不能有於時間中。另外，「去時」也不能說。時間便是時間，它具有自性，是自足的，不能給去的運動加上去，來形容它，而成為「去時」。故去時不能說，去時有去也不能說。

　　再就時間這一點來說。所謂過去、未來、現在這種分法，不能執實，即不能就時間自身而把它清楚地分開為三個階段。過、

未、現的分法只是依順著事象的發展而方便地、權宜地提出來的。若把時間執實，以之為有自性，則由於自性是一個整一體，不能被分割成為部分因而亦不可能有過去、未來、現在的區別。

說去時無去，表面看似有詭辯成分。起碼在文字上有矛盾。不過，這是在自性的設定下提出的：不單設定去的運動有自性，同時設定去的時間有自性。若兩者都以自性說，則兩者互不相涉，不能說去的時間，也不能說時間的去。龍樹的意思殆是，諸法的運動是宛然呈現的，不能以自性說；時間是在諸法的運作變異中安立的，也不能說自性。若以自性來說運動與時間，則勢必出現去時無去的弔詭（paradox）。若不想出現弔詭，便不可以自性來說運動與時間，即以運動與時間為空。

跟著的一偈頌是擬設反對論者的質難。他認為已去與未去，由於沒有動作的現象呈現在感官前，故不能說去；但事物在正在去的當兒，總應有去的運動吧。他的論點是這樣：

> 動處則有去，此中有去時。非已去未去，是故去時去。
> （2：2）

這偈頌的梵文原文為：

> ceṣṭā yatra gatistatra gamyamāne ca sā yataḥ,
> na gate nāgate ceṣṭā gamyamāne gatistataḥ.[13]

---

13 *Poussin*, p. 93.

其意思是：

> 有移動處，便有移動的途程。在現在正在發生的逝去活動
> 中，也有移動；這不存在於已經逝去或尚未逝去的東西
> 中。因此，移動的途程必定在正在發生的逝去活動中。

梵文原偈的意思有點曲折。主要還是說「在正在發生的逝去活動
中」有移動，亦即有去的運動，「移動的途程」其實是就去的運
動說。漢譯則作「去時去」。即是說，去的東西在去時，應有去
的運動。意思差別不大。

龍樹的看法是這樣。「去時去」或去時有去，是「……時有
……運動」的格局，此中，時間是本位，是邏輯地先在的，這便
有問題。因時間不能離運動而成立，它是在諸法的動作變異中安
立的。他以為我們不能離開具體的運動，而執著有具有自性的
「時間」。[14]下面即涉及時間。

> 云何於去時，而當有去法？若離於去法，去時不可得。
> （2：3）

---

[14] 「……時有……運動」這種格局，表示時間是本位，運動是次位，或在
理論上時間比運動為先在。龍樹認為時間是依運動而施設安立的，故在
理論上應以運動為先，時間為次，因而這個格局是有問題的。不過，目
下討論的焦點是「去時去」，即「在去的時間中有去的運動」，或「在
運動的時間中有運動」，這是一分析命題，即使是在以運動為先以時間
為次的預設下，是否必不能成立，頗值得討論。關於這點，以後有機會
容再交代。

去時是依去法或去的運動而施設的，它自身並無實在的質體。現在去法的有無還在討論中，未有確定的說法，卻先立去時，在邏輯上，這是把結果置於原因之前的過失。龍樹的這種對時間的看法，與康德（I. Kant）的有點不同。後者以時間為感性形式，是我們的感性主體攝取外界感覺與料（sense data）的形式條件，這有視時間可獨立於外界而為我們的感性的一種內在形式之意。龍樹則視時間為我們接觸和處理對象時被施設建立起來的。

上面龍樹就在邏輯上因（去法）果（去時）的關係的不能逆轉來破斥去時去或在去的時間中有去的運動的說法。即是說，應以去法為先，時間為次。倘若把這次序逆轉過來，以時間為先，去法為次，則有把時間實體化之嫌，即以時間為具有自性。跟著的偈頌，對於這個意思，說得更為清楚：

若言去時去，是人則有咎：離去有去時，去時獨去故。
（2：4）

龍樹以為，說「去時去」或去時的去法，有這樣的過失（咎），以為離開去的運動別有去的時間，以為去的時間可以獨自表現（去時獨去）。這是設定了時間的自性的必然結果。實際上，時間的自性是不可得的，它只能附在於運動中說。

以上兩偈頌表示若以自性的立場來看時間，或以時間為有自性，來說「去時去」，便會陷入困難，不能為世間的知解所接受。下面更展示同時以時間與運動具有自性來說「去時去」所帶來的困難，以反證時間與運動都不能說自性。

若去時有去，則有二種去：一謂為去時，二謂去時去。
（2：5）

因此有兩種去。前者是在「去時」成立之前的去，「去在時先」
的去；後者是在「去時」成立之後的去，「去在時後」的去。這
兩種去的出現，是有過失的；這將是下一偈頌要提出的。這裏我
們要檢討的是，何以會出現兩種去法呢？此中的關鍵在對自性有
所執取的人，把去法與去時看成各別有其實體，因此有由去而成
立去時的去，在去時之前；和去時成立後的去，在去時之後。因
此便出現三個東西：在去時前的去、去時、在去時後的去。三者
皆以自性說，前後二去法可以互不相涉，中間的去時也不能把它
們串連起來。其實，從緣起正理來看，在去時前的去、在去時後
的去，都是一樣的，都是說去的運動，而去的運動只是事物在我
們的感官面前呈現為宛如是「去」的運動，並無自性可得。所謂
「去時」，是我們留意到這去的運動而加上去的標識，是主觀的
東西；在外面的世界，並無所謂「時」。

　　二種去的出現，有兩面運動者或主體的過失：

若有二去法，則有二去者；以離於去者，去法不可得。
（2：6）

若離於去者，去法不可得；以無去法故，何得有去者？
（2：7）

由於去法是去的主體或去者的去法，去法不離去者，既有二去

法,便應有二去者與之相應,這是不可能的。去者只有一個,故有過失。事實上,去法與去者是相互依待的;去法要有去者來表現,去者要以去法來成就他的去者的身分。「以離於去者,去法不可得」,這是說去法依於去者;「以無去法故,何得有去者」,這是說去者依於去法。故兩者相互依待,其中任一者不成立,另外的一者亦不可能。[15]

以上龍樹論證了去時無去。以下他繼續論證運動者或去者不去。若以時間為本位,而說去時不去,還較易理解,因時間不是一個活動者。但說去者不去,便難了解,因去者是一個活動者。他是去者,又不去,這在常理上是有矛盾的。問題是,若去者與去法都以自性來看,則兩者成了兩回事,互相獨立於對方,沒有交匯處。龍樹便是這個意思,因此說去者不去。

去者則不去,不去者不去;離去不去者,無第三去者。
(2:8)

---

[15] 這裏牽涉一個很深微的問題,值得提出來。當龍樹說有兩種去法時,這去法是以自性看的,即這兩去法各有其自性。龍樹認為若「去時去」能成立,則應有兩種去:去在時先的去,與去在時後的去,而這兩種去又分別相應兩個去者,因去法總是去者的去法,但這是有困難的:去者只有一個,不能有兩個。這裏我們提出的質疑是,倘若去法具有自性,則去法便是自己的去法,不必依於去者,不必與去者相應。若說去法依於去者,與去者相應,這便不是以自性來看去法,而是在緣起的脈絡下說。龍樹一時以去法為有自性,以自性來看去法,一時又以去法與去者相應,以緣起來看去法,這便有二重立場之嫌。這個問題比較複雜,我們在這裏暫不多作討論。

　　若言去者去，云何有此義？若離於去法，去者不可得。
　　（2：9）

表面上，去的活動存在於「去者往那裏去了」和「不去者將往那裏去」這兩個可能性中。但這兩種去都不可得。去者已經逝去了，動作已過去了，故無去的運動可得，故說「去者則不去」。不去者尚未有動作，「去」無現實的內容，故說「不去者不去」。此外，並無第三者。不是去了，便是未去。在去與不去之間，找不到一個中介的去者。這點亦不難理解：在時間的任一點上，過了此點是已去，未過此點是未去，而此點並無量可言，無延展性（duration），去與未去都不能說。就空間來說，亦是一樣，某點的一邊是已去，另一邊是未去，此點也無廣延（extension），去與未去都不能說。這「離去不去者，無第三去者」，其實是運用了邏輯上的排中律（Principle of the Excluded Middle）來作出。

　　這裏又擬設外人的問難：已去者與未去者無去可說，也有道理，但正在去的去者，應該有去了吧。這點與上面說去時去的例子非常相似。龍樹以為，去者還是不去的。因去者之所以名為去者，是因有去法而被安立。現在去法能否成立，仍是問題。在這問題未解決前，不能說去者。

　　在上面有關因果關係的討論中，我們提到龍樹喜歡運用同一性與別異性這兩個範疇，套在兩難的邏輯形式中，以展開其論證。這種論證的方式，在《中論》中非常普遍。在論運動方面，龍樹也採用這方式來進行。他把去法或去的運動視為作用，把去者視為主體。

> 去法即去者，是事則不然；去法異去者，是事亦不然。
> （2：18）

> 若謂於去法，即為是去者，作者及作業，是事則為一。
> （2：19）

> 若謂於去法，有異於去者，離去者有去，離去有去者。
> （2：20）

如上面論因果關係那樣，龍樹是設定以自性的立場來看去法與去者的，即以二者各有其自性。因此在談到它們的關係時，這關係只有二種形態：完全相同與完全別異。這兩種關係都是從絕對的眼光看。無論任何一種關係，都會陷入困難，這便是兩難。倘若去法與去者是完全相同，則會出現主體（作者）與作用（作業）完全是同一的情況。這是悖離世間的知解的。在世間的知解下，主體是能作，作用是所作，二者各有其分際。若泯失了這能所的分際關係，則甚麼在作甚麼，便無法理解。又倘若主體與作用是完全相異，即去者與去法完全相異，便會出現去者與去法可以完全分離，各不相涉的情況：離去者有去，離去有去者。這樣，是甚麼東西在去呢？去的東西在做著甚麼活動呢？都無法有確定的說法。我們固然可以說去者在去，也可以說坐者在去，反正去者與坐者對於去法來說，都是完全別異的東西，與去法都可以完全分離，各不相涉。在與去法完全別異一點上，坐者與去者並沒有絲毫分別。

自性是純一的、整一的，它不能被分割成部分。若以自性來

看去者與去法，兩者只有完全相同或完全別異的關係。去者與去
法都不能被分割為部分，因而亦不能說二者有部分相同，有部分
相異的第三種關係。這便是排中律的作用所在。就緣起正理而
言，所謂運動，或去法，是我們對運動者或去者在空間移動的位
置的描述語，它自身並無自性，而運動者亦是五蘊（色、受、
想、行、識）和合的結果，亦無自性可得。在去者在去的情況，
去者透過去法在不斷變化，此中去者與去法有極其密切的相互徹
入的關係，這關係是不為自性的設定所容許的。惟其有相互徹
入，去才能是去者的去，而去者亦成了去的去者，此中的同與
異，都可同時說，因而亦可說「去者去」。這便是世間知見所理
解的主體與作用的關係。要建立這種關係，便必須放棄自性的設
定。若以自性立場來說，我們不能提出「去者去」一命題，但若
以緣起立場來說，「去者去」是可被接受的。

　　龍樹論證到這裏，應該是很明白了。但外人仍有所執，以為
由於去，所以知道有去者，既有了去者，這去者當然可以有去
了。故去者還是有去。龍樹又以偈頌破之如下：

　　　因去知去者，不能用是去；先無有去法，故無去者去。
　　（2：22）

去者的去（倘若有去的話），不能是因去的去。因為說去者的去
時，去者是以去法而成去者，這以去法的去是在先，而「去者的
去」中的去，卻是在後。即是說，「由於去而成去者」中的由於
去的去，在去者之前，而「去者的去」中的去，在去者之後。
「先無有去法」的意思是，去法在先的去法中，並沒有去者所用

的去法。故因去而成去者的去，不能成為去者所用的去法，兩者有一時間上的差距。倘若以自性來看這兩種去，復又以自性看時間，則這兩種去不可能有交接點，因而不能以去者因有「去法」所以成為去者，而說去者有「去法」。這兩去法各具自性，而又被時間隔開，故純然是兩回事，不能以彼引此。

外人可能以為，若說因去而成去者的去，不能成為去者所用的去法，因而不能用，則不妨用另外相異的去法。龍樹強調這是不可能的。理由如下：

> 因去知去者，不能用異去；於一去者中，不得二去故。
> （2：23）

去者與去法是一一相應的，是相待而成的；去者只有一個，則只能有一去法與之相應，不能有二去法。若有兩去法，便應有兩去者與之相應。按以相異的去法來回應去者，使之有去，很明顯地是不可能的，不知何故反對論者會有這種想法。

綜合這種兩難的論證，龍樹的意思殆是，去法與去者，或作用與主體，都沒有常住不變的自性可得，它們只是緣起相待的存在，兩者在俗諦或世間知見的層面，相互影響與徹入，在我們的感官面前，宛然乍現有去的運動。若我們視兩者各有其自性，則兩者的關係不是同一便是別異，任何一種關係都會導致困難或矛盾。

以上是龍樹透過多種論證，逼出運動這種「東西」的無自性亦即是空的性格。不止運動是如此，與它有密切關連的主體與運動中的時間，都無自性可言。論證的方式基本上是一致的，即先

以自性的立場來看運動，致引來種種困難；要消解困難，便得放棄自性的看法，而為無自性，為空。

六、論作者與對象

在一個作用中，倘若以緣起的立場來看，則作用的主體或作者、作用的對象與作用自身，都不能說自性，只是作者與對象在作用中不斷徹入（作者徹入對象中）與不斷承接（對象承接作者）而已。整個作用在我們的感官面前呈現為如幻如化的性格，基本上是那些緣或條件的交互接觸與影響的結果，此中並無自性可說。關於這點，龍樹在《中論》中有很有趣和生動的論證。以下我們即集中討論這些論證。

> 若燃是可燃，作作者則一。若燃異可燃，離可燃有燃。
> （10：1）

這是借燃燒作用為例來說。龍樹論證的方式，很明顯地是以同一性與別異性兩範疇套在兩難的邏輯形式中展開的。燃是火，是作者；可燃是薪，是對象。倘若火即是薪，則作者與其作用的對象變成同一的東西。倘若火異於薪，則離開薪當亦可有火了。這便是兩難。要知道龍樹是先預設火與薪各自有其自性的。這樣，火與薪只能有絕對的同一或絕對的別異的關係，而這兩種關係，都可導致反常識的情況出現。這即是：作者與對象混在一起和火可離薪而存在，或作者可離對象而存在。要消解這種反常識的情況，便得放棄對火與薪的自性的預設。

上面一偈頌是總說。跟著兩偈頌則盛言這自性的預設所帶來的悖理情況。

> 如是常應燃，不因可燃生。則無燃火功，亦名無作火。
> （10：2）

倘若離薪亦可有火的話，則火變成可恆常地燃燒著，不問有薪無薪。由於薪是燃燒的原因，因而火的燃燒，不用燃燒的原因了。「不因可燃生」實悖離了因果律。[16]而且，也沒有重新開始燃燒的必要；這樣，火便成了不具有作用的東西，變成「無作火」。

> 燃不待可燃，則不從緣生；火若常燃者，人功則應空。
> （10：3）

倘若作者與對象各有其自性，則火是作者，薪是對象，二者可各各獨立，燃不待於可燃，火不必賴薪而可燃燒，這變成不需原因便能燃燒，便能生起。這當然是過失。如上偈頌所說：火可離薪而燃燒，而且能恆常地燃燒，則添薪吹風的人為的助緣，便成空而不必有了。但實際上火要不斷添薪，不斷吹風，才能繼續燃燒。可見這是違背常情的。若要消解這種情況，則勢必要放棄自性的設定，即以火與薪為無自性，為空。

以上論作者與對象的關係，取的是火與薪的事例。以下更兼作用而論之，取的則是以燈照室破闇的事例。

16　關於這點，跟著的偈頌會說及。

> 燈中自無闇，住處亦無闇；破闇乃名照，無闇則無照。
> （7：10）

要注意的是，龍樹是先以自性的設定來看燈與室的。這偈頌的意思是：光明與黑闇不能同時存在。有光處（燈中）不能有闇，燈光生起，所到之處（住處），亦不能有闇。現在是沒有所照破的黑闇，燈中及燈光所到之處都沒有，因此沒有照破黑闇的事，因而沒有照。龍樹強調，照的作用是在破除黑闇中成立的，既無黑闇，故沒有照。

　　故燈中無闇，住處亦無闇，結果不能交代照的事。這很明顯地是運用兩難的思考。

　　這裏龍樹假定反對論者這樣想：燈光未生起時，當然沒有照的作用；燈光生起後，黑闇已破，自然也沒有照的作用。但在燈光正在發生時，光線由近而遠地射出，應該有破闇或照的作用。這種論辯，與上面論運動與時間時外人提出的已去無去，未去無去，但去時應有去的論辯模式，完全一樣。龍樹的答辯是這樣：

> 云何燈生時，而能破於闇？此燈初生時，不能及於闇。
> （7：11）

以上的偈頌是以自性的立場來立說的。若以自性來看燈光所照之處，則照處不是已照，便是未照。已照沒有照，未照照未出現，因此也沒有照。在已照未照之間，我們找不到另外的可能性，如近處是已照，遠處是未照，燈光由近而遠地照。因為所照之處既然以自性看，自性無方所，不能有遠近的分別。總之，闇在時燈

光還未來，燈光來時闇已前去，燈光與闇不能有相碰頭處，故還是不照，不破闇。這種思路，以燈光只有已照與未照兩個可能性，不能有由未照轉變為已照的情況出現，顯然是運用了排中律。

　　反對論者可能提出，燈光可以從未照到闇處，以達於闇處，而破闇，因而表現照的作用。龍樹復以偈頌駁斥之：

　　燈若未及闇，而能破闇者，燈在於此間，則破一切闇。
　　（7：12）

若燈光本來未接觸到闇，而又能破闇，則以一燈放在一處，理應可破除一切闇了。因為燈在這裏，碰不到闇而卻可以破闇，則其餘一切地方的闇，也碰不著，卻也應該可以破闇了。這裏的闇與其他地方的闇，就與燈光都是碰不著來說，是一樣的。這顯然是不通的，違悖常情的。

　　總之，未有燈光時闇在前面，有燈光後光明在後面，闇與明總是碰不上頭，因而不能有照的作用。照的作用是成立於光明遇到闇，而照破它，使之變為明這一事象中。但若闇與明碰不上頭，便不能說照。此中的關鍵在於，當說燈光照自身或照某一室時，在燈光自身，在該室中，必須要有與光的部分相俱的闇的部分。但若是這樣，則燈光自身及該室具有光的部分與闇的部分兩個在性質上相對反的部分了。這與燈光與該室的自性的單一性相違悖。單一的自性不能被分為部分，何況是性質迥異的兩個部分！這是我們以自性的立場來看燈光與室所引來的困難。要遠離這困難，便得放棄自性的立場，以燈光與室為無自性，為空。

　　平心而論，在火燒薪與燈光照室這兩個事例中，人或會執取薪與室有自性。但執取火與燈光有自性的，恐怕不多見。這二者可視為現象，在一定的條件匯合下，便會生起。火燒薪與燈光照闇，也是現象，以緣起事的姿態，出現在我們的感官面前。在緣起事中，作用者對被作用者或對象有一種此起彼承或一方徹入，他方吸納的回應關係；這種關係是自性的預設所不能容納的。自性從定義來說，即有自足、與別不相涉的涵意，這涵意必然排斥緣起事的相互交涉的關係。如在燈光照室這一事例中，燈光開了，先照周圍的部分，然後漸漸移動，由近而遠地照過去，以至充塞了整個室。這裏有一個歷程可說；室本來是全闇的，有燈光後，闇室慢慢改觀，明漸漸增多，闇漸漸減少，到了最後，全明無闇。緣起觀是要說歷程的，歷程預認部分。自性的立場則無部分可言，因而也不能容許歷程。由於有部分與歷程可說，闇與光可有一種此消彼長的發展狀態，兩者可以同時出現，有碰頭的機會。自性說或預設無部分與歷程可言，光便是全光，闇便是全闇，不能有光闇的彼長此消的情況出現，因光與闇所坐落的室以自性說，是一個整一，不能說部分與歷程，因而光與闇不能有同時出現的情況，因而亦無所謂照，無所謂以光照闇。

印度中觀學的四句和
四句否定邏輯

　　四句（catuṣkoṭi）和四句否定是印度中觀學（Mādhyamika, Madhyamaka）極其重要的思考方法。由於這種思考與邏輯、辯證法都有密切的關連，因而很吸引佛學研究者對它的興趣，而有關它的專題研究，在國際學界來說，也很蓬勃。它可以說是國際佛學研究界的一個熱門的研究課題。研究過它的學者很多，隨手也可以舉出一大堆：魯濱遜（R. H. Robinson）¹、梶山雄一²、拉馬南（K. V. Ramanan）³、彭迪耶（R. Pandeya）⁴、查卡勒筏地

1　R. H. Robinson, *Early Mādhyamika in India and China*. Madison: The University of Wisconsin Press, 1967, pp. 50-58. "Some Logical Aspects of Nāgārjuna's System", *Philosophy East and West*, 6: 4 (1957), pp. 291-308.

2　梶山雄一、上山春平著《空の論理：中觀》，東京角川書店，1969，頁82-84、115-120。

3　K. V. Ramanan, *Nāgārjuna's Philosophy as Presented in the Mahāprajñāpāramitā-śāstra*. Rutland, Vt.-Tokyo: Charles E. Tuttle Co., Inc., 1966, pp. 160-170.

4　R. Pandeya, "The Logic of *Catuṣkoṭi* and Indescribability", In his *Indian Studies in Philosophy*. Delhi: Motilal Banarsidass, 1977, pp. 89-103.

（S. S. Chakravarti）[5]和我自己[6]。另外還有很多的研究。在這些研究中，魯濱遜所做的很堪注意，他特別就教育的觀點來詮釋四句，很有啟發性。

本文的目的，是要參考這些研究，探討這四句思考或邏輯的根本性格。我們的研究，限於印度早期的中觀學對四句的處理，特別是該學派創始人龍樹（Nāgārjuna）者。這主要見於他的主要著作《中論》（*Mūlamadhyamaka-kārikā*）一書中。另外，一百卷的《大智度論》（*Mahāprajñāpāramitā-śāstra*）雖不能確定是龍樹所作，它無疑是印度早期中觀學的作品，內裏亦有多處討論及與運用四句法，故我們的研究也包括這部文獻在內。[7]

在方法論方面，學者對四句法的研究，喜歡運用現代方法，特別是符號邏輯，筆者自己也作過嘗試。這樣做自是無可厚非。符號邏輯是一種檢證論證的有效性的工具，可以普遍地應用。它的不足處是不夠具體，不能照顧一些特殊的脈絡，例如思想史的脈絡。本文所用的方法，主要不是符號邏輯，卻是強調思想史，考慮當事的論者的意圖；並參考中期中觀學論者的意見，他們包括青目（Piṅgala）、清辨（Bhavya, Bhavaviveka）和月稱（Candrakīrti）。他們距離龍樹的年代不遠，又是屬於中觀學派的傳統，其解釋應有可靠性。

5　S. S. Chakravarti, "The Mādhyamika *Catuṣkoṭi* or Tetralemma", *Journal of Indian Philosophy*, 8 (1980), pp. 303-306.

6　Yu-kwan NG, "The Arguments of Nāgārjuna in the Light of Modern Logic", *Journal of Indian Philosophy*, 15 (1987), pp. 363-384.

7　關於《大智度論》的作者問題及它與早期中觀學的關係，參考拙著《中道佛性詮釋學：天台與中觀》第一章〈概說〉。

以上算是交代。下面我們即展開對四句邏輯的討論。

一、四句的矛盾及其與真理的關連

由四句的名稱，可知它由四個語句組成，這即是：肯定語句、否定語句、肯定與否定的綜合的語句，與肯定與否定的超越的語句（或肯定與否定的同時否定的語句）。這四句所表示的思想，可以說是窮盡我們表達對事物的態度了：或是肯定，或是否定，或是兩者相並，或是兩者都不取。

在《中論》中，有一則典型的偈頌完整地表出這四句的思考或邏輯：

> 一切實非實，亦實亦非實，非實非非實，是名諸佛法。
> （18：8，《大正藏》30・24a）

這偈頌的梵文為：

> sarvaṃ tathyaṃ na vā tathyaṃ tathyaṃ cātathyameva ca,
> naivātathyaṃ naiva tathyametadbuddhānuśāsanam.[8]

8　Louis de la Vallée Poussin, ed., *Mūlamadhyamakakārikās de Nāgārjuna avec la Prasannapadā Commentaire de Candrakīrti*. Bibliotheca Buddhica, No. IV, St. Petersbourg, 1903-13, p. 369.
按此書主要是月稱的《中論釋》（*Prasannapadā*，《淨明句論》）的梵文本，其中附有《中論》的梵文原文。一般研究梵文《中論》，都採用

其意思是：

> 每一東西都是真如，都不是真如，同時是真如和非真如，
> 既不是真如也不是非真如。這是佛的教法。

這偈頌顯明地包含下面四句：

1. 每一東西是真如。
2. 每一東西不是真如。
3. 每一東西同時是真如和非真如。[9]
4. 每一東西既不是真如也不是非真如。

這可以看作四個命題，分別以符號表示如下：

1. p。
2. ~p。
3. p・~p。

此中所附的梵文原文。此書是由法比系的佛教學者蒲桑（Louis de la
Vallée Poussin）所校訂，故本文省稱 *Poussin*。

[9] 根據梵文原典與鳩摩羅什的翻譯，這四句的主詞應是一樣的，都是
"sarvam" 或「一切」，是每一東西或所有東西之意。在《大智度論》
中，這偈頌也被引述過很多次，例如：

> 一切實一切非實，及一切實亦非實，一切非實非不實，是名諸法之
> 實相。（《大正藏》25・61b）

> 一切諸法實，一切法虛妄，諸法實亦虛，非實亦非虛。（《大正
> 藏》25・338c）

在這兩段文字中，很清楚地看到，「一切」是主詞，由第一句直貫下至
第四句。但魯濱遜卻以第三句的主詞為「有些東西」（something）
（"Some Logical Aspects of Nāgārjuna's System", p. 303; *Early Mādhyamika
in India and China*, p. 57），這種看法顯然有問題，魯濱遜捉錯用神。

4. ~p・~~p。

p 表示對真如（tathyam）的肯定，~p 表示對真如的否定，p・~p 表示這肯定與否定的綜合，~p・~~p 則表示這兩者的超越。表面看來，這四句是充滿矛盾的。第一句 p 與第二句 ~p 互相矛盾。第三句 p・~p 是第一句與第二句的結合，因此也是矛盾；在亞里斯多德的邏輯中，它悖離了不矛盾律（law of non-contradiction）。至於第四句 ~p・~~p，通過雙重否定的原理（principle of double negation），~~p 可轉成 p，因此第四句可寫成 ~p・p 或 p・~p，這其實即是第三句。因此第四句也是自相矛盾的。

雖然有這許多矛盾，這四句是被視為到真理的途徑，或有關真理的體認的。這點可從梵文偈頌的 "buddha-anuśāsana"（buddhānuśāsana，連聲）一詞見到，這是佛陀的教示之意；在佛教，佛陀的教示即意味真理，或真理的獲致。鳩摩羅什的翻譯：「諸佛法」，也表示這個意思。《大智度論》曾引述過這則偈頌，對應於這 buddha-anuśāsana 或諸佛法，直作「諸法之實相」，則直視實相或真理為四句運用的標的了。[10]

四句的思考也顯示在《中論》的另一偈頌中：

> 諸佛或說我，或說於無我，諸法實相中，無我無非我。
> （18：6，《大正藏》30・24a）

這偈頌的梵文為：

---

[10]　有關《大智度論》的引語，參看上註。

ātmetyapi prajñapitamanātmetyapi deśitaṃ,

buddhairnātmā na cānātmā kaścidityapi deśitaṃ.[11]

其意思是：

> 諸佛施設地運用自我一詞，同時教示有關無我的真正觀
> 點。他們也開示說，任何作為自我或無我的質體都不存
> 在。

漢譯與梵文原偈都只有第一、二、四句，缺了第三句。這種情況
並非不正常，它並不影響四句的構造或性格，只是龍樹自己大意
而已。有時缺第三句，有時缺第四句，基本的作用還是在那裏。
即是說，都總與顯示真理有關。如「諸法實相中，無我無非
我」，表示在真理中，是遠離對我或非我任何一邊的執取的。
　《大智度論》也曾引述一則表示四句的偈頌：

> 諸法不生不滅，非不生非不滅，亦不生滅非不生滅，亦非
> 不生滅非非不生滅。（《大正藏》25・97b）

這是討論諸法的生滅問題，主題較為複雜；不過，它的四句的結
構，卻是明顯的。而該書的作者也強調，這四句與體現真理有密
切關連，所謂「深入諸法實相」也。[12]

11　*Poussin*, p. 355.

12　《大正藏》25・97b。

這裏便有一個問題：如上所說，四句是充滿矛盾的，但它又被關連到真理方面去，被中觀學者視為在方法論上有助於導致真理的體現，起碼有助於真理的展示。真理不能包含矛盾，而充塞矛盾的四句，又怎能與於真理的展示和達致呢？

二、四句的教育性的涵義

要回應上面的問題，讓我們再次檢察一下四句法。第一句 p 和第二句 ~p 相矛盾；第三句 p・~p 把第一、二句拉在一起，只是把後二者間的矛盾重覆而已。第四句 ~p・~~p 可被還原為第三句，因此也是重覆這矛盾。這樣，我們可以看到，從邏輯的立場看，第三、四兩句都沒有展示甚麼新的意念，沒有提供新的東西，它們只是第一、二句的推展而已。實際上，四句中只需第一、二兩句便足夠了。但中觀論者明明說四句，而不只說兩句；倘若第三、四句完全沒有作用，只是多餘的命題，他們為甚麼不只說兩句，何必說四句呢？他們既然說了第一、二兩句，還要繼續說第三、四兩句，則後者必有其不可取代的作用，其扮演的角色不能為第一、二兩句所替代。

我們以為，此中的關鍵在於，我們不能邏輯地或以形式的角度來看四句，卻要著眼內容方面，看每一句所可能有的內涵或表現的作用，和句與句之間的關係。在這方面，我們可考慮兩點。第一，不同的句或命題可能實質地與眾生的不同的根器相應，而這不同的根器是在對眾生展示真理的脈絡下提出的；而在句或命題的運用方面，可考慮具體的、個別的情境，選取適當的題材來闡釋，不必只限於上面列舉的「真如」、「生滅」之屬。第二，

不同的句或命題可用來相應地指涉眾生對真理或其他問題的不同
程度的理解。在前面的句或命題可指涉對真理的較低層次的理
解，後面的句或命題可指涉對真理的較高層次的理解。在這兩點
之間，第一點顯示四句的教育性的涵義，第二點則顯示四句的分
類的涵義。

　　對於四句的這些可能的涵義，傑出的《中論》註釋家，如中
期的青目、月稱和清辨他們也提到過。他們曾分別就教育性的和
分類的角度來討論四句的問題。現代的中觀學學者，如魯濱遜和
梶山雄一，也留意到他們的析論。在這一節中，我們將集中研究
四句的教育性的涵義一點。

　　魯濱遜指出四句可作為一教育的設計（pedagogical device）
來運用。在他的劃時代著作《在印度與中國的早期中觀學》
（*Early Mādhyamika in India and China*）中，他引述過青目對那
首表示四句的典型的偈頌的評論，在這偈頌中，真如（tathyam）
被選取作題材而作四句的討論。[13]不過，魯濱遜不譯 tathyam 為
「真如」，卻譯為「真實」（real）。青目的評論是這樣的：

> 一切實者，推求諸法實性，皆入第一義平等一相，所謂無
> 相，如諸流異色異味，入於大海，則一色一味。
> 一切不實者，諸法未入實相時，各各分別觀，皆無有實，
> 但眾緣合故有。
> 一切實不實者，眾生有三品，有上、中、下。上者觀諸法
> 相非實非不實，中者觀諸法相一切實一切不實，下者智力

13　案這即是「一切實非實，⋯⋯」偈頌。

淺故，觀諸法相少實少不實。觀涅槃無為法不壞故實，觀
生死有為法虛偽故不實。

非實非不實者，為破實不實故，說非實非不實。[14]

在這段評論之先，青目曾特別強調諸佛運用偈頌中的四句來轉化
眾生，而諸佛是具有無量數的方便的設計可供運用的。他說：

諸佛無量方便力，諸法無決定相，為度眾生，或說一切
實，或說一切不實，或說一切實不實，或說一切非實非不
實。[15]

綜合來看，青目解釋第一句「一切實」為指那純一無雜的真理，
「平等一相」、「無相」都是指向這真理的普遍的（universal）
性格，「一色一味」，更使這普遍性呼之欲出。一切不實是就緣
起的層面說，指涉諸法各各自具的特殊的（particular）面相。倘
若以「一切實」說空，則這「一切不實」當是說假。青目對這兩
句的解釋，有分類的意味。至於他解第三句亦實亦非實，或一切
實不實，則比較複雜。他先把眾生依根器的不同，分為上、中、
下三個等級。上級的觀諸法的非實非不實，中級的觀諸法的一切
實一切不實，下級的觀諸法有實亦有不實。這裏他不只說第三
句，而且重覆第一、二兩句，和預先說了第四句。第一、二兩句
是對下級根器的眾生說，採取分解的方式，把諸法分解為實與不

14　《大正藏》30‧25a。對於青目這段文字的翻譯，可參看上述魯濱遜
　　書，頁56。

15　《大正藏》30‧25a。

實兩種：無為法為實，有為法為不實。第三句對中級根器的眾生說，採取綜合的方式，以諸法同時有實有不實的面相。第四句則是對上級根器的眾生說，顯露真理的超越性格：超越實與不實的二元的相對性，直達無二元對峙的絕對的、超越的理境。而最後他說第四句非實非不實時，也是重覆這個意思，謂這句是為破除對諸法的實與不實的二元對峙的偏執而說，所謂「破實不實」。

青目這樣說四句，同時有教育與分類的涵義。但他在強調諸佛的「無量方便力」以「度眾生」時，說諸佛有時用第一句，有時用第二句，有時用第三句，有時用第四句，這則純是對機的問題，是從教育方面著眼了，所謂「方便施教」也。故我們以為青目這樣解釋四句，主要還是強調它的教育性的涵義一面：對不同根器的眾生，教以與這根器相應的真理層面或形態。

魯濱遜也曾引介過月稱對這則有關偈頌的四句的評論。他指出月稱的詮釋與青目的有些微不同。魯濱遜說：

〔月稱〕視四句為佛陀在給予不同級數的眾生漸次地提高的教導時所用的一種權宜的設計（upāya）。佛陀首先就真實的角度來說現象，目的是要存在的東西尊敬他的無所不知。之後，他教導人說現象是不真實的，因為它們會經歷變化，而真實的東西是不會經歷變化的。第三，他教導一些聽者說現象同時是真實和不真實的——由世俗的觀點看是真實的，由聖者的觀點看是不真實的。對於那些在實踐上已遠離慾望和邪見的眾生，他宣稱現象既不是真實的，也不是不真實的，其方式如同一個人否認不孕女人的

兒子是白皮膚或黑皮膚那樣。[16]

月稱的解釋，很明顯地展示四句的教育或教化的導向
（orientation）。第一句表示現象或經驗的東西都是實在的；佛
陀透過對經驗事象的肯定，以提高聽者對佛陀自身與佛教的信
仰。此時的聽者，大抵是初步接觸佛教的新手。當然這樣地了解
經驗事象，即是說，視之為真實的或實在的，是表面的，談不上
深度，不是本質的、本性方面的了解。第二句觸及事象的緣起的
性格；事象的真實性被否定了，因為它們是會變化的，這正是緣
起的結果：凡是依因待緣而生起的東西，都沒有常住不變的自
性，都是會變化的。聽者聽到這緣起無常的義理，很容易會生起
一種虛無的想法，以斷滅的眼光來看事象，因此便有第三句，強
調事象同時具有真實和不真實的性格。即是說，就世俗的立場來
說，事象是真實的，它們的存在性不容抹煞；但在聖者——一個
已獲致最高真理的人——的眼光，它們卻是不真實的，不具有永
恆的性格。這個階段表示對事象的較為複雜而深入的理解，它們
不能只就單面的角度或語調（或是肯定的，或是否定的）來看；
必須採取綜合的角度，才能對它們有全面的了解。不過，從實踐
的意義來說，這個階段的理解仍是不可靠的。因為在實踐上，我
們不能依附或執取任何觀點，包括這綜合的觀點，否則便會為既
定的觀點所束縛，而不得自由。因此便要提出第四句，也是最後
的一句，以否定和超越同時是真實的和不真實的綜合的觀點。

　　在上節引述過的《中論》偈頌：

---

[16]　R. H. Robinson, *Early Mādhyamika in India and China*, p. 56.

　　　諸佛或說我，或說於無我，諸法實相中，無我無非我。

也明顯地表示教育性的涵義，雖然所提出的主題不同，它以自我
為主題。對於這一偈頌，清辨在其《般若燈論釋》（*Prajñāpadīpa-
mūlamadhyamakavṛtti*）中有如下的解釋：

> 諸佛世尊見諸眾生心、心數法相續不斷，至未來世。以是
> 因緣，為說假我。復有眾生，計言有我，為常為遍，自作
> 善不善業，自作受食者，有如是執。然彼眾生為邪我繩縛
> 其心故，於身、根、識等無我境界，迷而起我。雖有禪定
> 三昧三摩跋提之力，將其遠去，乃至有頂，如繩繫鳥，牽
> 已復墮，於生死苦，猶不生厭。諸佛世尊知眾生已，為息
> 彼苦，斷我執繩，於五陰中，為說無我。復有眾生，善根
> 淳厚，諸根已熟，能信甚深大法，堪得一切種智，為彼眾
> 生宣說諸佛所證第一甘露妙法，令知有為如夢如幻，如水
> 中月，自性空故，不說我不說無我。[17]

在這段解釋中，清辨指出，諸佛之說我，是針對眾生的心及心所
法（心理狀態，例如愛、恨、妒等）的相續不斷地生起，為了交
代這相續不斷情況，因此說我；但這是一假我，或施設性的我。
當眾生執取自我，以為有恆常不變的自性可得，由此而生種種邪
見、種種惡行，而受苦於其中，諸佛為了對治這些毛病，因而說

---

[17]　《大正藏》30‧106c。《般若燈論釋》所引述的偈頌，與《中論》所引
　　　述的，在行文上有些不同。這偈頌在《般若燈論釋》中作：
　　　　　為彼說有我，亦說於無我，諸佛所證法，不說我無我。

無我。又有些眾生深植善根，為了使他們更上一層樓，對第一義空的義理能信受奉行，而得大智慧，諸佛不隨便說有我或無我的義理，而只是隨宜宣說。故這段文字亦顯示出，諸佛是在運用第一、第二與第四句來教育眾生，至於運用哪一句，則要視眾生的個別的、具體的情境而定。即是，對初入門的，說我。對執著於我的自性者，則說無我。對於根器高的，則隨機而說，同時說我和無我，也說非我和非無我。

對於四句的教育性的涵義，我們可以就兩面來說。

第一，每一句可視為由一個特別的角度展示出對事象或真理的理解，不用說，這角度是與聽者的個別情況或條件相呼應的。由於是四句，故一般來說，可有四種角度，分別與四個或四種不同的聽者或聽者群相應。（倘若缺了一句，則是三種角度。）這些角度之間，不必有邏輯上的或實踐上的關連。重要的是，每一句的運用都能恰到好處，都能對聽者有適當的開示，增加他對真理的理解。一般而言，青目、月稱和清辨的解釋，都展示出這一點。不過，他們也有把那四個角度與與它們相應的四句安排在上升的次序上的傾向，視排在後面的角度與與其相應的句更能表示對真理的較高的或較成熟的理解。相對來說，排在前面的角度與與其相應的句，則表示對真理的表面的或初步的理解。

第二，四句與其相應的角度是處於一種漸進的和上升的次序中，而聽者亦在一種平穩而漸進的基礎上接受教化，了解真理。在這種情況下，聽者只有一個，或只有一個級別，而四句及其所代表的內涵，也是一個跟一個地被引進。這也很符合教育的性格，它是一個循序漸進的歷程，我們不能教育一個人一下子便完全地了解真理。因此，安排在前面的句及其相應內涵總是先被引

進，待它們完全被吸收和消化後，才能引進和介紹後面的。

三、四句的辯證的性格

由於四句所展示的了解真理的程序，是漸進的和上升的，即是，先從較低層次了解真理，然後再從較高層次了解它，因此四句作為一種思想的設計，可被視為是辯證的。由第一句所成立的肯定命題，有從相對的因而是偏面的角度來看真理的意味；由第二句所成立的否定命題也是一樣。由第三句所成立的綜合命題正好矯正了這種相對性與偏面性；它同時包涵真理的正面與負面，或反面，也消解了真理的正、反兩面的相對或對峙形勢，為真理呈現一個圓融的和全面的圖像。不過，從實踐的角度來看，這第三句所顯示的真理的綜合面相仍是未穩妥的，修行者在心理上不免有所偏向以至偏執，執著真理的這種綜合形態，只見其合而不見其分，以至把真理視為一合相。這種心理上的偏執還是要克服的、超越的。第四句所表示的對肯定與否定的同時超越，或對綜合的超越，正好對治這個困局。經過這一步超越過程，真理之門才真正打開，心靈才能自由無礙地漫步其間，以至與真理合而為一。很明顯地看到，由第一句到第四句，真理漸次從單純肯定與單純否定的相對的、偏面的面相升進到綜合與超越的圓融的、全面的面相，而被體現出來。倘若我們把辯證法視為一種思想歷程，在這歷程中，真理通過肯定、否定、綜合與超越漸次由較低層而以進於較高層面的話，我們可以粗略地說，四句是一種辯證法形式。這裏所謂的真理的較低層面與較高層面，是相應於它的相對的、偏面的面相與圓融的、全面的面相而言。

　　魯濱遜也認為四句具有辯證的性格。他說四句形成一個升進
的程序，在這程序中，除了第一句外，每一句都是前一句的對反
動因（counteragent）。他的意思是，在四句中，後一句總是前
一句的對治者、克服者。他總結說，四句是一個辯證的進程，每
一句都否定和取消前一句，而整個論證都是移向第四句的否定，
而第四句是作揚棄一切見解（views）看的[18]，超越的意涵才能
表示出來。很明顯，這裏的「第四句的否定」並不是要否定第四
句，卻是指它所具有的否定作用，即否定前面的三句。魯濱遜強
調第四句揚棄一切見解，其意殆是指第四句所表示的消息，超越
前三句所表示的；前三句所表示的消息是有定限的，第四句所表
示的則是無定限的。這無定限的消息，直指向最高真理，或中觀
論者所謂的第一義諦，這是超越一切相對的和偏面的見解而達致
的理境。魯濱遜顯然很欣賞第四句，把它關連到最高真理的層面
方面去。

　　梶山雄一回應並同意魯濱遜的詮釋。他認為四句中的前三句
可視為權宜地施設的性格，是工具義，因而是可撤消的；而第四
句則展示最高的真理，不容批駁。他並總結地說，四句是辯證性
格的。[19]

四、四句的分類的涵義

　　魯濱遜很強調四句的教育性的涵義；不過，他未有論及四句

---

[18] R. H. Robinson, *Early Mādhyamika in India and China*, p. 56.

[19] 梶山雄一、上山春平著《空の論理：中觀》，頁 117。

的分類的涵義。梶山雄一則同時注意到這兩方面的涵義。他說：

> 四句一方面顯示具有不同程度的知能與根器的人對同一對
> 象的不同的見解，一方面是對不同程度的被教化者的循序
> 漸進的教訓。[20]

要展示不同的人的不同的理解必須基於對這些理解有明確的分
類，四句便有這種分類涵義。對於這一點，梶山雄一並未有作進
一步的闡釋。實際上，這種對不同理解的分類與佛教各學派所盛
行的所謂判教，或教相判釋，有密切的關連。佛的說法，雖然都
是有關真理的問題，但不同學派對真理有不同的看法，甚至在這
些看法之間不無衝突處，但它們都被視為是佛的教法，或與佛的
教法相符，這則需要一種圓融的解釋，透過分類，例如說佛對不
同根器的眾生說不同的教法，以消融這些不同之點或衝突之處，
這便是判教。四句的分類的涵義，正有助於判教的進行。在這一
點上，它的重要性不容忽視。

上面我們說青目與月稱解「一切實非實……」這一以四句來
表示的典型的偈頌，是就教育的涵義一面立說；特別是月稱，他
對這偈頌所傳達的教化的消息，非常重視。對於這相同的偈頌，
清辨的著眼點便不同，他是從分類的角度來詮釋的。他的《般若
燈論釋》這樣說：

> 內外諸入色等境界，依世諦法，說不顛倒，一切皆實。第

---

20 Ibid., loc. cit.

> 一義中，內外入等，從緣而起，如幻所作，體不可得，不
> 如其所見故，一切不實。二諦相待故，亦實亦不實。修行
> 者證果時，於一切法得真實無分別故，不見實與不實，是
> 故說非實非不實。[21]

清辨的意思很清楚。四句可被用來描述對同一對象——經驗的物
事亦即我們在現實世界所碰到的東西——的不同的理解，或者
說，四句可代表不同的觀點以了解經驗世界。第一句顯示，就常
識的眼光、世俗的立場來說，經驗物事是真實的。第二句顯示，
從緣起或空的立場來說，經驗物事都沒有實體性或自性，因而是
不真實的。世俗的立場和空的立場代表兩種不同的卻是互相依待
的觀點。為了避免修行的人偏執於其中任何一個觀點，第三句被
提出來，綜合這兩種觀點，表示經驗物事同時是真實的和不真實
的。不過，「真實性」和「不真實性」可以說是代表兩種理解方
式，它們是基於對經驗物事的分別計度而成立的；在覺悟的經驗
中，它們並沒有立足的餘地。一個已覺悟的人，對一切法都平等
視之，不起分別計度，包括真實與不真實的分別。第四句便在這
樣的脈絡下被提出來，表示經驗物事既不是真實的，也不是不真
實的。這第四句其實透露一種超越的立場，這立場超越一切相對
的觀點，因而有絕對的涵義。

　　這裏我們可以看到，四句形成一個分類的體制。在這個體制
中，對於同一東西的理解，可被分類為肯定的、否定的、綜合的
和超越的形態，這些形態一一與有關的句或命題相應。就某一個

---

[21]　《大正藏》30‧108a。

特別的觀點看，所有這些理解都可視為正確的。這便是四句的分類的涵義。有趣的一點是，與四句關連起來的觀點或角度，就展示對經驗物事的理解來說，被置定在一個升進的次序中。這點與四句的教育性的涵義中的情況非常相似。

　　以上是有關四句的教育性的涵義與分類的涵義的討論。有一個問題是很自然會提出的：這兩個涵義有沒有密切的關連呢？我們的理解是，分類的涵義可以說是教育性的涵義的基礎，倘若沒有分類的涵義在先（邏輯上的先，不是時間上的先），教育性的涵義是不能落實的。即是說，在運用四句來教導聽者時，導師必須熟悉某一論題或題材的諸種可能的理解，能夠把這些理解加以分類，安放在一個邏輯的和實踐的秩序中；不然的話，他便不能適意地選取一個適當的理解，去教導聽者。導師能否有效地運用四句來教導或開示眾生，端賴他能否善於處理那些以四句為基礎的各種理解的分類法。分類分得好，又處理得宜，教導便能收事半功倍之效。

五、四句否定與無生

　　上面我們闡釋了四句的教育的和分類的涵義。以下我們要進一步討論四句否定。按在中觀學以至其他佛教學派，如早期的原始佛教，四句是有兩種形式的，其一是四句自身，另一則是四句的否定，或四句否定。從宗教的終極的目標來說，四句否定比四句有更為深遠的涵義。這點會在後面的解說中明朗化。

　　四句否定的形式表現在《中論》的一首典型的偈頌中。這偈頌常為中觀的後學所引述，其漢譯如下：

> 諸法不自生，亦不從他生，不共不無因，是故知無生。
> （1：1，《大正藏》30·2b）

這偈頌的梵文為：

> na svato nāpi parato na dvābhyāṃ nāpyahetutaḥ,
> utpannā jātu vidyante bhāvāḥ kvacana ke cana.[22]

其意思是：

> 物事在任何地方與任何時間都不能通過由自己生起、由他
> 者生起、由自己與他者合共生起，或由沒有原因而生起而
> 存在。

這首偈頌亦在《中論》的他處被引述出來。[23]《大智度論》也引
述過它，但文字略有不同：

> 諸法……非自作，非彼作，非共作，非無因緣。（《大正
> 藏》25·104b）

這首偈頌反駁四個述句：物事由自己生起（自生）而存在；物事
由他者生起（他生）而存在；物事由自己與他者合共生起（共

---

[22]　*Poussin*, p. 12.

[23]　《中論》21：12，《大正藏》30·28c，*Poussin*, p. 421.

生）而存在；物事由沒有原因生起（無因生）而存在。倘若以自
己生起或自生作為主題，則物事由自生而存在這一述句，是透過
肯定而成；物事由他生而存在這一述句，表示物事不是由自生而
存在，故這述句可視為是透過否定而成；物事由自生他生合起來
而存在這一述句，很明顯地看到，是透過自生與他生的綜合而
成。至於物事由無因生而存在這一述句，由於原因只限於自己為
因與他者為因兩種，故這述句表示物事由既不是自生亦不是他生
而存在，它是透過對自生與他生的超越而成。這四個述句分別包
含肯定、否定、綜合與超越四種思考方式，故可視為是四句的形
式，或四句的肯定形式。青目在他對《中論》的詮釋中，也以四
句之名來說這四個述句。[24]對於這四個述句的反駁，便自然是四
句否定了。

　　四句否定的作用是甚麼呢？為甚麼要運用四句否定呢？青目
在評論上述表現四句否定的典型的偈頌時說：

> 不自生者，萬物無有從自體生，必待眾因。復次，若從自
> 體生，則一法有二體，一謂生，二謂生者。若離餘因從自
> 體生者，則無因無緣。又生更有生生，則無窮。自無故他
> 亦無。何以故？有自故有他；若不從自生，亦不從他生。
> 共生則有二過：自生他生故。若無因而有萬物者，是則為
> 常。是事不然。無因則無果。若無因有果者，布施持戒等

24　《大正藏》30‧2b。

應墮地獄，十惡五逆應當生天，以無因故。[25]

青目說物事的生的問題，是透過因果性或待因緣而立論，「無因無緣」、「無因而有萬物」、「無因有果」，是不行的。這些因緣並不包括自己、他者、自己與他者的結合、無因緣。即是說，物事的生起，是依於諸原因或條件的聚合，而非由自己、他者等其他情況而生。不過，當我們說物事不能由自己生起而存在，不能由他者生起而存在……時，或物事不能有自生、他生等等時，此中的「自己、他者、……」或「自、他、……」，指甚麼東西呢？為甚麼自生、他生、共生、無因生都不可能呢？關於這些點，青目說：

> 諸法自性不在眾緣中，但眾緣和合，故得名字。自性即是自體，眾緣中無自性。自性無故，不自生。自性無故，他性亦無。何以故？因自性有他性，他性於他，亦是自性。若破自性，即破他性。是故不應從他性生。若破自性他性，即破共義。無因則有大過。有因尚可破，何況無因？[26]

由於自性無，因而不自生。這另一面的意思是，倘若有自性，則能自生。可見這自生中的自，是就那常住不變的自性（svabhāva）而言。而他生的他，以至自、他的結合，都是就自性說。對於中觀學者以至所有佛教徒來說，自性這樣的東西，本來是沒有的，

25　Ibid., loc. cit.

26　Ibid., loc. cit.

只是人意識的構想（mental fabrication）而已，這構想自然是虛
妄的。沒有自性，物事自生不可能。「他」與「自」是相對而言
的，他生與自生也是相對而言的。故也沒有他性，物事他生也不
可能。自性、他性分別不存在，因而物事的自他結合的自他生或
共生不可能。青目在這裏，否定了自性、他性，也否定了自生、
他生和共生。至於無因緣而生，則悖離了物事的因果性，或因果
律，故這種生也不可能。

　　青目的結論是，「於四句中，生不可得，是故不生」[27]。即
是說，物事的生起，不能通過自己、他者、兩者的結合或兩者都
無的情況下成就，故物事是不生，或無生。這是青目以為這偈頌
的主旨所在；而這無生的主旨，是透過四句否定達致的。

　　但無生是否表示物事完全不生起呢？當然不是，否則緣起的
義理便無從說了。真實的情況是，物事正是由因緣的聚合而生起
的，這些因緣沒有自性、是空的。而它們所生起的物事，也沒有
自性，也是空的。無生的論辯所要駁斥的，是由自性的立場來說
的物事的生起，而不是由緣起或空的立場來說的物事的生起。[28]
錫蘭學者卡魯帕哈納（David J. Kalupahana）與我們有相近似的
看法，在論到龍樹在這問題上的立場時，他說：

　　　當龍樹說，「一個存在物的自性在因果條件中並沒有標
　　　示」，（I. 3）他並不是在排斥或否定條件，卻只是在排

---

[27] Ibid., loc. cit.

[28] 有關無生的論證，筆者在本書中之論文〈龍樹的空之論證〉第四節論同
　　一性與別異性中曾從另一角度來闡釋，可參考。這論證的旨趣，和在這
　　裏所提出的，即無自性或空一點，並無異致。

斥或否定自性（svabhāva）；這自性是一些哲學家在條件（pratyaya）中置定的，目的在解釋結果的生起。[29]

條件是緣起義理的基礎。經驗世界的一切物事，只能依於這些條件而生起，因而是條件性的，它們不可能具有自性。條件性這一概念邏輯地排斥自性的預設；因自性是自足的、獨立的，這些內涵為條件性所不能容許的。

六、從無生到空

由上面的討論見到，無生排斥以自性來說的生，以之為不可能；而在佛教的空之義理中，自性的設定是受到激烈與徹底批判的。就這點來說，我們可以把無生密切地關連到空方面來。筆者在拙著《中道佛性詮釋學：天台與中觀》，第二章〈中觀學的空與中道〉中，曾詳盡地闡釋龍樹基本上是以自性與邪見的否定來說空[30]，而無生亦可視為透過對自性的否定來展示空義的一種方式，故無生與空，關係實在非常密切。四句否定透過無生來否定自性，亦可視為展示空義的一種重要的設計。

故四句否定與空義的透顯是不能分開的。兩者的關係，若更就龍樹以揚棄一切邪見來說空一點來看，會顯得更為鞏固。如上所說，對邪見的否定，是龍樹在對自性的否定之外的另一種說空的方式。龍樹的論點是這樣，一切見解都以概念為基礎，而概念

---

[29]　David J. Kalupahana, *Nāgārjuna: The Philosophy of the Middle Way*. New York: State University of New York Press, 1986, p. 28.

[30]　一、空是自性的否定；二、空是邪見的否定。

當被確定化下來時，總被執持，而成為極端的見解。這樣便會把真理——在佛教來說是空之真理——的整一性與絕對性分割了[31]。因為當概念成為極端的見解，或「極端」時，便是偏面的和相對的，與真理的無分化與絕對的性格背道而馳。在這種情況下的見解，自然是錯誤的見解，或是邪見；在透顯空義的脈絡下，它們是要被揚棄的。而四句中任何一句，不管是肯定、否定、綜合或超越的涵義，都易被執取，而成為極端的見解，因而是邪見，對真理的顯現，做成障礙。這樣的極端的見解是要被否定的。在這種情況下，便有所謂四句否定。就自生等的事例來說，倘若自生、他生、共生是基於對自、他、共的極端的見解而成立的話，則這幾種生都要被否定。這極端的見解，可以這樣說，以為物事可以自己由自己生出來，不必有能生與所生的關係，這是自生。物事自身可以由自身以外的另一物事生出來，這是他生。物事可以由自身加上自身以外的另一物事生出來，這是共生。又以為物事可以不需要任何原因，便可自然地生出來，這是無因生。這些都是極端的見解，都是偏面的，故都要被否定。

　　討論到這裏，讀者或許會提出一個問題。四句中的前三句需要被否定，是容易理解的；它們都很有構成一個「極端」的傾向，這極端易為人所執取。即是說，第一句的肯定涵義易使人只留意物事的正面的、肯定的面相，因而執取這個面相，不見其他面相。第二句的否定涵義易使人只留意物事的負面的、否定的面相，因而也執取這個面相，不見其他面相。第三句的綜合涵義也

---

[31] 真理具有整一性與絕對性。這是哲學上對究極層面的真理的一致的理解，關於這點，這裏不多作闡釋。我們只想說，這裏的真理是就空而言，是究極的第一義諦。

可有使人同時執取物事的正面的、肯定的與負面的、否定的面相的傾向，而把這兩面相置定於兩頭的極端中，沒有溝通的渠道，也沒有中庸之道。但第四句是超越的涵義，這涵義正是在對相對性的、兩極性的概念的超越與克服上顯示出來；超越概念的相對性與兩極性，正表示不對它們起執著，其導向正是無執。第四句既是無執的性格，怎麼又要被否定呢？

　　要回應這個問題，我們必須重溫龍樹對空的理解。上面說，龍樹基本上是就對自性與種種邪見的否定來說空。但這空亦不能被執持，作為一切所歸宗的真理來看取。倘若被執持，則「空」亦會易淪於一種具有自性的東西；另外，它也可以被看成是一與有相對的概念。以空有自性固是錯誤的見解，以之為與有相對反的概念，也是邪見。後一點會使人淪於虛無的立場，以斷滅的眼光來看基本上是緣起的性格的物事，以為它們會變成一無所有。這些看法，都需要被否定。中觀學者便提出「空亦復空」一命題，來表示這個意思。青目在解釋《中論》的名偈「眾因緣生法，我說即是空（無），亦為是假名，亦是中道義」（24：18，《大正藏》30・33b）時，便說：

> 眾緣具足和合而物生，是物屬眾因緣，故無自性，無自性故空。空亦復空。但為引導眾生故，以假名說。[32]

青目的意思是，空是無自性的意味，這是物事的性格，或有關它們的真理。但空作為一個名相，仍無實在可得，對應於空，亦無

---

[32]　《大正藏》30・33b。

空之自性，我們亦不應對空起執取，故要「空亦復空」。即是說，當空不能被正確地理解以至被作為名相或概念來執取，以為對應這概念有實在的自性可得時，空也要被否定掉，被「空」掉。[33]四句中的第四句所展示的超越的涵義，易被人視為一種有終極義的超越境地而執取之，而安住於這境地上，因而遠離世俗的環境，與現實隔離開來，而有小乘的捨離世間的極端的態度。第四句便在可能導致這樣的「極端性」的前提下被否定掉。經過這一否定，空的義理更能深刻地顯示出來。

七、四句否定克服了概念的限制性

進一步看四句否定的性格與功能，我們可以說，在四句否定中，對於四種思考──肯定、否定、綜合、超越──的否定，實表示對概念的限制性的克服。這概念的限制性是對真理的顯現而言；克服了這種限制性，真理便可直下地、確定地被展示出來。

要說明這點，讓我們先看看《中論》的兩則偈頌。其一是：

如來滅度後，不言有與無，亦不言有無，非有及非無。（25：17，《大正藏》30．35c）

這偈頌的梵文為：

33　關於「空亦復空」或空亦要被否定掉的進一步闡釋，參看拙著《中道佛性詮釋學》第二章。

paraṃ nirodhādbhagavān bhavatītyeva nohyate,
na bhavatyubhayaṃ ceti nobhayaṃ ceti nohyate.[34]

其意思是：

> 我們不能說世尊在獲致涅槃後存在。也不能說他在獲致涅
> 槃後不存在，或存在與不存在，或不存在與非不存在。

另一偈頌是：

> 如來現在時，不言有與無，亦不言有無，非有及非無。
> （25：18，《大正藏》30・35c）

相應的梵文偈頌為：

tiṣṭhamāno 'pi bhagavān bhavatītyeva nohyate,
na bhavatyubhayaṃ ceti nobhayaṃ ceti nohyate.[35]

其意思是：

> 我們不能說世尊在現今的生命歷程中存在。也不能說他在
> 現今的生命歷程中不存在，或存在與不存在，或不存在與

---

[34] *Poussin*, p. 534.
[35] Ibid., loc. cit.

　　非不存在。

這兩首偈頌所要傳達的表面的消息，是存在（bhavati）的範疇或
概念不能用來描述世尊（Bhagavan），或佛陀，不管他是已經獲
致涅槃，得解脫，或是生活於現今的生命歷程，仍在輪迴。即是
說，我們不能說他存在，他不存在，他存在和不存在，他不存在
和非不存在。對於這兩首偈頌，青目並沒有作出關要的解釋。我
們的理解是，「存在」和「不存在」在語言學上指述這個經驗的
和相對的世界中一物事的兩個相對反的狀態。「存在和不存在」
和「不存在和非不存在」也是如此。它們都是被用來描述這個世
界。這樣的範疇或概念有兩點嚴重的限制。第一，這些概念和它
們所指的狀態之間的關係，是約定俗成性格的。在我們對語言的
運用中，某些概念對應於某些個別的對象、狀態或行為；這種對
應，是約定俗成的。此中並沒有哪一概念必須對應於哪一對象、
狀態或行為的必然性。因此，我們把概念關連到世界方面來，希
望藉此能標示世界、理解世界，這種標示與理解，只能是相對意
義，沒有絕對性可言。這便關連到下面第二點。第二，就概念的
意義而言，概念自身都是相對的、依待的。「存在」相對於和依
待於「不存在」，反之亦然。沒有概念可以說具有絕對的和獨立
的涵義，因而以它們來理解的世界，也只能是相對的和依待的。
我們不能透過它們來了解世界的絕對的和獨立的本相或本質。
　　要之，概念是約定的和相對的性格。[36]這是概念的限制。由

---

[36] 約定的（conventional）即是暫時性的，不是究極的、終極的；相對的
　　性格也包含依待性，它不是絕對的。

於這種限制，概念不能真正地反顯、展示真理；後者是究極的和絕對的性格。概念只能反顯、展示約定的和相對的性格的東西。因此，要如實地顯示真理，概念的約定性與相對性必須被克服、被超越。四句否定中的四種否定方式，便可說具有克服或超越概念的這種限制的作用。

　　就上面列出的兩首偈頌來說，它們表示世尊（Bhagavan）或如來（Tathāgata）不管在得覺悟前或得覺悟後，都不能以存在、不存在、存在與不存在、不存在與非不存在這些範疇或概念來描述他的狀態。這個意思，如何可以關連到四句否定的這種克服概念的限制的作用上來呢？我們的理解是，當提到如來時，所指涉的，並不是他的物理的、生理的生命存在，而是那使他成就如來性格的精神意義的主體性。這主體性在隱蔽的狀態時是如來藏（tathāgata-garbha），顯露出來便成法身（dharma）。不管是隱是顯，它都不作為經驗的現象世界中的一分子而存在，卻是作為擁抱著真理的東西或真理的體現者而「存在」。用康德（I. Kant）的辭彙來說，它是本體界的東西，不是現象界的東西。本體界是絕對的，現象界是相對的。它既不是現象，自然不能以只能用來描述現象界的相對的概念，如「存在」、「不存在」等等來說它。故說它存在固是不妥，說它不存在也不妥。在這裏，說存在不妥當，並不等於不存在。它根本超越「存在」與「不存在」所概括的相對性格的領域，而屬於絕對性格的本體界。而四句否定正是要克服概念的限制：它的約定性與相對性，以負面的方式，顯示那超越於約定性與相對性之外的絕對的理境，這也是究極的理境。

　　有關四句否定對概念的克服或排拒問題，史培隆格（M.

Sprung）與我們有近似的見解。他說：

> 四句窮盡了「存在」一動詞在肯認性的語句中可能被運用
> 的方式，你可以肯認某物事的「存在」，或肯認「不存
> 在」，或「存在與不存在」，或「不存在與非不存在」。
> 在這四種方式中，語言是存有論地（ontologically）被運
> 用的。不管是在哪一種方式中，「存在」一動詞都表示肯
> 認語句所談到的東西的存在性或非存在性。龍樹和月稱把
> 四句都拒斥掉。他們拒斥「存在」一動詞的存有論的涵義
> （ontological implication）。[37]

「在這四種方式中，語言是存有論地被運用的」的意思是，以概
念——如在四句中所包含者——為主要內涵的語言，被存有論地
視為與世界及物事的實情相應。這是對語言的不恰當的理解，是
要被拒斥的。在史培隆格的評論中，「存有論的涵義」正是我們
所說的世界及物事的實情。語言或概念，不管它們是透過四句或
其他形式來表現，都不能具有這種涵義，因為它們是相對的和施
設性的。有關世界與物事的實情，即是有關世界與物事的絕對的
真理，那是超越乎語言或概念所能描述範圍之外的。

---

[37] Mervyn Sprung, *Lucid Exposition of the Middle Way*, London and Henley: Routledge and Kegan Paul, 1979, P. F.

八、四句是漸四句否定是頓

在《中論》中，表示四句否定的偈頌，遠較表示四句的為多。後者只有兩首，這即是上面曾列舉過的「一切實非實，亦實亦非實，非實非非實，是名諸佛法」（18：8，《大正藏》30．24a）與「諸佛或說我，或說於無我，諸法實相中，無我無非我」（18：6，《大正藏》30．24a）。關於前者，可參考上舉拙文〈從現代邏輯看龍樹的論證〉（The Arguments of Nāgārjuna in the Light of Modern Logic），文中把《中論》的四句否定的偈頌列了出來。這裏我們要對四句與四句否定這兩種思考作一總的檢討，以結束全文。檢討的焦點，集中在這樣一個問題上：如上所表示，四句與四句否定都是佛教徒特別是中觀學的論師運用來展示真理的方法，目標是一樣的；但卻有四句與四句否定的對反性質的差異，這是為甚麼呢？表面看來，倘若四句是展示真理的正確方法，則它的否定便是不對了，而又以這否定為展示真理的另外的方法，則更有問題了。我們應該如何看這四句與四句否定的矛盾呢？

我們有以下的看法，以回應這個問題。

一、四句和四句否定同被視為展示真理的方法，它們是作為方法或法門被建立起來，而不是作為原則、原理被建立起來。既然不是原理，則它們若不是在同一時間、同一處境施之於同一對象方面，這矛盾便不成問題。即是說，原理是不能有矛盾的。但四句與四句否定都不是原理，卻是展示真理或開示眾生有關真理的性格的方法，這兩種方法雖然相互矛盾，但可以拿來教導眾生，在運用方面不必有矛盾的問題。有些眾生適宜以四句來開

導，有些眾生則適宜以四句否定來開導，這是對機施教的問題，不是矛盾不矛盾的問題。兩種方法只要不是同時對同一眾生使用，便沒有矛盾。據說當年釋迦牟尼說法，說到有關自我的問題時，便曾對那些懷疑生命存在的現實性而持虛無主義觀點的人，宣說有自我，以平衡他們對生命存在的偏見；但對那些受婆羅門教影響而執取有梵我的眾生，卻宣說無我，以平衡他們的我執[38]。有我與無我，若作為原理看，自然是矛盾；但作為教化眾生的對機的法門，使在觀點上有不同毛病的眾生都能遠離那些毛病，循序了解佛教的正理，則沒有矛盾。四句與四句否定的情況，也是一樣。

　　二、故四句與四句否定的不同，只能就方法來說。上面曾提出四句有教育性與分類的涵義，也曾詳盡地闡釋這兩涵義。分類的涵義是教育性的涵義的基礎。對眾生的根器可以分類，對真理的不同層面的理解，也可以分類。甚麼根器的眾生應以哪一層面的真理來開示，俾他能循序漸進地了解較高層次或較深入的真理，以至最後能圓實地把得真理，這則是教育的事。故分類的涵義適足以成就教育的涵義，其整個目標是指向眾生的教化（宗教的教化），使之最後能覺悟真理，得解脫而成佛。很明顯，這樣的教化是有歷程的，是漸進的。以分類為基礎（對眾生的根器分類和對真理的層次分類）的教育是漸進的，分類本身便預認秩序或次序，而落到教化的實踐上來說，次序必導引一個漸進的歷程，故教化的實踐必是漸進的。它不能是頓然的，頓然的方式可

---

[38]　這個故事在佛教經典中非常流行，已成為佛門中有關釋迦說法的常識，故不具引出處。

以把次序一棒打散。四句既是分類的與教育性的涵義，這種方法
表現在教化的實踐上，必然是漸進的教化，或是漸教。

　　三、在四句中，由第一句至第四句，真理由較低層次漸漸升
進為較高層次，而修行的人亦漸次由較低層次到較高層次來了解
真理。四句否定則不同。它對四句的否定，並不是先否定第一
句，然後否定第二句、第三句，最後否定第四句，卻是一下子把
四句一齊否定掉。否定甚麼呢？否定自性的觀點與概念的限制
性。而無自性和具有絕對性格的空的真理，便在這種對四句的一
下子的否定中顯露出來。真理一下子被展示出來，修行的人也在
一下子間了悟得真理。這一下子即表示一頓然的覺悟方式。在四
句否定中，每一句所否定的，都同樣是自性的觀點和概念的限制
性，所展示的都是無自性和具有絕對性格的空的真理，此中沒有
歷程可言，修行的人也不必循序漸進地了解空理，卻是一下子便
把得它，或頓然地把得它。這便是頓教。

　　四、因此在龍樹的四句法中，有漸、頓兩種教法，四句是
漸，四句否定是頓。在這兩種方式中，龍樹較重視哪一種呢？從
《中論》中只有兩首偈頌是四句形式，卻有極多偈頌是四句否定
形式的情況看，在表面上，龍樹應是較為重視四句否定的頓然教
法的。[39]事實上，龍樹對四句否定的重視是不容懷疑的。《中
論》全書以兩首偈頌開始，其一是以四句否定形式出之的所謂
「八不」偈，跟著的是作者的禮讚偈或歸敬偈，很明顯說明這

---

[39]　拙文 "The Arguments of Nāgārjuna in the Light of Modern Logic" 曾列出
　　　十首四句否定形式的《中論》偈頌。這是魯濱遜在他的著作中所未及列
　　　舉的。若加上魯濱遜在其著作中所曾列舉的，四句否定形式的《中論》
　　　偈頌當遠遠超過十首之數。

點。這兩首偈頌是：

不生亦不滅，不常亦不斷，不一亦不異，不來亦不去（出）。
（《大正藏》30．1b）

能說是因緣，善滅諸戲論，我稽首禮佛，諸說中第一。
（Ibid., loc. cit.）

其梵文原文為：

anirodhamanutpādamanucchedamaśāśvataṃ,
anekārthamanānārthamanāgamamanirgamam.[40]

yaḥ pratītyasamutpādaṃ prapañcopaśamaṃ śivaṃ,
deśayamasa saṃbuddhastaṃ vande vadatāṃ varam.[41]

意思是：

不生起，不滅去，不壞滅，不常住，不同一，不分別，不
來（而成為存在），不去（而遠離存在）。

我頂禮那完全的覺悟者，他是至上的老師，曾開示緣起的

---

[40] *Poussin*, p. 11.
[41] Ibid., loc. cit.

義理，和福祐的寂滅境界，在這境界中，一切現象性的思
想營構都要消失。

這兩偈頌放在全書之首，不屬於下面任何一章，卻是總述全書的
主旨，其重要性可知。這全書的主旨即是透過對相對概念的否定
來展示緣起因而是空的真理。[42]這些相對概念，如生滅、常斷、
一異、來去，一方面都易被執取為有其自性，一方面又易以其為
一偏的性格，限制了物事的整全狀態，而障害了人們對物事的整
全的了解，因而不能了解物事的真相，或真理。故龍樹同時否定
了它們八者，而成「八不」，或八方否定，在這否定當中，無自
性及超越種種概念的限制的空義便顯出來了。「八」的數目是無
所謂的，它可以是六，也可以是十，或其他。這只是梵文偈頌每
句的音節需有一定數目的結果。[43]這八個概念，可以「生」來概
括，因而對這八個概念的否定，便成了不生，或無生
（anutpādam）。而無生的義理，正是透過四句否定的形式展示
出來的。我們可以說，由「無生」而顯空義是《中論》的旨趣，
而論證無生正理的思想方法，正是四句否定。

[42]　一切物事都是依因待緣而生起，所謂緣起；因而不可能有常住不變的自
　　　性，這是自性的否定，或空。物事是緣起的性格，因而是空。緣起與空
　　　實是對同一情事的不同說法，二者的意思是互涵的。
[43]　一般而言是十六音節，《中論》亦然。

現代學者的中觀學研究及其反思

一

　　西方學者對佛教的研究，在哲學方面，成就最大的，要數中觀學（Mādhyamika, Madhyamaka），特別是龍樹（Nāgārjuna）的中觀學。此中的原因可以是多方面的，其中一個重要的，可以說是中觀學與西方哲學有較多可以比較之處。如中觀學與康德的超越哲學、黑格爾的辯證法、現象學的虛無說、傳統邏輯以至符號邏輯，都可以有一定的關連。而事實上，中觀學的敏銳的思路，特別是它的表達方式與論證方面，在整個佛學來說，很有它的特色與精采處，充滿魅力，也很有刺激性。它不單是 "interesting"，而且是 "exciting"。因此吸引到不少西方的佛教學者的注意。他們對中觀學的研究，自俄國的茨爾巴斯基（Th. Stcherbatsky）[1] 以來，可謂風起雲湧，後浪推前浪，其成績令人有山外有山之感。其中較著名的學者，有拉莫特（Étienne Lamotte）[2]、拉煮（P. T. Raju）[3]、穆諦（T. R. V. Murti）[4]、法勞

[1]　Th. Stcherbatsky, *The Conception of Buddhist Nirvāṇa*. Leningrad: Office of the Academy of Science of the U. S. S. R., 1927.

[2]　Étienne Lamotte, *Le Traité de la grande vertu de saggesse*. vol. I, 1944; vol. II, 1949; vol. III, 1970. Louvain: Brueaux du Muséon.

凡爾納（Erich Frauwallner）[5]、梅義（Jacques May）[6]、拉馬南
（K. Venkata Ramanan）[7]、魯濱遜（Richard H. Robinson）[8]、史
提連格（F. J. Streng）[9]。這些是較早期的。較近期的有彭迪耶
（Ramchandra Pandeya）[10]、史培隆格（Mervyn Sprung）[11]與陸
格（D. Seyfort Ruegg）[12]。最近期則有卡魯帕哈納（David J.
Kalupahana）[13]。這些學者的成就，有目共睹，我們這裏不想多
贅。總的來說，茨爾巴斯基與穆諦天分很高，哲學根柢很好，也

---

[3]　P. T. Raju, *Idealistic Thought of India*. London: George Allen and Unwin Ltd.,
　　1954.

[4]　T. R. V. Murti, *The Central Philosophy of Buddhism*. London: George Allen
　　and Unwin Ltd., 1955.

[5]　Erich Frauwallner, *Die Philosophie des Buddhismus*. Berlin: Akademie-
　　Verlag, 1958.

[6]　Jacques May, *Prasannapadā Madhyamakavṛtti*. Paris: Adrien-Maisonneuve,
　　1959.

[7]　K. Venkata Ramanan, *Nāgārjuna's Philosophy as presented in the
　　Mahāprajñāpāramitāśāstra*. Rutland, Vermont-Tokyo, Japan: Charles E.
　　Tuttle Co., 1966.

[8]　Richard H. Robinson, *Early Mādhyamika in India and China*. Madison: The
　　University of Wisconsin Press, 1967.

[9]　F. J. Streng, *Emptiness*. Nashville, New York: Abingdon Press, 1967.

[10]　Ramchandra Pandeya, *Indian Studies in Philosophy*. Delhi: Motilal
　　Banarsidass, 1977.

[11]　Mervyn Sprung, *Lucid Exposition of The Middle Way*. London and Henley:
　　Routledge and Kegan Paul, 1979.

[12]　D. Seyfort Ruegg, *The Literature of the Madhyamaka School of Philosophy in
　　India*. Wiesbaden: Harrassowitz, 1981.

[13]　David J. Kalupahana, *Nāgārjuna: The Philosophy of the Middle Way*. New
　　York: State University of New York Press, 1986.

精通梵文文獻，不過，有時也失諸浪漫，特別是穆諦，想像力很
豐富，他在以西方哲學特別是康德與黑格爾的觀念論來詮釋中觀
學方面，不無過當之處。較後的學者，特別是魯濱遜和陸格，則
態度較為嚴謹。陸格這個人很屬害，他的思考認真，頭腦精密，
堪稱中觀學研究的後起之雄。史培隆格本來不錯，他的那本
Lucid Exposition of The Middle Way，是月稱（Candrakīrti）的《中
論釋》（*Prasannapadā Madhyamakavṛtti*）主要部分的英譯；他
在緒論中對涅槃問題有很精闢的發揮，不過，亦有人評他的譯文
過於自由，不是太忠實於原文。

　　要在中觀學特別是龍樹學的研究方面表現新的理解（new
understanding），是很難的。因為很多問題與論點都談過了。在
國外的一流的印度學與佛學方面的學報中，有關中觀學研究的投
稿很是不少，但遭到退回的恐怕也是最多，理由是稿件缺乏新
意。

　　日本學者在中觀學的研究方面，也是做得不足夠的。他們主
要的不足處，是哲學訓練與學養嫌薄弱，不足以應付龍樹的那種
鋒利的思考。宇井伯壽[14]的研究，質樸而粗糙。宮本正尊[15]則流
於鬆散而欠嚴謹。山口益[16]與安井廣濟[17]都只是文獻學的表現而

14　宇井伯壽：《東洋の論理》，東京：青山書院，1950；《宇井伯壽著作
　　選集》第四冊，東京：大東出版社，1974。

15　宮本正尊：《根本中と空》，東京：第一書房，1943；《中道思想及び
　　その發達》，東京、京都：法藏館，1944。

16　山口益：《中觀佛教論考》，東京：山喜房佛書林，1975。

17　安井廣濟：《中觀思想の研究》，京都：法藏館，1961。

已,談不上義理或哲學的理解。中村元[18]很有氣魄,他的論點,有時很有見地,有時卻是平凡,且有誤解。梶山雄一[19]做得算是好一些,他吸收了魯濱遜的好的因素,廣面地來論中觀義理;不過,深度還嫌不足。他在日本有些影響,同道的有瓜生津隆真、立川武藏、江島惠教、一鄉正道、御牧克己、田村智淳、原田覺等。有些還是很年青的。看來日本的中觀學研究,有急起直追之勢。另外還有久居美國的稻田龜男(Kenneth K. Inada)[20]和曾在德國留學的三枝充悳[21],他們的研究,也有一定的成績。

在我國的思想界與學術界,中觀學的研究,還未開始。我這樣說,並非過甚其詞。就國際的學術標準來說,研究中觀學必須同時符合兩個標準。其一是能訴諸梵文原典來做;其二是具有足夠的哲學訓嫌或學養。至於要能參考和運用現代學者用日、英、德、法諸種語文來研究的成果,更是餘事。我們要在國際的中觀學研究中爭一席位,目前來說,仍是很困難的。筆者在這方面寫過一兩篇東西,但也只能說是初步的嘗試而已。[22]

在這篇文字中,我們要對現代學者對中觀學的一些重要問題

---

[18] 中村元:《空》上冊,京都:平樂寺書店,1981。

[19] 梶山雄一、上山春平:《空の論理——中觀》,東京:角川書店,1969。

[20] Kenneth K. Inada, *Nāgārjuna, A Translation of His Mūlamadhyamakakārikā with an Introductory Essay.* Tokyo: Hokuseido, 1970.

[21] Mitsuyoshi Saigusa, *Studien zum Mahāprajñāpāramitā(upadeśa) śāstra.* Tokyo: Hokuseido Verlag, 1969.

[22] Ng Yu-Kwan, "The Arguments of Nāgārjuna in the Light of Modern Logic", *Journal of Indian Philosophy*, 15(1987), pp. 363-384.

的回應，敘述一下，由此可以在某一個限度下看到他們對中觀學的理解與研究，筆者也會在敘述了他們的回應後，抒發一下個人的意見。這裏所列出的問題，雖不能說是全面，但也頗具挑戰性。雖然它們的提出，是多年前的事，有些甚至已有定論，但重溫一下，對我們了解中觀學，還是有意義的。在討論這些問題前，我想先就中觀學產生的思想背景，特別是這個佛教學派出現時所面對的佛教內部與外部的思想問題，和這個學派的回應，簡單地重溫一下。這些說法，大抵都為現代中觀學研究界所認可，故不擬一一交代說法的出處。

二

　　中觀學派的創始人是龍樹。他的激蕩的生平，充滿傳奇性，與中觀學的思想的鋒銳與激越的風格，也很相應。關於他的傳記的梵文本已經失佚，現只存鳩摩羅什（Kumārajīva）的漢譯本。[23] 這個傳記記述龍樹的事蹟，有很多異乎常人之處。這可總括為以下幾點：

　　a. 具有隱身術。

　　b. 曾在海底的龍宮中獲得大乘經典。

　　c. 具有威神力，能把神祇的世界呈現在人們眼前。

　　d. 能把自己變成一頭象。

在一些中文與藏文的資料中，龍樹被形容成一個煉金術士，或煉丹家，這則與道教的丹鼎派掛鈎了。

---

[23]　《大正藏》50‧184a-186c。《大正藏》即是《大正新修大藏經》。

　　就可靠的角度說,龍樹出身於尊貴的婆羅門階層。他的思想異常敏銳,智慧很高。在公元二世紀的下半期,他把佛教的「空」的思想發揮起來,並予以系統化,透過屈曲而又頑強的論證,建立他的空之哲學。他最初是在南印度活動的,這種空之哲學最初也在南印度流行,其後逐漸擴展,以迄於西北印度,影響越來越大。這種哲學自然主要表現於他的最重要的著作《中論》(*Madhyamakakārikā*)中。從這部名著中,我們可以看到,龍樹是深受兩種宗教思想主流影響的,其一是阿毗達磨(Abhidharma)學派對於存在的清理與分析,另一則是般若波羅蜜多(Prajñāpāramitā)思想在實踐方面的終極關心。後一種影響尤為重要。按在龍樹活躍時期推溯三百年,其間佛教內部出現一種龐大的文獻,這便是西方學者所謂的「般若波羅蜜多文獻」(Prajñāpāramitā literature)。它強調一種完全無缺的空之智慧,以這種智慧,來照見事物的無實體、無自性(svabhāva)的空的性格或本質,由之而得覺悟。龍樹即繼承這種空之思想,建立他的空或中道哲學,所謂「中觀學」(Mādhyamika)。這種空之思想,其基調可以說是一種神秘主義,它有以下三個特質:

　　a. 亟亟鼓吹對於空的瞑想實踐。

　　b. 不信任語言與概念,以為這些東西對真理並不相應。

　　c. 要透過否定(遮詮)和辯證方式來接近真理。

　　有一點很重要的是,釋迦牟尼在創立佛教時期,並沒有很多敵論。他要傳揚甚麼,便傳甚麼。龍樹和其他中觀論師則不同。他們面臨很多敵對的說法,要建立佛教特別是中觀學的教理,便要正視這些敵對的說法,而一一予以批判駁斥。這些說法在當時都很堅強有力,較重要的有以下諸種:婆羅門(Brāhmaṇa)體

系、數論（Sāṃkhya）、正理勝論派（Nyāya-Vaiśeṣika）。這是
佛教外部的。佛教內部的敵論則有說一切有部（Sarvāstivāda）
和經量部（Sautrāntika）。在這些論爭和駁斥中，他們把作為佛
教的基本義理的緣起（pratītya-samutpāda）說發展和推進至一個
高峰。以下我們看中觀學者如何辯斥這些說法。

三

　　婆羅門的體系源自《奧義書》（*Upaniṣad*）的思想，它也包
括數論和正理勝論派。中觀學者對這個體系的批判的焦點，集中
在它對靈魂（ātma）的說法方面。這靈魂是被置定於構成眾生的
生命存在的五蘊（skandha）或色、受、想、行、識之外的。中
觀學者以為，婆羅門中人一方面告訴我們有關這個在五蘊這些基
本要素之上的靈魂的事，但另一方面卻承認它的不可知性，以為
它不能直接地被知曉。即是說，有關靈魂的敘述，並不依於我們
對它的直接的知識。這是矛盾的。

　　這個批判的意思是，婆羅門教說我們永不能追尋得靈魂是甚
麼樣子，但又絮絮不休地說它是存在的，且能賜給我們福祉。中
觀學者以為，這種所謂「靈魂」，只是一個假名而已，除此之
外，它甚麼也不是。在客觀的真實方面，並沒有任何東西與「靈
魂」相應。一種描述，倘若無客觀的所涉，沒有實在所指，則只
能是言說的妄構（戲論，prapañca）而已；這種妄構，像「石女
兒」（一個不孕的女人的兒子）那樣。

　　中觀學者也曾嚴厲地批評過說一切有部。這個學派以存在論
的立場，把一切法或存在大分為兩類（category）：有為的

（saṃskṛta）與無為的（asaṃskṛta）。有為的法又分四種：色
（rūpa）或物質、心（citta）或心靈、心所（caitta）或心理狀
態、心不相應（cittaviprayukta）或非心理的東西。他們繼續把這
大量的有為法與無為法還原為更為根本的要素，其標準是每一根
本的要素只能具有一種質體（svabhāva，英文作 entity）及一種
作用。結果，他們還原得七十五種根本的要素，所謂七十五法。
在這七十五種根本要素中，並無自我（ātma）的存在，於是他們
歸結得「無我」（anātma）的說法。他們雖然說無我，但對那七
十五種要素，卻因它們都具有質體或法體，而視之為實在
（Reality），它們在過去、現在和未來三世都是存在的。這便是
說一切有部的實在論（Realism）。對於這種實在論，中觀學是
堅決反對的，因為它違離佛陀的根本教義。佛陀以為，不管是主
觀的生命存在，或客觀的世界存在，都無自我或實體，沒有恆常
不變的自性或質體（svabhāva）。

　　對於經量部，中觀學者也採懷疑和批判的眼光。經量部的主
要課題，是在知識論方面承認外界對象的實在性。他們以為，我
們要成立知識，便要承認外在世界的存在。必須認可外界對象，
我們才能夠把可檢證的知覺從虛幻的認識中區別出來。他們有把
外界的對象視為真實的感性與料（sense-datum）的傾向，以為必
須把它們設定為知識的對象，才能有效地解釋那些在我們的知覺
中呈現的現象。因此，雖然經量部承認外界對象的不可知性，還
是堅持它們的存在是不可否決的。對於這種看法，中觀學者的回
應是，知覺並不必然地需要外在的實物作為它的基礎，即使是在
沒有實物的情況下，知覺仍是可出現的。例如對兩個月亮的知
覺，並不需設定有兩個實在的月亮存在。他們以為，知覺只涵蘊

一個指涉外在的某些東西的概念；而這「外在的某些東西」，並不需有實在性，或現實性。我們可具有可證驗為真實的知覺，也可同時生起幻覺。[24]

四

　　以下我們就中觀學提出一些重要的問題，跟著敘述現代學者對這些問題的回應及我們的反思。現在先寫出文中所涉及的資料的略號如下：

Dasgupta	S. Dasgupta, *Indian Idealism*. Delhi: Motilal Banarsidass, 1975.
Murti	T. R. V. Murti, *The Central Philosophy of Buddhism*. London: George Allen and Unwin Ltd., 1955.

---

[24] 經量部與中觀學在知識論方面對對象的實在性的不同看法，有點像西方知識論中經驗主義（empiricism）與觀念論（idealism）的分歧。經驗主義的洛克（J. Locke）以為外在對象可離人心而存在，並強調若外在對象不存在，則我們的感覺便會因缺乏外面的來源，而不能發生。這便引出觀念論的伯克萊（G. Berkeley）一連串的問題：客觀的外在對象是甚麼？除了我們對這些對象的色、聲、香、味、觸、形狀、大小等的概念的知識外，是否還有離知識而存在的客觀的外在對象呢？在這方面，他採懷疑的態度。他以為，我們只能知外在對象呈現於我們面前的性質，卻不能知這性質背後的外在對象自身。我們只能說我們知曉外在對象的性質，而不能說外在對象是存在的。因此，他提出「存在即被知」（To be is to be perceived）一基本命題。伯克萊的這種看法，近於中觀學；而洛克的看法，則近於經量部。

Pandeya	R. Pandeya, *Indian Studies in Philosophy.* Delhi: Motilal Banarsidass, 1977.
Raju	P. T. Raju, *Idealistic Thought of India*. London: George Allen and Unwin Ltd., 1954.
Stcherbatsky	Th. Stcherbatsky, *The Conception of Buddhist Nirvāṇa.* Leningrad: Office of the Academy of Science of the U. S. S. R., 1927.
Streng	F. J. Streng, *Emptiness*. Nashville, New York: Abingdon Press, 1967.

說到中觀學，自然離不開龍樹的最重要的著作《中論》
（*Madhyamakakārikā*）。本文所參照的，是法國學者蒲桑
（Louis de la Vallée Poussin）所校訂的梵文本子（略作
Poussin）：

Poussin	*Mūlamadhyamakakārikās de Nāgārjuna avec ḷa Prasannapadā Commentaire de Candrakīrti*, ed. Louis de la Vallée Poussin, *Bibliotheca Buddhica*, No. IV, St. Petersbourg, 1903-13.

下面我們先看第一個問題。中觀學的最根本的概念是空
（śūnyatā），這是沒有疑義的。但空的義理是否中觀學所獨
有，抑共通於佛教的其他學派呢？

這個問題，以今日的眼光來說，似乎過了時。大概很少人會
堅持空是中觀學獨有的義理。印度方面的學者，例如拉煮與德斯
笈多（S. Dasgupta），都強調空是大乘佛教所有學派的一個基本
的義理。不過，為甚麼會提出這個問題呢？我想其中一個重要的
原因是中觀學是空宗的一個主要的組成分子（其他一分子為般若

思想 Prajñāpāramitā）。人們自然會把空牽連到中觀學方面去。
實際上，不單是大乘佛教說空，即使是原始佛教與小乘都說空。
關於這個問題，我想提出以下幾點：

a. 佛陀的三法印中的諸法無我（anātma），即涵諸法沒有常
　住不變的我體（ātma）或自體之意。所謂沒有我體或自
　體，即是空。

b. 小乘的一個有力學派說一切有部提出我空法有的著名說
　法，亦在自我方面說空，說沒有常住不變的自體。不過，
　彼等卻在諸法方面肯定其有實體、實性，或自性，這則違
　離了佛陀的諸法無我的教說。

c. 般若系的文獻，例如《心經》（Hṛdaya-sūtra）便常說五
　蘊（skandha）皆空，顯示生命存在的無我的性格。

d. 唯識論者（Yogācārin）雖然強調唯識的義理，以為一切
　外境都是心識的變現，故識較境更為根本，更有實在性。
　但畢竟還是說心識亦無實性、自性。即是，境是空，識亦
　是空。

相應於空的梵語 śūnyatā，在數學上是零或無有的意思。不過，
在佛教的文獻，則絕不是無有或虛無（nothingness）的意思，卻
是指向一否定的狀態，那是對自性、自體的否定。空即是自性
空、性空，或沒有獨立不變的實體、自體之意。這個意思，基本
上都是共通於佛教的各個學派的。但為甚麼人們總以為空的義理
與中觀學有較密切的關連呢？關於這點，我想不無道理。從空思
想的發展史來說，佛陀或原始佛教雖說空，但基本上是本於一種
直覺或存在的智慧出之，即是，從對物事的無常性的體證而說
空。至般若文獻說空，即使是說色空相即，亦只是就物事與空在

外延上或所指涉的範域上相同來說空。[25]這兩種空的說法，哲學
性與理論性都不是很強的。至龍樹說空，則提升至哲學性與邏輯
性的層面，很富論辯（論證與思辯）的色彩。例如，他的空之論
證，是透過遮相（相即是緣起法）說性、破性顯空、相空相即這
三句所表示的思路來建立的。[26]龍樹實有意連著緣起來建立一套
空之哲學或空之邏輯。[27]這是他在論空方面超越前此的原始佛教
與般若思想之處。至於在他以後出現的唯識思想與如來藏思想，
則雖都承空的立場，但其重點已分別移至心識與不空的如來藏
（tathāgatagarbha）方面去了。故空與龍樹，還是有較密切或特
殊的關係。

五

　　第二個問題如下。有些學者以為中觀學的空等於西方哲學
的絕對（Absolute），因而把空的義理看作一種絕對主義
（Absolutism）。這種理解在哲學上是否正確呢？

　　按把中觀學的空的義理視為絕對主義最力的，莫如茨爾巴斯
基和穆諦。茨爾巴斯基以為，中觀學者強調絕對者（the
Absolute）與現象的等同，涅槃與生死的等同，俾能符順那種一

25　關於色空相即的涵義，參看拙著《佛教的概念與方法》，臺北：臺灣商
　　務印書館，1988，頁 33-34。
26　參看同上書，頁 65-66。筆者在《中道佛性詮釋學：天台與中觀》中，
　　對這點有較詳盡的闡釋。
27　日本學者梶山雄一寫《空の論理》（東京：角川書店，1969）一書，主
　　要闡述龍樹的空觀，也表示這個意思。

元論的宇宙的看法。[28]穆諦也說：

> 我們沒有理由把中觀學當作特別具有虛無色彩而列舉出
> 來。它其實是絕對主義的一種非常一致的形式。[29]

他又說：

> 我們應把中觀學的絕對（空）視為對於理性的辯證機制的
> 覺醒，對於「存在」（bhāva）和「不存在」的覺醒；它
> 正是這種批判的意識〔的表現〕。[30]

對於這個問題的回應，德斯笈多與彭迪耶則持審慎的與保留的態
度。前者的說法是：

> 中觀學的觀點，並不包含一個究極的前提。它不是觀念論
> 或絕對主義，而是純然的現象主義。這種現象主義只承認
> 當前的現象世界，而不容許在它背後有任何形式的本質、
> 基礎或實在。[31]

彭迪耶雖是穆諦的學生，但在這個問題上，並不同意穆諦的看
法。他說：

28　*Stcherbatsky*, p. 48.

29　*Murti*, p. 234.

30　Ibid., p. 326.

31　*Dasgupta*, p. 79.

概念是相對性的，因而不能〔使人〕達到絕對的真理的極峰。即使是有較高的真理，它也只能透過相對的概念來達致，故是相對性的。因此我們不能同意那種把絕對歸諸中觀學的見解。[32]

他也認為即使是涅槃（Nirvāṇa），也不應譯為「絕對」。[33]他強調中觀學派不是一個形而上學的體系，因此，那些描述形而上學的特性的詞彙，例如絕對主義、實在論、觀念論、經驗主義，都不能應用到中觀學上。[34]

關於這個問題，我想我們首先要弄清楚的是所謂「絕對主義」的涵義是甚麼。倘若它是表示一種超越乎種種相對性之上的絕對不二的境界的話，則中觀學的空，無疑是有這個意思的。筆者在拙著《中道佛性詮釋學：天台與中觀》中，曾闡明龍樹的空的涵義是對自性及種種邪見的否定。這種種邪見，自然包括以相對的概念為實在的那種見解。空是要超越或克服這種相對性。例如，《中論》說：

śūnyatā sarvadṛṣṭīnāṃ proktā niḥsaraṇaṃ jinaiḥ.[35]

其意思是，那些有智慧的人曾說空即是揚棄所有的謬見（dṛṣṭi）。鳩摩羅什（Kumārajīva）的翻譯是：

32　*Pandeya*, p. 75.

33　Idem.

34　Ibid., p. 87.

35　*Poussin*, p. 247.

大聖說空法，為離諸見故。[36]

意思也很相近。但這些謬見指甚麼呢？《中論》未有明確地說出來。但它們顯然與概念化、分別、分化等的認識或認知層面有密切關連。《中論》謂：

aparapratyayaṃ śāntaṃ prapañcairaprapañcitam,
nirvikalpamanānārthametattattvasya lakṣaṇam.[37]

其意思是：

非條件性地關連到任何質體，寂靜的，不為概念遊戲所概念化，無分別和無分化的。這些都是真理的特質。

鳩摩羅什的翻譯是：

自知不隨他，寂滅無戲論，無異無分別，是則名實相。[38]

《中論》的意思是，真理（tattva）是遠離概念（戲論，prapañca）、分別和分化的。這真理自是指空而言。這些概念、分別與分化活動，都基於相對性；或者說，它們是透過相對性的兩端的概念而成立，例如一多、生滅、常斷，等等。事實上，龍樹即強烈地否

---

[36]　《大正藏》30‧18c。

[37]　*Poussin*, p. 372.

[38]　《大正藏》30‧24a。

定這些相對性的兩端的概念能與於真理（第一義諦的真理，
paramārtha）。《中論》開首即說：

anirodhamanutpādamanucchedamaśāśvataṃ,
anekārthamanānārthamanāgamamanirgamam.[39]

這便是「八不」偈，或「八不」中道。它同時否定生滅、斷常、
同異、來去八個相對的範疇（category）以表示中道或空的理境
的非相對性。鳩摩羅什的翻譯也很貼切：

不生亦不滅，不常亦不斷，不一亦不異，不來亦不出
（去）。[40]

對相對性的否定，即顯示絕對的（absolute）涵義。即是說，作
為真理（第一義諦的真理或最高真理）的空，是絕對的，它超越
乎種種相對相狀，非相對性的概念或言說所能湊泊。因此，在這
種脈絡下，我們可以把空說成是絕對的。

　　不過，倘若把這絕對義牽扯到形而上的實體（Metaphysical
Substance）方面去，以為空是一實體，是一絕對者（Absolute），
是作為流變的現象世界的基礎的不變常住的存有（Being），則
是犯了中觀學以至佛教的大忌。佛教特別是中觀學是嚴厲地拒斥
這種實體、絕對者或存有的假設的，以為它只是我人的妄識的虛

39　*Poussin*, p. 11.
40　《大正藏》30・1b。

構，是無實在性的。這種心識的妄構，佛教稱為性，或自性
（svabhāva），要人堅決排棄它，否則便與覺悟無緣。因為這種
妄構正與緣起（partītyasamutpāda）正理相違背。緣起的說法是
不能容許自性的假設的。緣起的東西固無自性，即空作為一真
理，顯示物事的無自性的根本性格，亦不能作自性看，否則執著
會更深。關於這點，《中論》曾說：

yeṣāṃ tu śūnyatādṛṣṭistānasādhyān bahhāṣire.[41]

其意即是，有說那些執取於空的概念是難以教化的。此中的
śūnyatādṛṣṭi，所謂空見，即指把空視為一實在物或實體的見解。
中觀學者以為，這種空見是要徹底破斥的。鳩摩羅什的翻譯，也
表示相似的意思：

　　若復見有空，諸佛所不化。[42]

故空不能實物化或實體化。在這方面，現代中觀學者陸格說得很
好，他指出空見是表示那種思辯的見解，把空加以實體化
（hypostatize）。[43]空不能被視為實體，其意甚為明顯。
　　我們若把空的絕對的問題，作了以上的清理，便可以很容易
解答在這一節中所提出的問題。空超越一切相對概念，及由這些

[41]　*Poussin*, p. 247.

[42]　《大正藏》30・18c。

[43]　D. Seyfort Ruegg, *The Literature of the Madhyamaka School of Philosophy in India*. Wiesbaden: Harrassowitz, 1981, p. 2.

相對概念所表徵的相對領域或相對性；它是絕對的真理，因而有絕對的涵義。但這絕對，只能說是一種超越相對性的狀態，並不指涉任何形而上的絕對者或實體。在這點的討論上，德斯笈多與彭迪耶是對的。特別是前者提到「不容許它（指中觀學，其實是空）背後有任何形式的本質、基礎或實在」，更能揭示出空的根本性格。茨爾巴斯基與穆諦把中觀學的空說為是一種絕對主義，實有把空視為具有絕對義的實體之嫌。特別是穆諦的看法，很可能是受了黑格爾論絕對精神的影響，把空扯到絕對精神方面去。這是很容易引起誤解的。絕對精神（Absolute Spirit）在中觀學者以至佛教徒看來，仍是一種實體，一種經過精神的包裝的自性形式，是要否定的。

六

跟著我們討論第三個問題。中觀學喜用否定式與弔詭以達致較高的真理層面。我們能否因此說中觀體系是辯證的呢，或它所運用的方法是辯證法呢？

對於這個問題，不少現代的中觀學者的反應是肯定的。在拉煮的書中，多處顯示中觀學是辯證的；他並認為龍樹是一個辯證法專家，可比美巴洛德萊（Bradley）。穆諦則更全面認許中觀學的辯證性格。在他的書中，有兩專章分別貫以「中觀辯證法的結構」（The Structure of the Mādhyamika Dialectic）和「中觀學和一些西方的辯證體系」（The Mādhyamika and Some Western Dialectical Systems）之名。在後一章中，他把中觀學與康德、黑格爾和巴洛德萊相提並論。他明顯地提出中觀辯證法（Mādhyamika

Dialectical）這一稱呼，並將之牽連到對那絕對者的直覺、涅槃和完全的存有（Perfect Being）方面去。他說：

> 作為思想上的否定式，中觀辯證法是對那絕對者的直覺；作為消除情緒〔的方法〕，它是自由（涅槃）；就與那完全的存有相結合來說，它是一個整全。[44]

史提連格也與穆諦取同一論調。在他的書中，他別立一章稱為「龍樹的辯證結構」（Nāgārjuna's Dialectical Structure）。他並且特別以「否定的辯證法」（negative dialectic）來說龍樹的思考方式。他說：

> 在龍樹的否定的辯證法中，理性的威力是實現究極的真理的有效的力量。[45]

他又說：

> 否定的辯證法和把究極的真實營構為「空」，是那同一的宗教路向的結構的兩個面相。[46]

但彭迪耶卻唱反調，站在穆諦的對立面來看這個問題。他強調辯證法是要證立前提的，而中觀學則否。他說：

---

[44] *Murti*, p. 143.
[45] *Streng*, p. 149.
[46] Ibid., p. 150.

　　　　黑格爾意義的辯證法是一種綜合的思想歷程。每一個辯證
　　　　法論者都要證立一個前提，例如理念（柏拉圖式的）、絕
　　　　對者（黑格爾式的或巴洛德萊式的）。因此，a.辯證法是
　　　　一個綜合的歷程；另外，b.它的目標是要證立一個前提。
　　　　中觀學者分析一個概念，以決定它是否包含一些真實的要
　　　　素，最後總結地了解到它並沒有〔真實的要素〕。因此，
　　　　它並沒有向上追尋，以達致一些綜合的聯合體或那無限
　　　　者，卻向下達到那個根本的東西：空。[47]

　　對於中觀學的方法是否辯證法這個大問題，我想我們首先要
弄清楚兩點：一、所謂「中觀學方法」（Mādhyamika method）
究竟何所指？二、所謂「辯證法」是從哪一個意義言？說到中觀
學的方法，學者都會想到它的四句（catuṣkoṭi），而這四句亦有
一定的代表性，故我們這裏便拿它來討論。關於這四句，學者論
述已多，看法亦不盡相同。這裏我只就自己的看法來說。首先我
想先寫出《中論》中顯示這個方法的典型的偈頌：

sarvaṃ tathyaṃ na vā tathyaṃ tathyaṃ cātathyameva ca,
naivātathyaṃ naiva tathyametadbuddhānuśāsanam.[48]

其意思是：

---

[47] *Pandeya*, p. 84.

[48] *Poussin*, p. 369.

一切都是真實，不真實，亦真實亦不真實，非真實亦非不
真實。這是佛的教法。

鳩摩羅什的翻譯是：

一切實非實，亦實亦非實，非實非非實，是名諸佛法。[49]

這首偈頌包含四個命題，或句子：

1. 一切都是真實
2. 一切都不是真實
3. 一切都是真實亦不真實
4. 一切都不是真實亦不是不真實

這便是所謂四句。這四句很易以符號式分別表示如下：

1. p
2. ~p
3. p・~p
4. ~p・~~p

關於這四句的邏輯分析，筆者在拙著《中道佛性詮釋學：天台與
中觀》中有詳盡的闡釋。我們這裏不想重覆，只想強調一點。第
一句 p 與第二句 ~p 在邏輯上是矛盾的；第三句 p・~p 是第一句
與第二句的結合，故也是矛盾；第四句 ~p・~~p 可轉成第三句
p・~p，故也是矛盾。但據梵文偈，四句的提出，是要顯示佛的
教法（buddha-anuśāsana）的，亦即是顯示真理。四句自身充滿

---

[49]　《大正藏》30・24a。

矛盾，如何能透顯真理呢？另外一點是，第一句與第二句矛盾；
第三句是前二句的結合，第四句又是第三句的變形，顯然第三、
四兩句都成了多餘。但原偈明明說四句，即第三、四兩句應有其
涵義，不能視為多餘，這又應如何解釋呢？很明顯，這兩個疑問
顯示出四句是不能以邏輯的方式來處理的。

　　作為中觀學的方法的四句，究竟何所指呢？它有甚麼涵義
呢？我在《中道佛性詮釋學：天台與中觀》書中，提出四句有兩
方面的涵義，其一是教育的（educational），另一是分類的
（classifying），討論很詳細，兩方面都有把真理從一個較低的
層面提升至較高的層面的用意。關於這點，這裏不擬重贅。

　　至於辯證法是哪一個意義的問題呢？提起辯證法，人們很自
然地會想到黑格爾式的（Hegelian）那一套正、反、合（thesis,
antithesis, synthesis）的方式。不過，辯證法並不是黑格爾的專利
品，柏拉圖、巴洛德萊也有他們的辯證法。在東方的哲學方面，
《老子》、《易經》都有濃厚的辯證成分，前者強調「反」的觀
念，辯證意味很濃，黑格爾本人也曾稱許過。中國佛學的天台、
華嚴與禪，都有辯證旨趣。宗門人士提出覺悟要以大疑團為基
礎，必須「大死一番」，才能「絕後再甦」。這實在是很「辯
證」的。我的意思是，當我們說辯證法，並不必須指涉黑格爾式
的辯證法。我們可以對辯證法作較寬泛的理解。一種思想方法，
透過否定的方式，使人臻於較高或較深的真理層面，並不必是一
個綜合（只是綜合）的歷程，也不必要以證立一個前提為目標，
如上面彭迪耶所提出者，這便是辯證法。如果我們這樣理解辯證
法，則我們不單可說中觀學方法有辯證的成素，而且亦有超越辯
證法之處。就上面所舉的偈頌所顯示的四句的情況來說，第一句

「一切都是真實」可理解為從常識層面肯定世間法的真實性,這相當於辯證法的正命題(thesis)。第二句「一切都不是真實」可理解為從真理或空的立場來否定世間法的真實性或自性,這相當於辯證法的反命題(antithesis)。第三句「一切都是真實亦不真實」可理解為對常識層面與真理層面的同時肯定,不忽略任何一方,這相當於辯證法的合命題(synthesis)。但不忽略常識層面與真理層面,並不保證能防止對這兩層面的任何一方的執取,為了防止這種執取的出現,因而有第四句「一切都不是真實亦不是不真實」。這是超越常識層面與真理層面,從另一義看,它自顯一較高的超越的「真理層面」。這則是辯證法所沒有的。倘若我們對四句可以作這樣的理解的話,則我們可以說,中觀學的方法不止含有辯證成分,而且超過了辯證法。我們也可以進一步說,較高的真理層面,是要通過否定的和超越的方式來表示和達致的。不過,關於這點,並不只是中觀學特有的看法,整個佛教傳統,特別是般若思想,都持這種看法。

七

以下我們看第四個問題,這亦是本文要討論的最後一個問題。在本文第四節我們提到空在佛教來說不是無或虛無的意思,而有自性否定之意。這是我們到目前這個程度的認定,這種看法在《般若經》中也有文獻上的根據。[50]不過,在較早時期,學者對空的涵義,並不如今日般有明確的理解。特別是它那種否定的

---

[50] 參看拙著《佛教的概念與方法》,頁 25-27。

意味，很易使人產生一種一無所有、空無或虛無主義的印象。到
底空是否虛無的意思，空的義理是否一種虛無主義（nihilism）
呢？

　　黑格爾與一些歐洲方面的哲學家以空等同於無，或虛無。一
些印度方面的學者，也持相似的看法。例如，德斯笈多便說：

> 龍樹是一個空洞的現象主義者。他自信地說世界只是一些
> 正在變化著的現象的呈現，此外便一無所有。這些現象在
> 每一瞬間都在生起和滅去。[51]

這種看法表面看似乎不錯，在中觀學者特別是龍樹眼中，現象或
事物恆時在生、滅的狀態中。不過，說龍樹是一個空洞的現象主
義者（blank phenomenalist），顯然忽視了龍樹對空的真理的追
求的熱誠，也透露出對空的虛無主義的看法。不過，持這種論調
的人畢竟不多。另一印度學者拉煮便持不同看法。他說：

> 空不是虛無。龍樹不是一個提倡絕對的斷滅論的人。「中
> 觀學者」這個語詞，意指一個行於中道的人。空的所指，
> 除了流變事物的無真實性外，還應有另外的涵義。
> 中觀學者從來不說真實是沒有的。他宣說他沒有自家的正
> 面的主張，那是因為他認為真實是不可詮表的，和超越決
> 定相的。倘若他要提出一個正面的主張，他便要提出一些

---

[51]　*Dasgupta*, p. 79.

　　決定相，這樣，他便會自相矛盾。[52]

拉煮的意思明顯得很，龍樹不是一個斷滅論者，而他的主要概念空也不是虛無，而「應有另外的涵義」。另外一個印度的中觀學者穆諦也否認空是虛無的說法，他說：

　　我們沒有理由把中觀學當作特別具有虛無色彩而列舉出來。它其實是絕對主義的一種非常一致的形式。[53]

不視中觀學為虛無主義，那自然是由於不以中觀學的空為虛無之意。

　　對於中觀學的空是否虛無的問題，我們的回應是，這種問題的提出，在早期是很自然的事。《中論》的空的涵義，如上面第五節所述，是對自性和種種邪見的否定，其否定的意味是很濃的。這是佛教特別是中觀學的一種獨特的義理，在其他思想中不易見到。這個義理傳到西方，西方學者在他們的思想體系中，找不到一個概念可以與之完全相應；由於它的濃厚的否定意味，因而權宜地以虛無（nothing, Nichts）來詮釋，這是可理解的。這種做法，在中國亦古已有之。當印度佛教傳來中國，當時人對它的「空」的思想感到迷惑難解，便以道家的「無」來詮釋，這便是所謂「格義」。當然，格義並不常是正確的。以道家的無來解空，便是一種嚴重的錯誤。無是一形而上的實體、原理，在佛教

---

[52]　*Raju*, p. 256.

[53]　*Murti*, p. 234. Cf. note 29.

看來，是一種自性形態，如何能比配到無自性的空上呢？故其問
題是明顯的。西方學者以虛無來解空，其誤導雖不如中國人以無
來解空般嚴重，但仍是不正確的。如上面第五節所示，龍樹的空
有對自性及邪見的否定的涵義，它有要否定的對象，顯示一種真
理的狀態。不過，這種狀態有絕對的性格（absolute character），
不能以相對性的言說來詮表，故我們不能以正面的命題來說它；
倘若這樣做，則它的絕對的性格勢必受到限制，而失去其原來的
面目。不過，空不等同於虛無，不是甚麼也沒有的意思，也是很
明顯的。

　　進一步說，佛教特別是龍樹的空觀，除了是以否定的方式
表示真理的狀態這一主要涵義外，也有積極的一面。即是，它
表示邪見的否定，這不單是一種狀態，同時可有實踐的意義
（practical implication），甚至有實用的意義（pragmatic
implication）。上面說的「揚棄所有的謬見」，或「離諸見」，
便涵有積極的實用的意義。離諸見（邪見、謬見）最後是可導致
覺悟得解脫的。另外，空是緣起的現象世界得以成立的義理基
礎；若沒有這個義理，緣起的現象世界便不能成立。這個意思，
《中論》表示得很清楚：

> sarvaṃ ca yujyate tasya śūnyatā yasya yujyate,
> sarvaṃ na yujyate tasya śūnyaṃ yasya na yujyate.[54]

其意思是：

---

54 *Poussin*, p.500.

　　若與空相應，則一切是可能的；若不與空相應，則一切都
　　不可能。

鳩摩羅什的翻譯是：

　　以有空義故，一切法得成；若無空義者，一切則不成。[55]

梵文偈的意思是，一切法，需與空相應，即以空為義理上的依
據，才能成就其緣起的性格。因空是無自性之意，諸法惟其是無
自性，故才能說緣起；有自性便不能說緣起了，即是，倘若不
空，不與空相應，緣起的性格便不可能了。故空是緣起世界得以
成立的義理基礎，就這點來說，它具有積極義，是很明顯的。
　　日本學者對空有較恰當的理解。他們多數不視空為純然是虛
無的、消極的。特別是京都學派（Kyoto School）的學者，如西
谷啟治、阿部正雄，更強烈反對把空詮釋為虛無或虛無主義。他
們一方面視空有它的否定的、虛無的涵義，但另一方面卻視之具
有充實飽滿的內涵，視之為妙有（wondrous being），能顯現絕
對主體性（absolute subjectivity）。[56]關於這點，這裏不多所發揮
了。

55　《大正藏》30・33a。
56　參看西谷啟治：《宗教とは何か》，宗教論集 I，東京創文社，1973。
　　Masao Abe, *Zen and Western Thought*. Hong Kong: The Macmillan Press
　　Ltd., 1985.

佛教與邏輯

　　佛教與邏輯（logic），表面看來，似乎不易拉上關係。理由是，邏輯是思想方法，強調理性的運用，有很濃厚的抽象意味。佛教則是一種宗教，它的目標是解脫，故強調實踐的與救贖的（practical and soteriological）行為，與具體的現實人生是分不開的。不過，佛教其實不單是一種宗教，它也是一種哲學，而且是深奧的哲學，其理論很有嚴格性。它既是具有嚴格理論的哲學，自然有其方法，這即是哲學方法；較寬泛地說，則是思想方法，因而也有它自己的邏輯。在這方面，它與一般的亦即是西方的邏輯，有相通的地方，也有不同的地方，而表現其特色。故邏輯與佛教的比較，是一個很有趣的課題。本文即在這個脈絡下，處理這個課題。我的做法是，把邏輯分成若干項目來討論；先介紹西方方面的說法，然後就佛教方面的有關說法作回應。這些項目，基本上都是很普通的，通常的邏輯書都有討論到，並不涉及專門性或專技性的問題。本文的主要用意，並不是要在邏輯上提供新的知識（new understanding），而是看看在邏輯的某些基本問題上，佛教的相應的說法是甚麼，它能作出甚麼樣的回應。這是一種很新鮮的做法。談邏輯問題的書很多，但把它關連到佛教方

面，而作一比較的探討，卻是很少。[1]故我所能參考的現成資料，並不充裕，很多方面都要靠自己來探索。探索的結果，我的總的印象是，邏輯對佛教來說，並無衝突；反之，邏輯作為一種思想方法，對佛教或佛學在概念上的廓清與理論上的建立，都有很大的幫助。

---

[1] 有關邏輯或思想方法的問題，可參看以下諸書：

金岳霖：《邏輯》，香港：三聯書店，1978。

牟宗三編著：《理則學》，臺北：正中書局，1965。

P. T. Geach, *Reason and Argument*. Oxford: Basil Blackwell, 1979.

J. Hospers, *An Introduction to Philosophical Analysis*. London: Routledge & Kegan Paul, 1967.

_____, *Readings in Introductory Philosophical Analysis*. London: Routledge & Kegan Paul, 1969.

H. Kahane, *Logic and Philosophy*. Belmont, California: Wadsworth Publishing Company, Inc., 1969.

B. Russell, *An Inquiry into Meaning and Truth*. London: Unwin Paperbacks, 1980.

W. V. Quine, *Elementary Logic*. New York: Harper Torchbook, 1965.

筆者不是邏輯學者，本文有關邏輯方面的討論，很多都參考上列金岳霖與牟宗三的著書。這些討論都是很一般性的，一般的邏輯入門書，在這方面都是大同小異。我國的邏輯著述，在相當程度都是參考西方的。我國恐怕還未有能成一家言的邏輯家。大陸方面很有一些嚴謹的邏輯學者，如金岳霖、沈有鼎、胡世華、莫紹揆、王憲鈞等。不過，在這些學者中，除金岳霖外，著作並不多，即有亦不易見得。金岳霖的《邏輯》與牟宗三的《理則學》，作為教科書看，都是不錯。金書長於對邏輯問題作技術性的處理。牟書則偏重邏輯哲學方面；其討論傳統邏輯部分，頗為精警，符號邏輯部分則不出路易士（C. I. Lewis）的系統。這系統見於他與冷伏德（C. H. Langford）合著的《符號邏輯》（*Symbolic Logic*. Dover Publications, Inc., 1959）一鉅著中。另外，我們也參考過羅素（B. Russell）的《意義與真理之探索》（*An Inquiry into Meaning and Truth*）一書。

這種討論，有一定的困難。通常寫佛教史，或佛教概論，都是就佛教義理自身的發展脈絡，展開討論，不必牽涉很多佛教外的問題。但佛教與邏輯便不同。它不單純是佛教，更不單純是邏輯，而是就邏輯問題看佛教的相應說法。此中，「相應」是很重要的，也最為一般人所忽略。必須要把這個問題解決了，佛教的比較意義才能說，才能把佛教放入一世界的或普遍的哲學與宗教中，衡定其位置。但對這「相應」問題的處理，卻是不容易。特別是某些佛教並不很關心的問題，例如周延與歸納法。對於這類問題，一般的邏輯是這樣說了，佛教又是怎樣說呢？很多時是不清楚的。我的討論只是初步的嘗試，若能藉此而開出一種新的討論風氣，那真是慶幸的事。

討論以義理為主，而輔以文獻學的檢證。正文基本上用來說義理，而有關的參考文獻，則在附註中交代。至於有關的原典文獻，我比較著重梵文原典。梵文原典與漢譯比較起來，其優劣問題，識者自知，這裏不贅了。

由於篇幅的關係，我在這裏只討論概念及其相關的問題。對於其他問題的討論，要留待以後的機會了。

一、論概念

概念（concept）常與命題（proposition）關連著來說，是邏輯中的兩個基要部分。前者又常在後者中出現，成為後者的重要部分。概念是一個詞項（term），表示一個客觀的意義，對外物有所表示，表示外物的「是甚麼？」我們若對外物有概念，即表示對外物有確定的認識。或者說，認識一個客觀的意義。例如，

我們說：這顏色是「綠的」，這圖形是「圓的」，動植物是「會死的」。這「綠」、「圓」、「會死」，都是概念，都代表一客觀的意義，它們分別表示綠性、圓性、會死性（mortality），這些都是客觀的義理。

概念與觀念（idea）不同。前者是邏輯的（logical），有客觀不變性。後者則是心理學的（psychological），表示主體對於外物的反應或聯想，由之可引起某些行動。如見皮球，引起「可以玩」的觀念，而真的去玩皮球。故觀念有動態意味。概念則是靜態的，它表示對外物的某種確定的認識，例如綠、圓，或外物的關係，例如前、後、左、右。

概念可大分為兩種，這即是虛概念與實概念。現在解說如下：

虛概念：這即是形式字（formal word），或邏輯字（logical word）。它不指涉實在的對象，但決定一語句（命題）的邏輯形式（logical form）。如肯定（is）、否定（is not）、或者（or）、而且（and）、如果～則（if～then）、任何（any）、每一（every）、有些（some）、一切（all），等等。[2]

實概念：指涉實在的對象和這些對象的性質與關係，所謂 "object-word"。如綠、圓、椅子、可變性。[3]

關於實概念，就其分際方面，亦可作不同的區分。就其形態

---

[2]　上註所列羅素《意義與真理之探索》一書中，有一章專論述邏輯字的問題，可參考。

[3]　上註羅素書中也有專章討論實概念或 object-word 的問題。

（modality）或程式來說，可分三種：

量概念：如大小、多少、數量。

質概念：如綠、硬、堅、粗、可變性。

關係概念：如上下、左右、因果、主動被動、夫妻、父子。這些
　　　　　也是相對概念，有對比、對照的意味。

就其範圍（realm）來說，可分二種：

個體概念：如孔夫子、黃山、這個 walkman、這隻老鼠。

類概念：如汽車、書、樹、花。

就其對我們的認識而言，可分二種：

具體概念：指涉具體事物，如河流、星星、桌子。

抽象概念：只表示某些義理或性質，如人性、動物性、可燃性、
　　　　　仁慈、殘酷、道德。

　　對於概念的問題，我們可以就佛教作多方面的回應。首先，
現代學者常說佛教特別是唯識學派（Vijñāna-vādin）的名相繁
多。此中的「名相」，便很有概念的意思，不過，它超過概念的
所涵，而可以及於觀念。但這是現代人用來說及佛教的字眼，不
大見於佛教自身的典籍中。在佛教典籍中，最相應於「概念」
的，莫如「假名」（prajñapti）。假名是在緣起（pratītya-
samutpāda）的義理下提出的。在佛教看來，世間一切事物，都
是由某些因素（緣）組合而成就的，因此沒有事物的自己、在其
自己，所謂「自性」（svabhāva）。自性是不破滅的，是自存
的，不由他物所形成。一切事物都是被造的（saṃskṛta），不能

自己存在，因而是會破滅的；它們都沒有自性。假名指事物沒有自性而是由種種因素組合而成的狀態。例如，一輛汽車，並沒有汽車自己，或汽車自性，它只是由不同的零件，例如車輪、車蓋、車門、輪胎、馬達（發動機）、車身等等分開的東西組合而成。這些東西在分散的狀態，不稱為「汽車」，只在它們依一定的模式組合起來，才稱為「汽車」。「汽車」這個假名，實是指這種組合，而不是指汽車自己，或自性。汽車是沒有它的自己的。至於組成汽車的零件，如車輪，也是假名，不能有自己。它也是由不同的東西，如膠殼、車軸、車輻等更細小的東西組成。「車輪」這個假名便是指這些東西的組合。

由這個意思，可以推導出假名的實用的意涵（pragmatic implication）。即是說，世間一切事物都由緣（cause）或因素（factor）組成，因而它們都沒有自性，都是空（śūnya）。在這一點上，它們都是相同的，沒有區別。但我們是生活在一個現實的世界中，每天都和不同的事物發生關聯，運用它們，因而必須要認識事物，把它們相互區別開來。這便要運用名稱，如「桌子」、「茶杯」、「衣服」、「手袋」、「房屋」，等等。這些都是假名。如果沒有假名，便不能區別事物，也難以運用它們，世間便呈一片混亂的狀態。故假名實是生活的所需的名稱，它使我們在世間生活得更好、更有秩序。[4]

---

[4]　上面所說的假名的意思，很多佛教的文獻，特別是中觀學（Mādhyamika）的，都有闡述。《大智度論》（*Mahāprajñāpāramitā-śāstra*）便說得很多。月稱（Candrakīrti）的《中論釋》（*Madhyamaka-vṛtti*，或作《淨明句》*Prasannapadā*）也提到車輛的例子，以種種零件的組合來說「車輛」一假名。在現代學者中，對假名有清晰而適切敘述

　　要注意的是，在佛教脈絡下的這種假名，與概念並不完全相
同。首先，它的意義範圍比概念大。一切名稱，只要是意識為了
區別事物而擬設出來的，都是假名，不必如概念般表示一客觀的
義理。上面所說的觀念，亦可是假名。另外，假名與客觀的義
理，亦不必如概念般具有緊密的連繫。一個假名，例如「汽
車」，當然有所指涉，這即是作為一個物體的汽車。不過，在這
個脈絡中，所著重的，不在汽車這種存在物，也不在汽車的客觀
意義，如那種如是的相貌與結構。這些是存在論與認識論
（existential and epistemological）的問題。佛教徒的興趣與所關
心的，與其說在存在論與認識論方面，毋寧說在實用的與實踐的
（pragmatic and practical）方面。故對於「汽車」這一假名，佛
教所著重的，是功用方面。即是，「汽車」是指涉那能載人由一
處到他處的交通工具。著重點是載人的功用。倘若不能載人，則
甚麼相貌與結構，都是不重要的。故對假名來說，實際的效用比
客觀的義理更為重要。我們不能離開功用的、實用的觀點來看假
名。這是假名與概念很不同的地方。
　　佛教對假名的功用性的強調，更可見於它把假名牽連到救
贖的（soteriological）目標一點上。中觀學派的大宗師龍樹

的，有史培隆格（M. Sprung）與默迪羅（B. K. Matilal）。Cf. Mervyn
Sprung, *Lucid Exposition of the Middle Way*, London and Henley: Routledge
and Kegan Paul, 1979, pp. 1-27; Mervyn Sprung, "Non-Cognitive Language
in Mādhyamika Buddhism," in *Buddhist Thought and Asian Civilization*, ed.
L. Kamamura and K. Scott, Berkeley: Dharma Publishing, 1977; B. K. Matilal,
"Negation and the Mādhyamika Dialectic", in the author's *Epistemology,
Logic and Grammar in Indian Philosophical Analysis*. The Hague: Mouton,
1971.

（Nāgārjuna）在其主要論著《中論》（*Madhyamakakārikā*）中，聲稱空（śūnyatā）亦是假名；他的信徒青目（Piṅgala）解釋，說空亦是假名，目的是要防止人對空起執著，要人把對空的執著空掉，捨棄掉，所謂「空亦復空」。[5]空是佛教的最重要的觀念，它的涵義是對自性的否定。[6]否定了自性，便不會對一切事物起執，執著它們有其自性。不起執著，便能不生起種種顛倒的見解，因而不生煩惱。這樣便可順理成章地說解脫（mokṣa）。但空是否有自性呢？人們是否會以為空有自性，而對空起執著呢？凡有執著，都是苦惱所在，對解脫造成障礙。說空是假名，提出「空亦復空」，顯然是要針對這個問題，防止人們對空起執，目標顯然在解脫、救贖方面。假名的這種涵義，是邏輯上的概念所完全沒有的。

由空亦是假名這一意思，亦可推出假名本身的暫時性、非究極性。理由是，這命題有貶抑空的意向，說它也不過是假名而已；這樣說，同時也貶抑了假名。實際上，假名的梵文表示：prajñapti，也是假借、約定、權宜的意思，這都顯示假名是暫時而非究極的性格。這也是邏輯上的概念所缺乏的意思。

以上是就假名與概念作總的對比來說。以下我們看看在佛學中有關名相的分析與在邏輯上對概念的分析的異同問題。由以上

5　龍樹的說法，見梵文《中論》：*Mūlamadhyamakakārikās de Nāgārjuna avec la Prasannapadā Commentaire de Candrakīrti*, ed. by Louis de la Vallée Poussin. *Bibliotheca Buddhica*, No. IV, St. Petersbourg, 1903-13, p. 503. 此書以下省稱 MKP。青目的解釋，見《大正藏》30・33b。

6　空是對自性的否定，這是佛教各派的通義。《中論》言空，則除了有否定自性一義外，還有否定虛妄的見解一義。

所論看到，邏輯對概念的分析是很精細的。它把概念區分為虛的
與實的；實概念又有形態的不同，又有範圍上的區分。而概念自
身又可就認識方面再作區分。基本上，佛教也有這種分析。不
過，這主要是語文上的問題。佛書主要是用梵文（Sanskrit）寫
的，這種語文的文法，極其嚴謹，因而對名相也有精細的區分。
如就虛概念而言，上面所舉的例子，在梵文中都有相應的表示
式。例如 ca 表「而且」，na 表「否定」、「不是」，vā 表「或
者」，sarva 表「每一」、「一切」，……。此中的例子很多，
不勝枚舉。實際上，梵文文法遠比中文、英文與德文嚴謹得多，
只名詞的格數便有八之多，計為：主格、對格、具格、為格、奪
格、屬格、處格、呼格。[7]英語只有三格，為主格、對格、為
格。德語算是嚴謹了，亦比英語多一個屬格而已。對於名相的分
析，梵語無疑是很細密的，因而佛學的義理也很細密。

　　值得我們特別留意的是實概念中的關係概念。既然是關係
（relation），則必有關係的雙方，故這些概念也是關係概念。
在佛教，這種概念很多，對了解佛教的基本義理來說，起著重要
的作用。這些關係概念，如上面所舉的上下、左右、因果、主動
被動等等，雖然不是虛概念或形式字，但其形式意義是很強的。

7　關於梵文文法，參看筆者編寫的《梵文入門與習題分析》，臺北：臺灣
　　學生書局，2017。最詳盡而又最優秀的梵文文法書，有：W. D.
　　Whitney, *Sanskri Grammar*. New Delhi: Motilal Banarsidass, 1973. 該書又
　　有作者的附篇：*The Roots, Verb-forms and Primary Derivatives of the
　　Sanskrit Language*. Ann Arbor, Michigan: Edwards Brothers, Inc., n.d. 就應
　　用方面言，最便捷而又易於收效的，則有岩本裕編著的《サンスクリッ
　　ト文法綱要》，東京：山喜房佛書林，1974。

即是，它們並不表示客觀的外界的實在物，而表示我們理解外物
的狀態或變化的方式或形式，因而有一定的思想性。如上下、左
右表示我們理解事物的位置情態，因果表示我們理解事物的變化
情態。世間並沒有一些事物稱為「上下」、「左右」、「因果」，
能夠離開我們的認識和思想而存在。即是說，這些概念並不客觀
地指涉外在世界（external world）；在外在世界方面，並無客觀
的實在物與這些概念相應。佛教也常說到這類概念。如《中論》
開首即提出八個名相或概念：生（utpāda）、滅（nirodha）、常
（śāśvata）、斷（uccheda）、一（ekārtha）、異（ānārtha）、來
（āgama）、去（nirgama）。[8]生是事物的生起，滅是事物的滅去；
常是事物維持不變狀態，斷是事物不能維持不變狀態；一是事物
的相同性，異是事物的不同性；來與去指事物的運動情態。這些
概念，在知識論（epistemology）上也稱為範疇（category）。它
們都是在一種相對的關係中成立，如生與滅相對，來與去相對，
因而只能表示相對的現實世間的某些情態，而與絕對的真理沒有
關連。故《中論》站在絕對的真理的立場上，將它們一一否定掉，
因而有不生（anutpāda）、不滅（anirodha）、不常（aśāśvata）、
不斷（anuccheda）、不一（anekārtha）、不異（anānārtha）、不
來（anāgama）、不去（anirgama），所謂「八不」，表示八方面
的否定。實際上，說它們表示現實世間的情態，也只能說是我們
的思想或認識機能理解外界的情態的方式而已，在外界方面並沒
有實在的東西與它們相應。例如，「生」表示某些東西在某種條
件下出現了；但並沒有稱為「生」的實在的東西。我們說桌子出

8　MKP, p. 11.

現或形成了，但不能說生這樣的東西出現或形成了。

　　對於這種關係概念，以至那些只有形式意義思想意義但在存在方面並無實際的相應物的概念或名相，佛教擬設了一種特別的稱呼來加以概括。這即是「不相應行法」（viprayukta-dharma）或「心不相應行法」（citta-viprayukta-dharma）。這即是與心不相應的東西，不伴隨心而生起的東西。「不相應」即是沒有客觀的實物與它相應，它只是我們思想所擬構的虛妄東西，那是表示事物的形式意義的配置、分位。故又稱為「分位假法」。假法即是虛假地、暫時地施設的東西，不是實在的東西之意。空間、時間、分離、結合、數目，都屬於這種東西。試取「分離」（佛教的專技名稱為「非得」）與「結合」（佛教的專技名稱為「得」）來看，其「分位假」的性格是很明顯的。多種因素的結合與分離，是現實世間經常發生的事。但甚麼是結合，甚麼是分離呢？這是很耐人思巧的問題。世間並沒有某些東西稱為「結合」、「分離」，卻有很多東西在結合、在分離。結合時，新的東西出現了、形成了；分離時，該東西便消失。可見「結合」、「分離」不能指涉實際的東西，而表示多種東西的動向；具體地說，是在時空上的安排。就在時空上的安排說，是「分位」；就不能指涉實際的東西說，是「假」。因而是「分位假」。

　　對於不相應行法，佛教阿毗達磨（Abhidharma）學派的《俱舍論》（*Abhidharmakośa-śāstra*）有很詳盡的闡述。[9]另外，唯識

<hr>

[9]　關於阿毗達磨學派的思想，參看櫻部建、上山春平所著的《存在の分析——アビダルマ》，佛教の思想2，角川書店，1974；Th. Stcherbatsky, *The Central Conception of Buddhism and the Meaning of the Word "Dharma"*, Delhi, Patna, Varanasi: Motilal Banarsidass, 1979.

學派的文獻也時常談到這個問題。

二、實概念的普遍性與特殊性

　　每一實概念都可指涉一個類。「類」（class）的最重要之
點，是具有「客觀的義理」，或所謂「性」。[10]每一個類都有類
的性。如動物這一類，有其動物的客觀的義理，這即是動物性
（animality）。這客觀的義理，即是普遍性（universality）。

　　普遍性不能從具體的實物說，亦不指具體的實物。它是「義
理」，或「理」。例如，世間有很多圓的東西，這些東西個別不
同，但都具有「圓」的性格，圓的義理，或「圓性」。這圓性便
是普遍性。普遍性又可稱為共理，指共同的理法。普遍性有三種
特性：

　　1. 它是普遍的（universal）。它不為某一具體物所限制。如
　　　　「圓的」一詞，不只可形容某一圓的東西，且可形容所有
　　　　的圓的東西。「圓性」是一普遍性。這種不為某一具體物
　　　　所限制的性格，表示對空間性的超越。

　　2. 它是永恆的（eternal）。永恆表示不變化、不消失。具體
　　　　的物件會變化、會消失，但普遍性是義理，不會變化、消
　　　　失。即使沒有了動物，但動物性作為一客觀的義理，或性
　　　　格，還是在那裏，只是沒有具體的動物來顯示它。由於不
　　　　會變化、消失，因而亦無所謂時間性。

　　3. 它是抽象的（abstract）。所謂抽象，作為一動詞看，是

10　有關類的問題，下面會有討論。「性」指一般說的性格。

從一些具體的物件中，單提或抽出其共同的特性之意。例
如從圓的東西中，抽出其「圓性」的一面。這是一種以思
想或認識來分解或分析的做法。故抽象是思想上與認識上
的事。抽象出來的共同的特徵，即是普遍性。故普遍性是
抽象的（形容詞），它是思想的對象，或者在佛教來說，
是心識的對象。

與普遍性相對比的，是特殊性（particularity）。特殊性即特殊的
東西，不與其他東西分享的東西，這即指具體的物件，或具體的
事件，包括個人、動物、用具，以至物理現象、心理現象。「天
下間沒有兩滴水是相同的」，這兩滴水，都分別是具體的現象、
物件，都是特殊性。特殊性也有三種特性，與普遍性的三種特性
相對比：

1. 它是特殊的（particular）。它只是某物件或事象自己，不
   能遍及於其它。故它有空間的限制。

2. 它是變化的（changeable）。凡是變化的東西，都在時空
   中有現實的存在性，亦會變滅。故有時間上的限制：現在
   是有，未來可能是無。

3. 它是具體的（concrete）。「具體」的東西，指具有現實
   存在的完整的個體。「抽象」的則是單提某一面，故不能
   說完整。如木頭，就此整塊木頭言，它是一完整的個別的
   特殊的木頭。但它有堅性、立體性、可燃性，這些則是抽
   象的普遍性，可單提出來。

要注意的是，這裏說的概念的普遍性與特殊性，主要是就實
概念言。即是說，這普遍性與特殊性基本上限於那些實在的對象
和它們的性質與關係。虛概念是不說普遍性與特殊性的。例如

「有些」（some）這一概念，它完全是形式意義的，不能說它的普遍性與特殊性。

佛教對於這普遍性與特殊性的問題，一般來說，可以緣起這一基本義理來概括。世間一切物件或事象都由種種因素（緣）的結合而得成就（起）。由於因素不同，其結合的方式也不同，因而所成的事象也千差萬別，各各其自己是獨一無二的東西，不與其他事象分享，這便是特殊性。不過，這些事象縱使各各不同，它們畢竟是依同一的原理而成就的，一切事象都分享這個原理，這便是緣起（pratītya-samutpāda），這也是普遍性。另外，由於一切事象都是由種種緣的組合而得成就，因而它們都不可能具有其自己，或自體，或自性，它們是空的。這空的性格或本質是一切事象的普遍的性格或本質，它也自是普遍性了。

特殊性是特殊的、變化的和具體的；一切世間的事象都是如此。故特殊性可比配世間。普遍性是普遍的、永恆的和抽象的；除了抽象的性格有商榷外，普遍性可比配出世間。小乘佛教強調出世間的寂靜境界，故對普遍性一面特別關心。大乘佛教則以在世間中實現出世間的理想為旨趣，故同時關心特殊性與普遍性這兩方面。關於視普遍性為抽象一點，大乘佛教當有異議。在大乘佛教者眼中，普遍性的東西，不光是思想上認識上的對象，而且是顯現、實現的對象。故普遍性的東西不能停駐於抽象的層面，而且也是被實現的、被呈現的。前者（小乘）與概念的、理論的旨趣相應，後者（大乘）則與實踐的旨趣相應。佛教基本上是實踐的哲學，故它很重視對於普遍性的東西的踐履、實現方面。

這普遍性的東西，在佛教來說，其焦點是真理。在梵文，在詞彙的字尾加上 -tā 或 -tva，即有表示這真理性之意。-tā 或 -tva

有使詞彙成為一抽象名詞的涵意，所謂……性。這「性」即表示性格、本質之意。如 dharmatā（dharmatva 法性）、buddhatā（buddhatva 佛性）、tathatā（tathatva 如性）、śūnyatā（空性）、vijñaptimātratā（唯識性）等等。這些以 -tā（或 -tva）收結的抽象名詞，都從不同面相，反映出真理的意思。而真理自然是具有普遍性的。例如 dharmatā，指 dharma（法）的 tā（本性、本質），或法性，這即是諸法或種種事象的不具有常住不變的自性的那種本質，亦即是空的本質。這便是佛教的真理。梵文表示真理的正宗表示式，是 tattva（或 tattā）[11]，這是由 tat 與 -tva（或 -tā）組成。如何有真理的意思呢？其解釋是很素樸的。"tat" 由梵語 "sa"（它，第三身）引出，"sa" 的中性單數主格形式即是 "tat"，指那個東西，亦即一般的事物之意。"tattva" 即指一般事物的本性、本質，這便是真理。[12]

　　以上是就早期佛教亦即是原始佛教的發展回應普遍性與特殊性的問題。我們可以看到，早期佛教的實踐的與救贖的興趣與關心是很強的。不過，佛教發展到中期，以至後期，漸漸在實踐的與救贖的旨趣的基礎上，顯示出知識論與存有論或存在論的旨趣，表現很濃厚的哲學的、理論的意味。這在相應普遍性與特殊性的問題方面，亦顯示濃厚的知識論的色彩。關於這點，讓我們

---

[11]　佛教的後期中觀學的寂護（Śāntarakṣita, Śāntirakṣita）即以 tattva 為題材，寫了一部大書，稱為 *Tattvasaṃgraha*。日人譯此名為「真理綱要」，或「攝真實論」。後一譯法較與原名相應。

[12]　在這方面，《奧義書》（*Upaniṣad*）較佛教更為直接，它逕以 "tat" 指梵（Brahman）那個東西。梵自是原理、真理之意。它的根本命題 tat tvam asi（它即是你）即表示梵人一如之意。

從陳那說起。

陳那（Dignāga）是唯識學派（Vijñaptimātratā-vādin）中期的大師，他正式開出佛教的知識論體系。他的系統對普遍性與特殊性都有恰當的回應。即是，普遍性相當於他的所謂「一般相」（sāmānyalakṣaṇa），或稱「共相」；特殊性相當於他的所謂「個別相」（svalakṣaṇa），或稱「自相」。兩者都是我們的認識對象。陳那以為，我們有而且只有兩種認知能力，這即是現量（pratyakṣa）與比量（anumāna）。現量相當於西方知識論的知覺（perception），比量相當於西方知識論的推理（inference）。現量認識對象的個別相，而且只能認識個別相；比量認識對象的一般相，而且只能認識一般相。個別相指直接被知覺的東西，它不能以語言、概念來表示。例如，當我們知覺一頭牛時，我們是認識某一特定的牛，而不是很多牛的共有的特性、或牛性。這特定的牛即是個別相。很明顯，這即是我在上面所說的特殊性。一般相則指共通於多個物項或個體物的那種性格，它是思想的對象，它的基礎是概念。例如，當我們認識牛的一般相時，我們不是認識某一特定的牛，而是認識所有的牛所共有的一般的或普遍的性格，這即是牛性。特定的牛是存在於時空中的，受時空的限制，牛性則不存在於時空中，而存在於我們的思想中。很明顯，這普遍的牛性即是我上面所說的普遍性的一個例子。

普遍性是普遍的、永恆的和抽象的，特殊性是特殊的、變化的和具體的；它們分別是相反的性格，因此不可能指涉相同的東西。同樣，一般相與個別相不指涉同一的對象。例如，由推理而得的火（因有煙而推知），與由知覺親見到的火，不能是同一物事。這是陳那所首肯的。這與當時流行的外界實在論如勝論

（Vaiśeṣika）的說法不同；後者以為各種認知能力所知的，都是同一的對象，由推理而得知的火與由知覺而把握的火都是對應於「火」一概念的實在的東西。

這裏很自然地可以提出一個知識論的問題：依陳那，一般相與個別相指涉不同的物事，在這兩種相中，哪一種具有實在性呢？陳那的答覆是明顯的：個別相是直接被知覺的東西，因而有實在性。一般相則是思想的產物，只在思想中存在，它是沒有實在性的。例如，當我直接地知覺到一頭牛，看到它的顏色、形態，聽到它的聲音，這頭牛是有實在性的；但作為共通於所有的個別的牛中的那種性格，所謂牛性，使牛所以成為牛的那種東西，則不具有獨自的存在性，或實在性，它只是我們的思想的運作的結果。上面我談概念的普遍性與特殊性，因只就邏輯的脈絡來討論，故只需照顧意義的問題便可，不必牽涉實在性一類知識論甚至是存有論的問題。[13]

三、類的問題

上面說每一個實概念都指涉一個類。以下即討論類的問題；並及於與類有密切關連的定義問題。另外，我也會討論概念的內

---

[13] 對於一般的相與個別相的闡述，載於陳那的《集量論》（*Pramāṇasam-uccaya*）的第一章論現量（知覺 pratyakṣa）章中。關於這本巨著的內容，可參考 M. Hattori, *Dignāga, On Perception*. Cambridge, Massachusetts: Harvard University Press, 1968. 關於陳那的知識理論，參看服部正明：《中期大乘佛教の認識論》，載於三枝充惪編集之《講座佛教思想第二卷：認識論、論理學》，東京：理想社，1974。M. Hattori 即是服部正明。

容與外延問題。

　　類（class）表示一個組合（composition），其中包括若干分子（member）。這些分子之能被歸聚於一起，必須依據某一標準，這即是普遍性，是各個分子共同分有的性質。必須要有這個普遍性作為標準，我們才能把散列的東西或個體物聚合起來。因此，類包含各個作為分子的個體物，亦涵普遍的標準或普遍性於其中。故類較特殊性與普遍性的涵義為多。我們可以把類視為：「以普遍性貫穿於特殊性或個體物事中而使後者聚合起來成為多數分子的組合」。

　　類通常是由分子的組合而成。但亦有些類是沒有分子的，這便是空類（null class）。空類可有兩種：

1. 由自相矛盾的概念所組成的空類，這是從分析的角度看。例如「不是紅色的紅蘋果」。由於自相矛盾的概念根本不可能成立，或不可能理解，如「不是紅色的紅」，故所成的類不可能有分子。

2. 由不矛盾但無現實存在與之相應的概念所成的類。例如龜毛、兔角、牛蛋、香港的總統。這些概念如「龜」與「毛」，「牛」與「蛋」，並不矛盾，故原則上它們可以成為類，但由於它們所概括的分子沒有現實的存在，故是空類。

總結來說，類可以有五種：

1. 個體類（individual class）：類的概念所包含的分子只有一個，例如川普總統。實際上，每一個體都可自成一類。不過，我們通常說類，很少想到它只有一個分子。

2. 有限類（finite class）：類的概念所能概括的分子數目為有限，例如「中國人」、「聯邦密探隊員」。

3. 無限類（infinite class）：類的概念所概括的分子數目為無限，例如「萬物」。

4. 空類（null class）：類的概念所概括的分子不存在。這是由於類概念自身矛盾，或這些分子在經驗事實上是不存在的。

5. 全類（universal class）：全類有些像無限類，但它的範圍較為確定，它是由兩個互相排斥而窮盡的組合而合成。例如「綠」與「非綠」，這兩概念可組成兩個互相排斥而窮盡的組合。兩者的和，即是全類。注意，這裏說的「非綠」，若只限於顏色，則「綠」與「非綠」加起來，即是顏色的全類。但若「非綠」不單指顏色，而廣指不是綠色的一切東西，則「綠」與「非綠」加起來，即成一無限制的、無所不包的全類。

全類若以邏輯代數（algebra of logic）來代表，其式為：

$$a+(\sim a)=1$$

"a" 表示任何一個概念所形成的組合，"~a" 表示它的反方面，或它之外的一切組合；則 a 與 ~a 加起來，即表示一全類。若以 a 表綠色的東西，~a 表示不是綠色的其他東西，兩者合起來，表示一切東西，而成全類。

以下我們就佛教的角度來回應這一部分所討論的問題。首先是類。佛教對類的問題，似未有作明確而有系統的反省，一如西方的邏輯那樣。不過，類的思想與運用，在佛教義理中，有一定的位置。在陳那的範疇理論中，類（種類）被視為一個範疇。範疇（category, Kategorie）是我們理解外物的普遍的性相（character, characteristic）的概念，這種概念實表示一思想模式。例如因果

（causality）範疇，反映我們理解外物變化，由某一狀態演化至另一狀態的某種必然的聯繫。外物只是外物，它不是因果關係。這因果關係作為一種範疇，存在於我們的思想中，表示我們了解外物的生成、變化的一種重要方式。一般來說，重要的哲學家都有他自己一套範疇理論，如亞里斯多德（Aristotle）、康德（I. Kant）、懷德海（A. N. Whitehead），都是如此。他們對範疇的理解也不完全相同。陳那的範疇論包括五個概念，這即是名稱（nāmen）、種類（jāti）、性質（guṇa）、作用（kriyā）和實體（dravya）。實體是就一般的物體看。此中的種類，正與邏輯的類相應，它表示我們的一種思想方式。例如，當我們看到一頭黑色的和正在步行的牛，我們是知覺到一個個體物；當我們想到它是「牛」，它具有很多個體的牛所共同具有的特性，或「牛性」，則這「牛性」不是個體的牛，而是牛類，是種類，這是一種範疇。陳那以為，範疇是思想中的東西，是不實在的。

類概念的運用，在佛教或佛學中，非常廣泛。這主要反映於對種種法（dharma）或存在的分類中。佛教論師很擅長於對存在的事物，依某一標準，加以歸納和分類，如唯識學派就心識方面分為八識，原始佛教就對真理（諦）的不同面相的理解而分為四諦，般若與中觀學派就對空的不同進路而分為十八空，等等，數之不盡。在佛教各學派中，最擅長於對存在的物事或現象作系統的分類的，莫如阿毗達磨（Abhidharma）學派。這學派的分類法，稱為「五位七十五法」。他們本著區別的哲學的立場，對一切物事或法作徹底的分析，將之分為五大類；在其中的某些大類中，又再區分若干小類，每一小類概括若干物事。這五大類即是五位：色（rūpa）、心（citta）、心所（citta-saṃprayukta-

saṃskāra）、心 不 相 應（citta-viprayukta-saṃskāra）與 無 為
（asaṃskṛta）。色法是物質性的東西，包括眼、耳、鼻、舌、身
五種感覺器官與其相應的對象：色、聲、香、味、觸，加上無表
色（不能表示出來的物質性的東西，這在佛教也沒有解釋得很清
楚），計為十一種。五種感覺器官與其對象又分別稱為「五根」
和「五塵」。心法是心王，或一般所謂意識，這只有一種。心所
即心所有法，是伴隨著心而起的心理狀態，共有四十六種。這四
十六種又可歸入六個較小的類：大地法（與一切心相應，計十
種）、大善地法（與一切善心相應，計十種）、大煩惱地法（與
不善心相應，計六種）、大不善地法（只與一切不善心相應，計
二種）、小煩惱地法（只與無明相應，且只孤獨地生起，計十
種）、不定地法（無一定的相應法，計八種）。心不相應法如上
面所說，並不是實質的物事，而是只有思想意義的關係。它既不
是心法，也不是色法，而是語言的、邏輯的與修行境界上的因
素。語言因素是名身、句身和文身，共三種；邏輯因素是得（結
合）、非得（分離）、眾同分（種類）、生、住、異、滅，共七
種。修行境界的因素是無想、無想定、滅盡定、命根，共四種。
無為法則指沒有生滅變化，不由人為造作而生的法，包括虛空
（空間）、擇滅無為、非擇滅無為，共三種。

　　對於這樣的大規模的對存在諸法的分析，這裏自不能作詳盡
的介紹。事實上，有很多日本學者已對這分析作過廣泛的研究。[14]

14　例如：櫻部建：《原始佛教・アビダルマにおける存在の問題》，載於
　　三枝充惪編集之《講座佛教思想第一卷：存在論、時間論》，理想社，
　　1974；櫻部建：《俱舍論の研究》，法藏館，1969；高木俊一：《俱舍
　　教義》，興教書院，1962。

我們在這裏只擬提出一些扼要的觀察與評論。從現代眼光看，阿
毗達磨學派的分析並不算很科學化；五位中，心不相應法與無為
法實在很難說是存在或事象，或所謂法。不過，我們所注意的並
不在這方面。我們的注意點，無寧在這種分析架構背後的形而上
旨趣。讓我們先提出一個問題：世間的存在，為甚麼被分類為七
十五種呢？這樣的分類依甚麼標準呢？要解答這問題，便不能不
涉及阿毗達磨學派的實在論的立場。按原始佛教的一個極重要的
觀念，是無我（anātman）。他們不僅說人無我，而且說法無
我。這我（ātman）自是常住的主體意義的自我，但亦可推廣至
一般的實體義的自性（svabhāva）。人無我與法無我的說法，明
顯地表示我們的生命存在與世間的物事都是沒有常住不變的自性
的，這是空的立場的另一表示方式。空即是沒有自性之意。我們
可以說，人無我與法無我（或合稱人法二無我）的思想背景是
空。一切佛教的學派，都不能離開這個背景。阿毗達磨學派也不
能例外；不過，它的空的立場是很不徹底的。它把人的生命存在
加以析離，而得出所謂五蘊（pañca skandha），這即是色蘊
（rūpa skandha）、受蘊（vedanā skandha）、想蘊（saṃjñāna
skandha）、行蘊（saṃskāra skandha）、識蘊（vijñāna
skandha）。其中並沒有我，因而說人是空的，所謂「我空」。
但它對存在的諸法，則更採取一宏濶的角度加以析離，最後得出
七十五種要素，以為不能再析離了，它們不是虛妄的，而是真實
的。它把這些要素稱為「法體」（svabhāva），以之為有實在
性。這七十五種要素又可大分為五類，如上面所說。這便是「五
位七十五法」。這些法體是如何判定的呢？阿毗達磨學派的答案
是，每一法體只能具有一種本質和一種機能。這樣，這學派便說

存在的世間畢竟不是空的，而是有的，所謂「法有」。這顯然是
一種實在論（Realism）的立場。[15]

　　這種對存在世間的處理，基於很強烈的分類意識和分析功
能。無可置疑，阿毗達磨學派中人的分類傾向是很強的，雖然他
們對類概念未有自覺地加以討論。實際上，七十五法中的心不相
應法，其中的眾同分，便相應於種類概念。眾同分（nikāya-
sabhāga）又略稱同分，其直接的意思是：眾多具有不同性格的
東西所共同具有的相類似的力量或質素。「分」即是因、因素之
意。同分即指共同具有的因素。這又分有情同分與法同分兩種。
而有情同分又分無差別同分與有差別同分兩種。即是說，在眾同
分這一佛教式的類概念中，又可作如下的分類：

$$
眾同分
\begin{cases}
有情同分 & \begin{cases} 無差別同分 \\ 有差別同分 \end{cases} \\
法同分
\end{cases}
$$

無差別同分指在有情這個範限下其中的分子共同具有的質素。這
其實是「具有情識」這種質素。而在有情的東西中，又有人、
牛，等等不同的集合體。在人的集合體中，其分子具有其共同的
質素，這即是「人」這種質素，牛的情況亦相若，其分子亦具有
「牛」這種質素。這種次元的共同的質素，稱為有差別同分。法
同分則指在有情這個範限之外的其他的東西，例如金剛石，具有
金剛石質素的東西都是法同分，而成為金剛石這一類。這眾同分

15　有關阿毗達磨學派的實在論的思想，這裏不多說，詳情可參考：梶山雄
　　一、上山春平：《佛教の思想 3 空の論理：中觀》，東京：角川書店，
　　1973，第一部第一章第 3 節：アビダルマの思想家たち。

的結構，實顯示阿毗達磨學派對分類問題已有很細密的思考。

　　阿毗達磨學派的眾同分與陳那的種類都可作範疇看。不過，兩者有一本質上的不同。陳那是唯識學派的重要人物，他是唯識立場，其種類是以思想或識（意）運用來理解事物的，因此是思想的形式，不具有實在性。眾同分則是一種法體，是不能再析離的究極要素；它是有實在性的。種類與眾同分的差異，實顯示觀念論（唯識）與實在論（阿毗達磨）的差異。

　　關於上面所說類的五種，即個體類、有限類、無限類、空類和全類，佛教都有相應的說法。個體類與有限類太淺顯明白，這裏不談。無限類的說法，則如一切法（sarva-dharma）、諸法（sarva-dharma 有時亦譯作諸法）。梵文 dharma 有三個意思，其一是真理；另一是責任、義務；第三個意思則指事物、存在。這最後一個意思包含非常廣泛的內容，舉凡在現實上存在的，只在思想中出現而在現實上為無的，以至一切名言、概念，都含於其中。sarva-dharma 的 dharma 正是這個意思。故「一切法」或「諸法」的所含，實較中文的「萬物」為廣泛；後者似乎不大指只在思想中出現的東西，而只偏重於在現實中遭遇到或出現的東西。關於空類，佛教很少說到由概念的自相矛盾而成的那一種，卻常提到分子在經驗事實上不存在的那一種。當佛教論者提到由因緣的組合而生起的東西在本質上沒有其獨立的自性時，為了突顯自性的虛幻性，常舉一些在經驗事實上為虛幻的東西來作譬喻。這些虛幻的東西如：陽炎、空華和石女兒。陽炎即是海市蜃樓，空華是幻覺中的花朵，石女兒則指由石頭造的女子所生的兒子。這些都是現實上不可能存在的，而只存在於我們的想像甚至幻想中。禪宗有時提出一些在現實上不可能發生的事，以譬喻藉他力

覺悟是不可能的，或藉言說、知解一路來求取覺悟是不可能的。
如「石鳥龜解語」[16]；在現實或常識來說，石、鳥、龜都不能理
解言說，牠們能「解語」，是現實上不可能的事。這種不可能在
現實上出現的事，亦可歸入空類中。

　　佛教對於全類的回應，很有哲學的與救贖的（soteriological）
意味。在佛教的文獻，特別是般若系的文獻中，常運用概念的
正、負面對比的總和，來表示一個封閉的領域，這領域有礙於
真理的呈現；我們若要見真理，必須先克服或超越封閉的領域。
這正負面的對比，正好可以 a 與 ~a 的對比來表示；a 是正面，
~a 是負面。兩者的總和，正是全類。此中的例子，在《摩訶般
若波羅蜜經》（Aṣṭasāhasrikā-prajñāpāramitā-sūtra）中便有：法
與非法[17]、善與不善[18]、生與不生[19]。《金剛般若波羅蜜經》
（Vajracchedikā-prajñāpāramitā-sūtra）中有法相與非法相[20]。例
子很多，不勝枚舉。現在我們要問：概念的正、負面對比的總和
依於甚麼理論基礎而有封閉性呢，這基於佛教對概念皆了解為有
限制性。即是一切概念都在相對的關係中成立；如善與不善相
對，生與不生相對，法與非法相對，a 與 ~a 相對。善要在對比
於不善的格局下，才能有其意義；善不能在一種孤立的脈絡下，
不必指涉不善，而有其意義。不善亦然。故一切概念都是相對
的，這即是概念的限制性。這限制性表示一種封閉性：對於具有

16　《景德傳燈錄》卷 17，《大正藏》51・337c。

17　《大正藏》8・554c。

18　《大正藏》8・580a。

19　《大正藏》8・539b。

20　《大正藏》8・749b。

絕對性格的東西自己封閉起來。真理是絕對的，任何相對的概念都不能表示絕對的真理。要表示真理的絕對性，將其真正的面目示現出來，必須打破由一切相對概念所成的限制性、封閉性。故善與不善、a 與 ~a，以至一切相對概念所成的正負面的對比格局必須被超越，才能見真理。這樣我們便可了解到為甚麼佛教特別是般若系統這樣強調對相對概念的同時否定。必須同時否定相對概念的兩邊，才能透顯絕對的真理的境界。[21]

四、定義、內容與外延

以下我們看定義（definition）或下定義（to define）的問題。先舉一個例子來說。在「這隻杯是白色的」一語句中，「這隻杯」是特殊性，「白色」則是普遍性。普遍性可以用來論謂或描述特殊性，而作為其性質（property, attribute），這便是謂詞（predicate）。所謂定義或下定義，便是以謂詞（普遍性）來規定某些或某類東西的特徵，並規劃它的界限。如說：人是理性的動物。在這個定義中，被定義的（如人）與能定義的（如理性的動物）必須相等：

　　　人＝理性的動物

即是說，兩端有意義上的同一性。

　　下定義通常有二步：

---

[21] 筆者稱這種同時否定相對概念的兩邊的思考為雙邊否定。詳情參考拙文〈般若經的空義及其表現邏輯〉，載於拙著《佛教的概念與方法》，臺北：臺灣商務印書館，1988。

1. 先把要界定的東西劃在一個類中而為其中的一個部分。如把人劃在動物裏而為其中的一部分。

這樣，我們便可說「人是動物的一部分」。這是真的，但卻不夠作為對人的定義。因我們也可以說「馬是動物的一部分」。因此要有第二步。

2. 把人與屬於動物範圍中的其他分子，如馬、狗等的差別（difference）找出。這即是「理性的」。

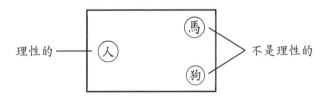

找到這個「理性的」的差別，即可把人和其他動物區分開來，而把人定義為「理性的動物」。

如何能確定這個差別呢？這則需要深入而廣泛的認識。故下定義並不是容易的事。這個差別必須恰當，不能太廣。如說「人是會翻筋斗的動物」便太寬泛，因翻筋斗並不限於人類。如說「人是會行走的動物」，亦是太寬泛。

以下我們討論概念的內容與外延問題。內容（intension）並不是一般泛說的內容，而是指概念的意義（meaning）。就

「人」一概念來說，它的內容即是它的意義，或定義：「理性的動物」。亦可以說，內容是限定概念之為如是如是概念的那些條件。在「人」的概念中，它的限定條件是理性與動物。內容通常又作內包。至於外延（extension），則指概念所能概括或延伸的範圍。每一概念都有其能概括的分子；外延即指這些分子全體的領域、範圍。如「人」一概念，它的內容是理性的動物，它的外延則是這些理性的動物的全體所覆函的範圍。關於外延，有一點是很重要的，這即是，並不是所有概念都有外延的，雖然所有概念都有內容。例如「龜毛」、「兔角」兩概念，它們的內容都很清楚，但實際上並沒有這些東西存在，故它們沒有能概括於其下的分子，因而不能說外延。或者說，它們的外延無著落，其所概括的分子並不存在。

　　每一概念都有其確定的意義與所能概括或應用的範圍。前者是內容，後者是外延。這兩者的關係是反比例，即內容越多，外延越小；內容越少，外延越大。例如「川普」與「人」兩概念，雖然都指涉人類，但「川普」的內容，除了是人外，又是美國人、男人、美國總統，……，故外延極小，只限於一人。「人」則只指人類，即是有理性的動物，內容極少，但外延極大，可包含一切人，包括川普在內。

　　以下我們討論佛教對定義一問題的回應。像邏輯那樣對「定義」作出細密的思考與分析，佛教是沒有的。不過，定義的那些要素，如主詞、謂詞之屬，佛教則有很清楚的意識，也運用得很圓熟；關於這方面的問題，最好留待討論佛教的因明學（hetu-vidyā）時處理。我們這裏要注意的是，對於定義，佛教所著重的，不是技術性的層面，即不是如何去下定義的問題；而是基礎

性的問題：定義與被定義的東西的關係為何？它顯示一種甚麼樣的理論立場？等等。這可以說是牽涉定義的本質方面的問題。關於這點，《中論》（*Madhyamaka-kārikā*）有過相當扼要的討論。《中論》謂：

lakṣaṇāsaṃpravṛttau ca na lakṣyamupapadyate,
lakṣyasyānupapattau ca lakṣaṇasyāpyasaṃbhavaḥ.[22]

tasmānna vidyate lakṣyaṃ lakṣaṇaṃ naiva vidyate,
lakṣyalakṣaṇanirmukto naivo bhāvo 'pi vidyate.[23]

這兩首梵文偈的結構非常清楚，其意思分別是：

在沒有定義的地方，不能有被定義的東西；在沒有被定義的東西的地方，不能有定義。

因此，沒有被定義的東西，也沒有定義。在「被定義的東西與定義」之外的東西，也是不存在的。

這個討論牽涉三個項目：定義（lakṣaṇa）、被定義的東西（lakṣya）和兩者的關係。lakṣaṇa 通常譯作特徵、特質、characteristic；但一切特徵都是要經過認識與界定的程序才能決

---

[22]　MKP, p. 131.
[23]　MKP, pp. 131-132.

定，因而特徵可以說是定義的結果。倘若我們把重點放在定義方面，則 lakṣaṇa 可譯為定義。筆者即在這種考慮下，把 lakṣaṇa 視為定義。第一首偈頌的用意，明顯地要把定義與被定義的東西放在一個對等的位置，它們相互依賴，才能成立：被定義的東西依於定義，定義依於被定義的東西。這種相互依賴才能成立，即是這兩者的關係。這種理解顯然不同於我們常識的理解。我們通常總是以為先有被定義的東西，然後才對它下定義。例如桌子，先有桌子這樣的東西，我們才對它下定義，如「桌子是具有四個支腳、其上為一平板、可供讀書與吃飯等用的傢俱」。上面所說的邏輯中的定義，也是基於這種常識的理解。這種理解的思想背景，殆是一種實在論的傾向，先肯認客觀方面有不依於我們的思考或心識的被定義的東西，然後我們以主觀的心識去定義它。在這樣的思想背景下，說定義依於被定義的東西是可通的，但說被定義的東西依於定義便有問題了。因而說這兩者是互相依賴亦有問題。但佛教並不這樣看。《中論》的作者龍樹顯然是以觀念論的思想背景來看定義與被定義的東西的關係，而說它們是互相依賴。對於被定義的東西依於定義這種關係，我們有如下的詮釋：

> 定義是一種思想作用。在沒有定義的地方，不能有被定義的東西，這表示在定義之先，被定義的東西是不能說的。其意即是，客觀的存在方面，離開了我們的思想或心識，不能有獨立的存在，或者，這種獨立的存在不能建立。它的存在處，必是我們的思想心識所到之處。當我們說到某種東西，例如桌子，我們已對它有了定義，它已在我們的思想中了。

這個含意，龍樹在上兩偈之先也提出了：

alakṣaṇo na kaścicca bhāvaḥ saṃvidyate kva cit,
asatyalakṣaṇe bhāve kramatāṃ kuha lakṣaṇam.[24]

其意思是：

> 未有被定義的東西是不存在的。倘若未有被定義的東西不
> 存在，則定義在甚麼地方出現呢？

未有被定義的東西不存在，否定了離開我的思想活動、心識活動
之外有獨立存在的東西的可能性。[25]
　　關於概念的內容與外延方面，由於內容是定義的另一表述
詞，故我不討論佛教對於它的回應。我在這裏只集中討論佛教對
外延的回應。外延的佛教表示式，是 koṭi，漢譯作「際」，是邊
際、範限之意。不過，佛教說 koṭi，並不純是邏輯的意義，而是
有很濃厚的實踐意味。在這方面，《中論》說：

---

[24] MKP, pp. 129-131.

[25] 對於以上所引的三首梵文偈頌的理解，日本學者梶山雄一和錫蘭學者卡
　　魯帕克納（David J. Kalupahana）有不同的著重點，例如梶山氏強調作
　　為言說表現的定義與客觀實在不相應這一涵義；他們的詮釋可與我們這
　　裏的詮釋相印證。參考梶山雄一、上山春平：《佛教の思想 3 空の論
　　理：中觀》，東京：角川書店，1973，第一部第一章第 2 節之(7)ことば
　　と對象の關係の否定；David J. Kalupahana, *Nāgārjuna: The Philosophy of
　　the Middle Way*. Suny Series in Buddhist Studies, State University of New
　　York Press, 1986, pp. 148-150.

na saṃsārasya nirvāṇātkiṃ cidasti viśeṣaṇaṃ,

na nirvāṇasya saṃsārātkiṃ cidasti viśeṣaṇaṃ.[26]

其意即是：

> 生死在本質上並無不同於涅槃，涅槃在本質上並無不同於
> 生死。

涅槃（nirvāṇa）是佛教的理想境界；人若能體會與實現到一切皆
空、皆無常住不變的自性的真理，便能臻於涅槃的境界。[27]生死
（saṃsāra）指我們生息於其中的現實世間，它充滿種種迷執與
煩惱。依佛教，我們若不能領悟空的真理，便會無窮無盡地執取
世間的一切事物，以之為有自性，而對之追逐不捨，引致種種煩
惱，受種種苦痛，在這個充滿生死煩惱的世間輪轉打滾，無有了
期。要能了脫生死煩惱，達到涅槃境界，唯有了悟空的真理一
途。很明顯，生死是染污的；涅槃是清淨（無染污）的。兩者在
性質上根本不同，如何能如《中論》所說，本質上並無不同呢？
《中論》把它們等同（視為無不同即是等同）起來，是就哪方面
而論呢？龍樹跟著即說：

nirvāṇasya ca yā koṭiḥ saṃsārasya ca,

26　MKP, p. 535.

27　有關佛教特別是中觀學派的涅槃思想，參考 Th. Stcherbatsky, *The
Conception of Buddhist Nirvāṇa*. Delhi: Motilal Banarsidass, 1978.

na tayorantaraṃ kiṃ citsusūkṣmamapi vidyate.[28]

其意思是：

> 涅槃的邊際即是生死的邊際。在這兩者之間，沒有絲毫的
> 區別。

這裏的邊際（koṭi）是就具體的物理的意義說，它佔有空間。涅
槃是一種精神境界，沒有空間性，因此不能說邊際。不過，就實
踐的角度來說，要實現涅槃，不能沒有實現的場所、領域。這實
現的場所、領域，便是涅槃的邊際。這邊際是甚麼呢？《中論》
說這邊際與生死世間或現實世間的邊際是一樣的，兩者沒有絲毫
的區別。即是說，這邊際即是生死世間。故這首偈頌的意思是：
涅槃的實現場所，是在這個現實的生死世間。這生死世間是涅槃
在實現上所概括的外延；離開這個被概括的範圍、外延，我們再
找不到實現涅槃的處所。

　　這一點非常重要，它顯示大乘佛教的入世的、不捨世間的精
神方向。涅槃是佛教的人生理想，它的實現的範圍或外延是這個
現實世間，表示人生理想是要在現實世間中努力尋求的，同時也
可推導出遠離這個現實世間，是不能獲致人生理想的。這不是對
世間的肯定、不捨棄的態度麼？[29]

28　MKP, p. 535.

29　有關大乘佛教的不捨世間的精神的詳情，請參閱拙文〈印度大乘佛教思
　　想的特色〉，載於拙著《佛教的概念與方法》，臺北：臺灣商務印書館，
　　1988。

在佛教的文獻中，時常出現一些難明或弔詭的說法；把生死與涅槃等同起來，是其中一個顯著的例子。若弄清楚兩者是在邏輯上的外延方面等同，把它放在一個實踐的脈絡下來理解，困難或弔詭便可消解。實際上，這種說法並不限於中觀學派的《中論》。與中觀學有密切關係的般若文獻，便常有這種說法。如玄奘譯的《心經》（《般若波羅蜜多心經》，*Prajñāpāramitā-hṛdaya-sūtra*）的名句「色即是空，空即是色」[30]，便是生死與涅槃等同或相即的格局。色（rūpa）指物質，可視為代表現實的現象世間；空（śūnyatā）是無自性的真理，能證空即得涅槃，故空與涅槃應屬相同的境界層面。中觀學的一部重要文獻《大智度論》便曾直語色是生死，空是涅槃。[31]故視色空相即與生死涅槃等同為同一思想格局，應無問題。問題在：色是現象世間，為現象或相所攝；空則是真理，為性所屬，相與性意義迴異，如何能相即？或者說，色是緣起法，流變無常；空是無為法，不生不滅。兩者的性格根本不同，如何能相即呢？

這個難題，倘若透過邊際或外延的概念，在實踐的脈絡下來理解，便可消解。「色即是空」的意思是，現象世間的邊際，即是空—真理的實現的邊際；兩者所概括的外延是等同的，或者說，兩者具有同一的外延。「空即是色」的意思是，空—真理的

30　《大正藏》8・848c。

31　這是天台宗智顗在其巨著《法華玄義》卷 10 引《大智度論》的說法。（《大正藏》33・805a）智顗熟讀《大智度論》，他的轉引，應是可靠。又，《大智度論》有作者的問題。西方學者比較看重這個問題。此書漢譯作龍樹作，鳩摩羅什譯。西方學者質疑龍樹作一點。日本學者則有認為其書是龍樹作，有些則認為譯者鳩摩羅什夾雜不少自家的意思。

實現，在於現象世間的邊際；就實踐的角度來說，空要在現象世間中落實、實現，它的外延即是現象世間的外延。「色即是空」與「空即是色」的涵義是一樣的，只是前者較著重現象世間，後者較著重空的真理；兩者合起來，現象世間與空的真理便得一平衡。其實踐的消息是：空的真理是要在現實世間中落實與體現的。它也涵一反面語氣的消息：除了現實世間外，空的真理是無處可落實與體現的。

　　事實上，玄奘的翻譯不是很好，它失之於過分簡化。梵文《心經》的原文是這樣的：

　　　　yad rūpaṃ sā śūnyatā yā śūnyatā tad rūpaṃ.[32]

在文法上，這語句清晰得很，它是由 yad rūpaṃ sā śūnyatā 與 yā śūnyatā tad rūpaṃ 兩個對等的語句合成；它們是由關係詞（relative）與相關關係詞（correlative）的對比而成立的，兩者的繫詞（copula）都略去。在前一語句中，yat（yad 本應是 yat，其中的 t 因連聲規則而轉成 d）是關係詞，其相關關係詞是 sā。這語句的意思是：

　　　　是色的東西，它便是空。

在後一語句中，yā 是關係詞，tat 是相關關係詞。這語句的意思是：

---

32 這梵文《心經》的原文轉引自 Edward Conze, *Buddhist Wisdom Books*. London: George Allen & Unwin, 1980, p. 81.

是空的東西，它便是色。[33]

這兩語句合起來，可通順地寫成：

是色的東西，便是空；是空的東西，便是色。

表面看，這與「色即是空，空即是色」似乎沒有分別，兩者都是把色與空等同起來。認真考察起來，卻是不同。漢譯是直接把色與空等同起來。梵本則較為婉轉地把色與空等同起來，有透過一個第三者「東西」的傾向。照我們的理解，這「東西」可視為色與空所共同分享的有效範圍；這從實踐的角度來說，即是邊際、外延。即是，色或現象世間的外延，即是空或真理被實現被證取的外延；倒過來說亦是一樣。《心經》的意思不外是，空或真理是不離世間的；要體現空或真理，只有在世間中體現。離開世間，空或真理肯定要「落空」。這很明顯表示一種正視世間、肯定世間的態度。實際上，《大智度論》在分別等同了色與生死、空與涅槃之後，即提出「生死際，涅槃際一而無二」的說法。[34]這是就邊際或外延一點來說生死與涅槃，或色與空的等同，與我們的理解無異。

33　這是很素樸的直接的翻譯，上一語句亦然。這裏還有一些微細的梵文文法的問題，本來需要解釋，由於這篇文字的重點在說理，不在文獻學，故從略。

34　參看註 31。

印度與佛教推理之
形式的與符號的解析

一、前言

說到印度邏輯（Indian logic）及佛教邏輯（Buddhist logic），一般來說，有兩種涵義。其一是在印度哲學與佛學中發展出來而與西方的邏輯（logic）相當的學問，它的骨幹在推理（inference）。另一則是除了包含這部分外，也包含知識論（epistemology）。不少佛教學者，說到佛教邏輯，是指後一意思。如俄國的茨爾巴特斯基（Th. Stcherbatsky）有《佛教邏輯》（*Buddhist Logic*）[1]一書，即包含佛教知識論的討論在內。日本學者說到印度邏輯和佛教邏輯，稱為印度論理學和佛教論理學，其中也常常包含知識論的討論在內。本文所說的印度邏輯及佛教邏輯，則僅指在印度哲學與佛學中與西方的邏輯相當的學問。這是要先說明的。

如上所說，邏輯的骨幹在推理，特別是三段式的推理。這三

---

[1]　Th. Stcherbatsky, *Buddhist Logic*, 2 Vols. Bibliotheca Buddhica, 26. 1930, 1932.

段式（syllogism）在西方的形式邏輯（formal logic）中，有特別
重要的位置。印度哲學的邏輯，稱為「正理」（nyāya），佛教
邏輯則稱為「因明」（hetu-vidyā）。[2]兩者的骨幹，也同是三段
式的推理。本文即在這個基本認識下，以西方的形式邏輯學來看
印度和佛教的邏輯，並試圖以符號或標記（symbols）來進行這
種工作。形式邏輯又作傳統邏輯（traditional logic），它不同於
辯證邏輯或辯證法。本文將不涉及後者。

　　在印度邏輯與佛教邏輯之間，我們的解析，以佛教邏輯為
主。而在佛教邏輯中，我們又會特別著重陳那的體系。事實上，
佛教的因明學有新舊之分，其間的分界線即在陳那（Dignāga）。
由他在西元五世紀左右所開出的邏輯體系，稱為新因明，這對爾
後佛教以至印度邏輯的發展，有決定性的影響。而陳那以前的邏
輯體系，包括佛教的和印度哲學自身的，則稱為古因明。

　　現代學者對於印度和佛教邏輯，都有相當廣泛和深入的研
究。他們的研究，基本上是分兩個進路：形式邏輯式的解析和符
號邏輯（symbolic logic）式的解析。前者可約稱為形式的解析，
後者可約稱為符號的解析。不過，這兩種研究方法是不能截然區
分開來的。符號邏輯的基礎，還是在形式邏輯。[3]在西方，有限
度地以形式邏輯來研究印度和佛教邏輯的，有很多學者，其中最

2　佛教中有古因明與新因明之別。在新因明論者眼中，正理也屬於古因明
　　之列。關於這點，後面會再提及。

3　關於符號邏輯，可參看 C. I. Lewis and C. H. Langford, *Symbolic Logic*,
　　Dover Publications. Inc., 1932. 關於形式邏輯，可參看牟宗三編著：《理
　　則學》，臺北：臺灣正中書局，1965，頁 1-125；金岳霖著：《邏
　　輯》，香港：三聯書店，1978。

著名的莫如維地雅布薩納（S. C. Vidyabhusana）。[4]他是這方面的先驅學者。日本方面，則有宇井伯壽[5]、松尾義海[6]、武邑尚邦[7]。不過，亦有學者對以西方的邏輯體系來詮釋印度和佛教邏輯持保留以至懷疑態度，例如日本的北川秀則。另外，也有學者對因明學論式的根據作過反省。[8]至於以符號邏輯來詮釋印度和佛教邏輯的，西方有沙耶（S. Schayer）[9]、布坎斯基（J. M. Bocheński）[10]、印格爾斯（D. H. H. Ingalls）[11]等。在日本方面，則有末木剛博[12]。本文主要是參考上列的文獻特別是末木剛博的《東洋の合理思想》，及根據筆者的用思而寫成。至於原典方

---

[4]　S. C. Vidyabhusana, *A History of Indian Logic*, Calcutta, 1921.

[5]　宇井伯壽：《宇井伯壽著作選集第一卷：佛教論理學》，東京：大東出版社，1966。

[6]　松尾義海：《印度の論理學》，東京：弘文堂，1960。

[7]　武邑尚邦：《佛教論理學の研究》，京都：百華苑，1968。

[8]　北川秀則：《インド古典論理學の研究》，東京：鈴木學術財團，1973；〈中期大乘佛教の論理學〉，載於三枝充惪編集：《講座佛教思想第 2 卷：認識論、論理學》，東京：理想社，1974，頁 189-241。（按〈中期大乘佛教の論理學〉一文有筆者的中譯，題為〈陳那的邏輯〉，載於拙著《佛教的概念與方法》，臺北：臺灣商務印書館，1988，頁 209-241。）山口惠照：〈新因明論式の成立根據につこて〉，載於《印度學佛教學研究》卷 1，No. 2, 1953. pp. 495-497.

[9]　S. Schayer, "Über die Methode der Nyāya-Forschung", *Festshrift M. Winternitz*, 1933. S. 247-257. "Anfänge der Aussagen Logik in Indien", *B. I. A. P.* 1933. "Studien zur indischen Logik II, Altindische Antizipationen der Aussagenlogik", *B. I. A. P.* 1933. S. 90f.

[10]　J. M. Bocheński, *Formale Logik, Die Indische Gestalt der Logik*, 1956.

[11]　D. H. H. Ingalls, *Materials for the Stndy of Navya-Nyāya Logic*, 1951.

[12]　末木剛博：《東洋の合理思想》，東京：講談社，1978。

面，由於所用的推理的例子，都是一般有代表性的，故除了一些特殊情況外，都不一一註明出處。

二、定言三段式推理

上面說，西方的邏輯與印度、佛教邏輯的骨幹都在三段式推理。故在這裏需要闡述一下形式邏輯的這種推理的結構。首先要論的是典型的定言三段式（categorical syllogism）推理，其次再看三段式的一種特別形式，這即是假言三段式（hypothetical syllogism）推理。以下先說前者。

三段式的構成，包括三個命題：[13]

---

[13] 命題指一有真假可言（determinable as true or false）的陳述（statement）或語句（sentence）。所謂真假，或真假性，分形式的（formal）與經驗的（empirical）或實然的（factual）。如「白筆是白的」是必然真的命題，這是形式的，其真假可由此語句自身決定，不必考究事實與存在方面。「太陽從東方升起」則是經驗上或事實上真的命題，它的真假性要從經驗事象來決定。

在下文我們會常提到所謂「全稱命題」。這是就量（quantity）方面來說的一種命題。以下我們順便把這種以量為標準來區分命題的分法簡述一下：

(1)全稱命題（universal proposition）。如「凡人是有死的」。此中，表示命題的形式或特質的，是「凡」一詞，由它決定命題之為「全稱」。這是指牽涉屬於「人」類的所有分子之意。

(2)偏稱命題（particular proposition）。如「有些人是有死的」。此中，表示命題的形式或特質的，是「有些」（some）一詞，由它決定命題片面地指涉「人」類的分子。

前兩個為大前提（major premiss, premiss 又作 premise）

小前提（minor premiss）

第三個為結論（conclusion）

這三個命題或三段的構成，又依於三個詞項：

大詞（major term）

中詞（middle term）

小詞（minor term）

要注意的是，詞的「大」、「中」、「小」，是就其外延說。[14]
扼要地來說，三段式的目的，是要藉著一個中間概念，這即是中
詞，作為媒介，把兩個概念：小詞與大詞連結起來，以看它們的
關係。大前提中有大詞，沒有小詞；小前提中有小詞，沒有大
詞。要將這兩個前提結合，而推論出結論，必須依賴一第三者，
這即是中詞。在大前提、小前提中，都有中詞。推論的結果是得
出結論，結論中，中詞消失，餘下小詞與大詞及它們的關係。這
種推論式的典型模式，可示如下：

大前提：M⊂P（M＝中詞，P＝大詞，S＝小詞；⊂即包攝
於之意）。

小前提：S⊂M

---

(3)單稱命題（singular proposition）。如「川普是有死的」。此中，表示
命題的形式或特質的是川普這個單一的（one, single）個體，它表示
命題只指涉一個個體物。

這裏的「量」，指數量、數目而言。

14　外延（extension）指概念所能概括或延伸的範圍。每一概念都有其能概
括的分子；外延即指這些分子全體的領域範圍。如「人」一概念，它的
內容是理性的動物，它的外延則是這些理性的動物的全體所覆函的範
圍。

結　論：S⊂P

具體例子：

大前提：凡人是有死的（人是中詞 M，有死的是大詞 P）

小前提：川普是人（川普是小詞 S）

結　論：川普是有死的（S 與 P 的關係，M 消去）

這具體例子的三個命題可邏輯地解釋如下：

凡人是有死的：「人」一概念所包含的分子，包含於「有死的」一概念的外延中。

川普是人：「川普」一概念所包含的分子，包含於「人」一概念的外延中。

川普是有死的：「川普」一概念所包含的分子，包含於「有死的」一概念的外延中。

以上所說，是定言三段式的最基本的形式，是傳統邏輯的始創者亞里斯多德（Aristotle）的定言三段論法的第一格式 Barbara。關於這最基本的定言三段式的成立，有一些規律，計為三：

一、每一三段式必須是由三個詞項組成，而且只是三個。

二、中詞至少要有一次的周延。

三、在前提中沒有周延性質的詞項，在結論中亦不能周延。

要注意的是，這三個規律是考核三段式是否正確無誤的標準。以下依次解釋這些規律。

一、關於三段式必須而且只能有三個詞項一點，茲先舉一個具體例子看看：

越南難民是很多的　　（大前提）

阮文基是越南難民　　（小前提）

　　阮文基是很多的　　　（結論）

表面看，這個三段式似無問題。它有三個詞項，兩個前提，因而推理出結論。但結論「阮文基是很多的」顯然不通，阮文基只指一個個體的人，如何能是很多呢？

　　問題在中詞「越南難民」上。這個詞項的意義，在兩個前提中並不相同。大前提的「越南難民」是從數目上說，其意是「越南難民的數目」。小前提的「越南難民」則是從身分或質說。兩者顯然不同。即是，「越南難民的數目」與「越南難民的身分」是兩個詞項，而非一個。故上列的三段式包括四個詞項，而非三個，故為不正確的三段式。故我們在進行推理或論證時，必須先弄清楚所用的詞項，其意義是否前後相同或一致。否則，推理或論證可能會愈搞愈糊塗。

　　二、關於周延問題。周延（distribution）是就一個概念能否周遍地或全部地指涉它所概括的分子言。如果能夠，便是周延，否則，便是不周延。在一個由主詞與謂詞構成的命題中，主詞及謂詞是否周延，很容易決定。這可透過它有否受到限制而定。有限制是周延，否則是不周延。如：

　　「凡人是有死的」

此中，「人」是主詞，是周延的。因為「凡人」舉盡了所有的人，即「人」一概念所能概括的全體分子。至於「有死的」這一謂詞，則是不周延，或不是周延。因為「有死的」有很廣闊的外延，它不單包括人，且可包括人之外的其他東西，但在命題中並沒有窮盡地概括或列舉出來，而只列舉人這一部分。即是「人」

自身為一全體，作為「有死的」中的一部分被提舉出來，被限制
了，而「有死的」全體在命題中並未有被提舉出來，故未有限
制。此中的關係，可圖示如下：

又如：

「凡張國榮的歌迷不是譚詠麟的歌迷」

在這命題中，「張國榮的歌迷」與「譚詠麟的歌迷」都是周延
的。前者有「凡」來限定，自是周延。關於後者，它是被否定
的，否定即是排拒它的全部之意，因而亦是周延。此中的關係，
可圖示如下：

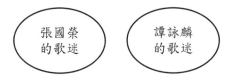

現在回至三段式中的中詞至少要有一次周延一點。按中詞在前提
中出現兩次，倘若它沒有一次周延，則大詞與小詞的關係便不能
決定。如：

有些人是色盲的　（大前提）
陳先生是人　　　（小前提）
陳先生？色盲的　（結論）

此中，「人」是中詞。大前提中的「人」指一部分的人，不是周延。小前提中的「人」不單指陳先生，亦可指其他的人，在小前提中，並沒有窮盡地概括所有的人，故「人」亦不周延。由於中詞沒有一次周延，故無法得出結論，或在結論中，陳先生（小詞）與色盲的（大詞）的關係不能決定。

要得到結論，建立「陳先生」與「色盲的」的關係，則必須符合「中詞至少要有一次的周延」。這有三個可能：

(1)大前提的中詞周延，小前提的中詞不周延，

(2)大前提的中詞不周延，小前提的中詞周延，

(3)大、小前提的中詞都周延。

在第(1)種情況，三段式為：

> 凡人是色盲的　　　　　　（大前提）
> 陳先生是人　　　　　　　（小前提）
> 陳先生是色盲的　　　　　（結論）

在第(2)種情況，三段式為：

> 只有些人是色盲的　　　　（大前提）
> 陳先生不是人　　　　　　（小前提）
> 陳先生不是色盲的　　　　（結論）

在第(3)種情況，三段式為：

> 凡而且只有人是色盲的　　（大前提）
> 陳先生不是人　　　　　　（小前提）
> 陳先生不是色盲的　　　　（結論）

這三種三段式都可成立。此中有一點極其重要的是，三段式的本質或目的，是推理的有效性（validity）。即是，要從前提推出結論，或透過一個中間概念（中詞），把兩個概念（大詞、小詞）的關係建立起來。而此中的推理或建立程序，必須是邏輯意義地有效的（logically valid）。至於有關前提和結論所表示的內容，是否符合經驗事實，或現實情境，那是不重要的。例如：

> 凡武士道者都是貪生怕死的　　（大前提）
> 文天祥是武士道者　　　　　　（小前提）
> 文天祥是貪生怕死的　　　　　（結論）

此中，前提與結論的三個命題的內涵，顯然都不符合經驗事實，但無妨礙推理的有效性。是否符合經驗事實，是知識論的問題；推理是否有效，則是邏輯問題，或者是邏輯所關心的問題。

　　三、關於在前提中沒有周延性質的詞項，在結論中亦不能周延一點，要注意的是，此中所說的詞項，顯然是就大詞或小詞而言，因在結論中，中詞已消去，不再出現。試看下式：

> 凡人是有死的　　　　　（大前提）
> 凡駱駝不是人　　　　　（小前提）
> 凡駱駝不是有死的？　　（結論）

所得的結論是錯誤的，即不合乎推理規格。其理由是：大前提的大詞（有死的）不周延，但這大詞在結論中卻是周延。這違反三段式的基本規律。又看下式：

> 凡人不是沒有死的　　　（大前提）

戈巴契夫是人　　　　　（小前提）

戈巴契夫不是沒有死的（結論）

所得的結論是合規格的。此中，大前提的大詞（沒有死的）為周延，而結論中的「沒有死的」一大詞，亦為周延。

　　這裏有一點必須注意。上面說最基本的定言三段式需遵守三個規則。這即是：三段式必須而且只能由三個詞項組成；中詞至少要周延一次；在前提中沒有周延的詞項，在結論中亦不能周延。三段式違背了其中任何一個規則，都不能成立。我們在闡釋第二個規則時，曾列舉三個可能性，其中第二、三的可能性分別為：大前提的中詞不周延，小前提的中詞周延，及大、小前提的中詞都周延。關於第二個可能性，我們列舉的例子為：

只有些人是色盲的　　　（大前提）

陳先生不是人　　　　　（小前提）

陳先生不是色盲的　　　（結論）

此中，表面看，大前提中的「色盲的」一詞項似是不周延，而在結論中的「色盲的」一詞項則是周延。這似是違背了第三個規則：在前提中沒有周延的詞項，在結論中亦不能周延。其實不然，大前提「只有些人是色盲的」中的「色盲的」一詞項，其實是周延的，這表示於「只有些人」中的「只」一詞中。即，一切具有色盲性質的，都限制於這些人中。「只」實窮舉了「色盲的」的範圍，把它限制於某部分人中。因而這個推理，並未有違背第三個規則。關於第三個可能性的例子，情況亦相似。即是，大前提「凡而且只有人是色盲的」中的「色盲的」，表面看似是

不周延，其實是周延，其周延意也表示於「只」一詞中。

　　由以上討論的定言三段式的第一格，所謂 Barbara，進而發展出三段式的第二格。

　　大前提　$\overline{P} \subset \overline{M}$

　　小前提　$S \subset M$

　　結　論　$S \subset P$

這自牽涉換位及第二格的規律問題，恐繁不多論。至於一、二格之外的其他格式，因與我們處理印度及佛教邏輯，無直接關連，亦不多論。

三、假言三段式推理

　　這是以假言命題（hypothetical proposition，以關係為綱目的一種命題：如果……則）為大前提而成立的推理。在這「如果……則」的關係中，由「如果」所引出的句子，例如「如果天下雨」，稱為「依據」（ground），由「則」所引出的句子，例如「則地濕」，稱為「歸結」（consequence）。對於這個作為假言命題的大前提，我們可肯定或否定其中的依據，或肯定或否定其中的歸結，這肯定或否定所成的語句，都可以是小前提，由大前提與小前提的結合，便有可能推論出結論，而成推理。依據有時亦稱前件，歸結有時亦稱後件。前件又作 antecedent。在這裏，要注意的是，定言三段式的推理，是表示類與類或概念與概念之間的關係，而假言推理是表示前後兩個句子或命題間的關係。

　　以下舉一些例子。以 p＝前件命題，q＝後件命題。對於前

件與後件的肯定與否定，可有四種情況：

1. 如 p，則 q　　　　　　　　3. 如 p，則 q

　　　今 p　　　　　　　　　　　今 q
　　　故 q　　　　　　　　　　　則？

2. 如 p，則 q　　　　　　　　4. 如 p，則 q

　　　今 ~p　　　　　　　　　　今 ~q
　　　則？　　　　　　　　　　　則 ~p

在這四種情況中：

第 1 種是肯定前件即肯定後件，即可有一定結論；

第 2 種是否定前件不必否定後件，即不可能有一定結論；

第 3 種是肯定後件不必肯定前件，即不可能有一定結論；

第 4 種是否定後件即否定前件，即可有一定結論。

這四種情況何以會如是？此中的關鍵是在「充足條件」（sufficient condition）與「必須條件」（necessary condition）的區分。茲先對這兩者加以闡釋。若 a 是 x 的充足條件，這表示只要有 a，便有 x。但這並不表示 x 必須要有 a，才能成立。即是，在 a 之外，可以有 b、c、……能同樣使 x 成立，b、c、……也是 x 的充足條件。因此，有 a，x 固可成立；若沒有 a，x 亦不必不能成立，因可能 b、c、……使之成立。但若 a 是 x 的必須條件，則可以斷定地說，若沒有 a，x 必不能成立。因 a 對於 x 的成立來說，是必須的、不可或缺的。現在的關鍵點是，在假言推理的「如果……則」的關係中，前件對於後件來說，是充足條件，而不是必須條件。

若以這種充足條件的關係來看這四種情況，則：

第 1 種情況是易明的，若有 a，即有 x。故可有一定結論。

第 2 種情況，則如果沒有 a，不一定沒有 x。因 x 可能由 b、
　　c、……而有。故不一定有一定結論。

第 3 種情況，若有 x，不表示一定有 a，因 x 可能由 b、c、
　　……而有。故不必有一定結論。

第 4 種情況，若沒有 x，則肯定沒有 a。因 a 能使 x 成立，
　　是 x 成立的充足條件，若 x 根本沒有，則亦可推知 a 也
　　是沒有的。故這種情況可有一定結論。

為了更清楚地闡明這種充足條件關係的推理，再以具體事例顯示
那四種情況。設：

p＝天下雨，~p＝天不下雨

q＝地濕，　~q＝地不濕

則四種情況為：

1. 如天下雨，則地濕	3. 如天下雨，則地濕
今，天下雨	今，地濕
故地濕	則？
2. 如天下雨，則地濕	4. 如天下雨，則地濕
今，天不下雨	今，地不濕
則？	故天不下雨

天下雨是地濕的充足條件。但不是必須條件。即是，天下雨自然
會引致地濕，這是第 1 種情況。但若天不下雨，地不必不濕；地

濕,亦不必是由於天下雨。因可能有其他方式引致地濕(如倒水
於地、河水泛濫至地面,等等)這些其他方式,是天下雨這個充
足條件所不能概括的。故在第 2、3 種情況,不可能有確定的結
論,因這些其他方式都未有被提及。倘若地根本不濕,則可知天
不下雨,這些其他方式亦無出現。故第 4 種情況可有確定的結
論。

在假言推理中,除了有充足條件關係的推理外,尚有必須條
件、排斥、窮盡關係的推理。如:如 ~p,則 ~q,即:倘若 p 不
成立,則 q 亦不成立,p 是 q 成立的必須條件,這是必須條件關
係的推理。必須條件表示必不可少的條件,但它不一定是充足
的。試看下例:

1. 如 ~p,則 ~q   2. 如 ~p,則 ~q

   今 ~p   今 p

   故 ~q   則 ?

第 1 式自是正確的,可有確定的結論。第 2 式則不能有確定的結
論。因「如 ~p,則 ~q」只表示 p 是 q 的必須條件,即是,q 的
成立,必須依賴 p,但並不一定只依賴 p 便足夠,可能還需依賴
其他條件,才是充足。而 p 不是充足條件,故雖有 p 作為必須條
件,亦不必能成立 q。由此可見必須條件與充足條件的差別。

有關必須條件、排斥、窮盡關係的假言推理,暫置不論。

四、關於古印度邏輯的推理

以上交代了對西方的三段式推理的一些基本的認識。以下我

們要論述印度與佛教的推理。我們是對比著西方的推理方式來做的。

首先看古因明。它是陳那以前包括印度哲學與佛教的推理方式。現存最古的古因明的資料，為《醫者本集》（*Carakasaṃ-hitā*）。這是一部醫學的書籍。[15] "caraka" 意即流浪者之意，亦是古代一個醫者的名稱；"saṃhitā" 是結合，或本集之意。這部東西由那個醫者或醫生所作成，本來是有關內科方面的醫書，卻有部分涉及邏輯推理的問題。其後西元一世紀前後，有《方便心論》（*Upāya-hṛdaya*，傳為龍樹 Nāgārjuna 著，後魏吉迦夜譯），這是佛教的文獻，也談到推理的問題。在差不多同一時期，佛教外有《正理經》（*Nyāya-sūtra*）成立，這是正理學派（Nyāya）的邏輯典籍。至西元三、四世紀，佛教內部盛行邏輯推理的研究，可惜大部分有關資料已不傳。現存於《大藏經》中的古因明的資料有：《瑜伽師地論》（*Yogācāra-bhūmi*，特別是卷 15 部分）、《阿毗達磨雜集論》（特別是卷 16 部分）、《顯揚聖教論》等。這都是較一般性的論著。

佛教稱邏輯為「因明」（hetu-vidyā）。hetu 是原因、理由之意；vidyā 則是明、學問之意。故因明是研究原因、理由的學問，即是推理。它被視為一種認識方法，或認識手段，所謂「量」（pramāṇa）。一般來說，印度人以為量有兩種，這即是比量（anumāna）和現量（pratyakṣa）。這量是認識之源，或認識的本能、手段。比量是推理的認識，是形式的，不牽涉具體的

15　關於《醫者本集》，參看武邑尚邦著：《佛教論理學の研究》，京都：百華苑，1968，頁 34。

經驗事象。現量則是知覺或直接知覺的認識，是直接接觸和認識經驗事象，相當於西方知識論中的 perception，或知覺。

在古印度，不同學派對認識的手段有不同的說法，所謂一量說以至多量說。茲作一簡介如下：

a. 一量說。順世派（Lokāyata）認為，只有現量是認識方式或手段。這是唯物論的立場。

b. 二量說。佛教的主流（例如唯識派 Vijñānavādin）與勝論派（Vaiśeṣika）以為，我們認識事物，可有推理與知覺兩種方式。

c. 三量說。三量是現量、比量與聲量（śabda，或作聖言量）。這是彌曼蹉派（Mīmāṃsā）與數論派（Sāṃkhya）所倡。聲量指聖者的話語，這其實不能作量看。以之為量，只是一種權威主義的表現。

d. 四量說。四量是上面的三量加上譬喻量（upamāna）。這是佛教中的一部與正理派（Nyāya）所倡。譬喻量是透過譬喻的方式以引發對事物的認知。這能否說是量，很成問題。

以下我們看古印度邏輯的推理方式。它的構造，是以判斷推導出判斷，或以命題推導出命題。其推導法可見於如下的標準例子：

a. 聲是無常。

b. 聲是被製作性之故（所作性故）。

c. 一切被製作的東西都是無常。

其中的 b，「聲是被製作性之故」，可寫成聲是被製作的東西。
這樣，我們便可說，a 命題是結論，表示論者的主張；b 命題是
論者的主張的理由，相當於小前提；c 命題是理由的依據，相當
於大前提。這樣，便可與西方的三段式推理比較：

　　c. 一切被製作的東西都是無常　　（大前提）
　　b. 聲是被製作的東西　　　　　　（小前提）
　　a. 聲是無常　　　　　　　　　　（結論）

要注意的是，在印度邏輯推理中，作為理由的命題，如上舉的
「所作性故」[16]，本來是指一種屬性，其相應梵語為 kṛtakatva，
指被製作起來的那種性格；該字的語尾 "tva" 正是指性格之
意，表示屬性的抽象名詞。而「被製作的東西」，則是一般的名
詞，兩者有些不同。不過，這不同並不是本質的，「所作性」作
為性質看，亦可涵有「具有這所作性一性質的東西」之意。因而
把「所作性故」或「被製作性之故」改寫為「含有被製作性的東
西」，以至整個命題改寫為「聲是被製作的東西」，應無嚴重的
問題。[17]

　　由是，我們可把印度邏輯的推理式，套在三段推理式中來理
解。它由三個命題構成。這些命題都是由主詞（subject）與謂詞
（predicate）合成。如「聲是無常」一命題，「聲」是主詞，
「無常」是謂詞，而「是」則是結合詞，或繫詞（copula）。

　　這種命題的主詞（如聲）與謂詞（如無常），都是指一集合

---

[16]　這即是因明中的「因」。關於這因，下文有詳釋。

[17]　關於這點，日本學者北川秀則有不同的意見，參看註 8 所引〈中期大乘
　　佛教の論理學〉一文。

體（collection）。「聲是無常」可寫成：

　　　聲⊂無常

其意是，聲的集合體屬於無常的集合體。這與「這個東西是牛」

一類的命題是不同的。後者的主詞「這個東西」指個體物，其謂

詞「牛」則指個體物的集合。「這個東西是牛」可寫成：

　　　a∈牛

其意是，a 這一個體物屬於牛的集合體。「聲是無常」一類命題

可稱為「集合體的命題」，其主詞與謂詞的關係可以「⊂」一符

號來表示；「這個東西是牛」一類命題可稱為「個體物的命

題」，其主詞與謂詞的關係可以「∈」一符號來表示。要注意的

是，「⊂」指涉一集合體，「∈」則指涉一個體物。

　　不過，通過一些文字上的操作，集合體的命題可寫成個體物

的命題。例如「聲是無常」，其意即是，一切屬於聲的東西都是

無常，亦可寫成「就一切的東西來說，若某一東西是聲，則該東

西是無常」。這個意思，若用現代邏輯來表示，可寫成：

　　　$(\forall x)\,[(x\in 聲) \to (x\in 無常)]$

此中，「∀」是一全稱的符號，指涉一切東西；「→」則表示條

件性，通常亦可寫作「⊃」；「x」則表示某一東西。若以這種

方式表示「聲是無常」的定義，則可寫成：

　　　$[聲\subset 無常]=\mathrm{df}\,(\forall x)\,[(x\in 聲) \to (x\in 無常)]$

依循這個方式，上面的推理的程式可寫為：

　　c.大前提：$(\forall x)\,[(x\in 被製作的東西) \to (x\in 無常)]$

　　b.小前提：$(\forall x)\,[(x\in 聲) \to (x\in 被製作的東西)]$

　　a.結　論：$(\forall x)\,[(x\in 聲) \to (x\in 無常)]$

若省去一些符號（這種省略是可以的），而代以文字，則可寫

成：

　c.大前提：被製作的東西⊂無常

　b.小前提：聲⊂被製作的東西

　a.結　論：聲⊂無常

若以 S 表聲，P 表無常，M 表被製作的東西，則成：

　c.大前提：M⊂P

　b.小前提：S⊂M

　a.結　論：S⊂P

這便成三段推理式。M 或被製作的東西是中詞，通過它，小詞 S 或聲與大詞 P 或無常被連貫起來，而成一種包攝的關係，這是就外延方面的包攝而言的。「⊂」表示外延小者或小類包攝於外延大者或大類中之意。這是印度邏輯的推理套在西方的三段式推理的架構下的理解方式。

　此中，「聲」與「被製作的東西」兩個詞或概念都是周延的，即舉盡了它們所能概括的範圍的分子。這周延在因明學中，稱為「遍充」，或「遍滿」（vyāpti）。[18]這其實是一小類的全

---

[18] 遍充（vyāpti）的問題，佛教邏輯大家法稱（Dharmakīrti）已討論及之。其後成為後期佛教邏輯中的一個熱門論題。由於篇幅關係，這裏不能細論。詳情可參看下列文字。

　　梶山雄一：〈ラトナキールチの遍充論〉，載於《中野教授古稀紀念論文集》，1960，頁 105-126。

　　＿＿＿：〈ラトナキールチの歸謬論證と內遍充論の生成〉，載於《塚本博士頌壽紀念佛教史學論集》，1961，頁 256-272。

　　＿＿＿：〈ラトナーカラシヤーンテイの論理學書〉，載於《佛教史學》第 8 卷第 4 號，頁 21-40。

部包含於一大類中之意。這種包攝關係有兩種：

a.　　$B \subset A$，或 $(\forall x)[(x \in B) \rightarrow (x \in A)]$

b.　　$B = A$，或 $(B = A) = df[B \subset A] \cdot [A \subset B]$

兩者合起來，可寫成：

　　　$B \subseteq A$，或 $[B \subseteq A] = df[B \subset A] \vee [B = A]$

在這幾個論式中，「·」表示同時成立，「∨」表示兩者必有一者成立，或兩者同時成立。在 b 式，$[B \subset A] \cdot [A \subset B]$ 表示 B 類與 A 類的外延互相包攝，這種關係在邏輯上表示 B 與 A 為同一。故 B＝A。

在遍充關係中，被包攝的是所遍（vyāpya），包攝者是能遍（vyāpaka）。所遍必須周延，能遍則不必周延。能遍相當於傳統邏輯中的類概念（genus），所遍相當於種概念（species）。故遍充關係即是類種關係，亦即是集合體與集合體的關係。由於這集合體是由概念的外延而限定，故其關係又可是概念的外延的包攝關係。在這點上，印度邏輯的推理是與西方的三段式推理相應合的。

蔣田徹，〈Vyāpti の一考察〉，載於《印度學佛教學研究》卷 2 第 1 號，1953，頁 119-120。

Yuichi Kajiyama, "On the Theory of Intrinsic Determination of Universal Concomitance in Buddhist Logic"，載於《印度學佛教學研究》卷 7 第 1 號，1958，頁 364-360（英文部分頁次）。ラトナキールチ即寶稱（Ratnakīrti），ラトナーカラシヤーンテイ即寶作寂（Ratnākaraśānti）。二人都是後期佛教的重要人物。Yuichi Kajiyama 即是梶山雄一。

五、五分作法

以上我們論述了古印度邏輯推理的性格。以下我們看這種推理的具體運作程序，這便是所謂「五分作法」，意即以五個命題來顯示推理的程序。

《醫者本集》的五分作法，分宗、因、喻、合、結五個命題。以下分別說明之。

1. 宗（pratijñā, pakṣa）：這是論者的主張，相當於形式邏輯或傳統邏輯的結論。這是由主詞 S 與謂詞 P 所成立的命題。如：

S⊆P

其意是 S 類屬於 P 類，或即是 P 類。其主詞稱為有法（dharmin），謂詞稱為法（dharma）。前者即是小詞，後者即是大詞。

2. 因（hetu）：這是表示宗的理由或依據的命題，相當於傳統邏輯中的小前提，由主詞 S 與謂詞 M 所成，如：

S⊆M

其意是 S 類屬於 M 類，或即是 M 類。這 M 是中詞，又稱為因。此中要注意的是，「因」一詞可有兩個涵義，其一是小前提；另一是中詞。又這中詞另外又稱為相（liṅga）。

3. 喻（udāharaṇa, dṛṣṭānta）：這是實例，表示因的實例。在傳統邏輯中，並未有與它直接相應的命題，勉強來說，可視之為大前提。由於它指向一實例，因而顯示印度邏輯注重具體的事例，這也是它略不同於西方傳統邏輯的特色。其表示式為：

M⊆P

其意是 M 類屬於 P 類，或即是 P 類。

在《醫者本集》中，宗、因、喻所成的推理是：

宗：神我是常住

因：（神我是）非所作性之故

喻：譬如虛空

此中的喻的意思其實是：「例如虛空即是非所作性，故虛空是常住」。這可寫成：

[虛空⊂非所作性] → [虛空⊂常住]

若以 T 表虛空，M 表非所作性，P 表常住，則成：

(T⊂M) → (T⊂P)

此中即隱含 M⊂P（非所作性即是常住）之意，這正是西方傳統邏輯的三段式推理的大前提。不同的是，三段式的大前提表示 M 類包攝於 P 類中，而喻則以包攝於 M 類中的一個實例 T 為包攝於 P 類中。

4.合（uparaya）：這是把喻與因結合起來的命題。如：

宗：神我是常住

因：（神我是）非所作性之故

喻：譬如虛空

合：神我亦是那樣，如非所作性的虛空那樣

此中，合實是把因的主詞「神我」、謂詞「非所作性」及喻「虛空」結合起來，其意思是：

由於虛空是非所作性，故虛空是常住；同樣，由於神我是非所作性，故神我亦是常住。

這個意思若以符號來表示，便如：

[(T⊂M) → (T⊂P)] → [(S⊂M) → (S⊂P)]

此中，T 仍表虛空，M 仍表非所作性，P 仍表常住，而 S 則表神

我。這個喻的命題，用意是提出與宗所要論證的東西有相同屬性或謂詞的另一東西作為比喻，使聽者更能清楚了解所要論證的事項。這喻的提出，牽涉對另一東西的了解，有認知或知識論意味。這則是傳統邏輯的三段式推理所無的。這點是很重要的。上面說過，三段式的推理只問推理程序的有效性，而不管客觀事實如何，而印度的邏輯推理卻照顧到對客觀事實的理解方面，這喻實顯示這種特性。這種關涉到客觀事實的理解，日本的北川秀則非常重視，他因此也強調印度邏輯之不同於西方之處。

5.結（nigamana）：即結論，把最初的宗重說一遍。

案五分作法中的最初的宗與最後的結，是同一的命題，故可省略掉，而成四分作法。

又其合的程式，如上所示，為：

$$[(T \subset M) \rightarrow (T \subset P)] \rightarrow [(S \subset M) \rightarrow (S \subset P)]$$

其喻為：

$$(T \subset M) \rightarrow (T \subset P)$$

其結論或因為：

$$(S \subset M) \rightarrow (S \subset P)$$

此中，若以命題 p、q 代之，即以 p 代 $(T \subset M) \rightarrow (T \subset P)$，以 q 代 $(S \subset M) \rightarrow (S \subset P)$，這樣，合可寫成 $p \rightarrow q$，喻則為 p，結論或因則為 q，這正是：

　　　如 p，則 q　　（大前提）

　　　今 p　　　　　（小前提）

　　　故 q　　　　　（結論）

的假言三段推理法。由此可見五分作法符合三段式推理，因而是正確的推理。

　　五分作法通常見於《醫者本集》和《正理經》中。上面所闡述的，是前者的五分作法。至於《正理經》的五分作法，若與前者比較，則可以說，兩者在宗、因、結方面相同，在喻、合方面則不同。《正理經》的五分作法的前三分可例示如下：

　　　　宗：聲是無常

　　　　因：（聲是）所作性之故

　　　　喻：譬如瓶

喻在這裏的意思是：譬如，瓶是所作性，故瓶是無常。若以 S 表聲，P 表無常，M 表所作性，T 表瓶，則上面的三分可寫成：

　　　　宗：$S \subset P$

　　　　因：$S \subset M$

　　　　喻：$(T \subset M) \rightarrow (T \subset P)$

喻方面又有異喻。這異喻與大詞 P 為矛盾，因而亦與中詞 M 為矛盾。如：

　　　　異喻：常住的東西非所作性，如我

此中的「如我」，其意思是：例如，我非所作性，故非無常。若以 R 表我，$\overline{P}$ 表常住，$\overline{M}$ 表非所作性，則可得異喻的論式為：[19]

　　　　異喻：$(\overline{P} \subset \overline{M}) \cdot [(R \subset \overline{M}) \rightarrow (R \subset \overline{P})]$

至於合，則與因同，故為：

　　　　合：$S \subset M$

這則與《醫者本集》的不同。最後是結，這是把宗再述一遍：

　　　　結：$S \subset P$

---

[19]　要注意的是，此中的「—」號，如 $\overline{M}$ 中者，表示相反的意思。如 M 是所作性，$\overline{M}$ 則是非所作性。

若把相同的略去，可得推理式如：

宗（即結）：S⊂P

因（即合）：S⊂M

喻：(T⊂M) → (T⊂P)

異喻：$(\overline{P}⊂\overline{M}) \cdot [(R⊂\overline{M}) → (R⊂\overline{P})]$

若以 p、q、r、s 分別表宗、因、喻、異喻，則我們可總結得兩種推理：

① r+q → p　　（喻＋因→宗）

② s+q → p　　（異喻＋因→宗）

我們試以三段推理為參照，看看這兩種推理是否有效或合法。先看① r+q → p：

喻（大前提）：(T⊂M) → (T⊂P)

因（小前提）：S⊂M

宗（結　論）：S⊂P

這種推理式，並不完全，不能視為合法有效的推理。關於② s＋q → p：

異喻（大前提）：$(\overline{P}⊂\overline{M}) \cdot [(R⊂\overline{M}) → (R⊂\overline{P})]$

因（小前提）：S⊂M

宗（結　論）：S⊂P

若只取異喻的前半截為大前提，得：

$\overline{P}⊂\overline{M}$

S⊂M

S⊂P

這是三段式推理的第二格。故是有效的推理。

六、陳那的新因明

　　印度邏輯（包括《醫者本集》、《正理經》與早期佛教的）發展至陳那，有突破性的表現。陳那是中期大乘佛教的學者，屬唯識學派（Vijñānavādin）。他是世親（Vasubandhu）的信徒，是唯識的十大論師之一。世親講唯識，很注意第七識的末那識（manas）和第八識的阿賴耶識（ālaya）。這都是與我們日常的妄執有極密切關係的心識。要轉妄識成淨智，而得解脫，便要對治這兩個心識。這裏有很濃厚的救贖意味（soteriological sense）。陳那則不同。他不講這兩個心識，而集中講前六識，因而有頗強的認識論意味（epistemological sense）。這認識是就西方哲學者而言。

　　陳那是新因明的締造者。這種新的邏輯體系，主要表示於他的以下幾部著作中：《集量論》（又作《知識論集成》，*Pramāṇasamuccaya*）、《因輪整論》（又作《因輪抉擇》，*Hetucakra-hemaru*）、《正理門論》（*Nyāyamukha*）。《集量論》是陳那的晚年作品，內容也最豐富，代表他成熟時期的思想。其中大部分都是談論邏輯問題。這本巨著的梵文本已散佚，只有零碎片段見於後期佛教的文獻中，漢譯方面，有義淨譯本，卻沒有留存下來。但它有西藏文翻譯的全本[20]。北川秀則所寫的《インド古典論理學の研究》，便是這書論邏輯部分的日譯[21]。《因輪

---

[20]　東北目錄，No. 4203, No. 4204。

[21]　另外一部分是論知識問題的。M. Hattori（服部正明）的 *Dignāga on Perception*, Cambridge: Harvard University Press, 1968，便是這部分的英譯。

整論》則以藏譯本流通[22]，有武邑尚邦的日譯[23]。《正理門論》
有玄奘的漢譯[24]，義淨也有譯本[25]。兩者的文字，幾乎一樣。這
是中土方面研究陳那因明思想的重要依據。遺憾的是，這本作品
是陳那早年成立的，內容簡單，沒有很多發揮，有很多處說得不
清楚。

另外，還有商羯羅天主（Śaṅkarasvāmin）的《入正理論》
（Nyāyapraveśaka）。這本精簡的小品有梵藏本，漢譯則有玄奘
的譯本[26]。宇井伯壽曾對它作過廣面的文獻學的研究[27]。玄奘的
弟子窺基對這本書作過詳細的注釋，稱《因明入正理論疏》[28]，
對中國與日本方面的因明研究，有一定的影響。不過，這本疏解
對因明本身有不少誤解之處。關於商羯羅天主，傳統一直以為是
陳那的門人，但據最近學者的研究，他是勝論學派（Vaiśeṣika）
的人。[29]

---

[22] 北京影印目錄，No. 5708。

[23] 譯文載於龍谷大學佛學學會編《佛教學研究》第 7、8 期中。

[24] 《大正藏》No. 1628。

[25] 《大正藏》No. 1629。

[26] 《大正藏》No. 1630。

[27] 宇井伯壽，op. cit., 頁 301-337。

[28] 《大正藏》No. 1840。

[29] 在印度思想界，以外派人的身分解釋某派的文獻的情況，並不罕有。商
羯羅天主是一個例子。在佛教內部，唯識派的無著（Asaṅga）與安慧
（Sthiramati）都曾作過中觀學派的《中論》的註釋。八六年初去世的
穆諦（T. R. V. Murti）的中觀學的巨著 The Central Philosophy of
Buddhism, London: George Allen and Unwin, 1955，使他成為這方面研究
的一代宗師。但他卻是吠檀多學派（Vedānta）的教徒，沒有佛教的信
仰。

在認識論方面，陳那取二量說，只承認現量與比量為我們所具有的正確認識事物的能力。現量相當於西方康德（I. Kant）哲學中的感性（Sinnlichkeit），比量相當於知性（Verstand）。在這方面，陳那與康德是相近的。後者亦認為知識的成素，只有感性與知性。比量是推理能力，因明的基礎，即在比量。

比量分自比量（為自比量，svārthānumāna）與他比量（為他比量，parārthānumāna）。自比量是論者自身為了獲得正確的認識而行的推理，其梵文表示式可拆寫為 sva-artha-anumāna，sva 即自身，artha 即用意、意圖之意，整個表示式的意思是為了自身（的認識）而行的推理。他比量則是使他人或論敵獲得正確的認識而行的推理，其梵文表示式可拆寫為 para-artha-anumāna，para 即他者之意，整個表示式的意思是為了他人（的認識）而行的推理。有些學者把 parārthānumāna 譯為辯證論[30]，這是有問題的。因為為他比量總是屬於形式邏輯範圍，而辯證法則是辯證邏輯，這是兩種邏輯，不能混淆。

就表示的方式來說，自比量表示於心中，他比量表示於言說。前者所用的是概念，是內部的「言說」；後者所用的是音聲、文字，是外部的言說。不管如何，兩者都必須依從相同的推理規則。這是陳那所堅持的。

陳那的新因明有三個組成部分。這即是三支作法、因三相與九句因。這三者不能說都是陳那的獨創。無著的《順中論》曾論及因三相說，而三支作法也可說內在於五分作法中。不過，陳那

30　參看梶山雄一著〈後期インド佛教の論理學〉，載於三枝充悳編集：《講座佛教思想第 2 卷：認識論、論理學》，東京：理想社，1974，頁244。

整理過這兩者，使之更為完善。至於九句因，則純粹是陳那的獨
創，可以說是新因明的最大特徵。

　　以下我們即分論這新因明的三個組成部分。

七、三支作法

　　三支作法是以三個命題來表示或進行的推理。它的完整的寫
法為：

　　宗：聲是無常
　　因：（聲是）所作性之故
　　喻：同喻──喻體：一切所作的東西都是無常
　　　　　　　＼喻依：例如瓶
　　　　　異喻──喻體：一切常住的東西都非所作
　　　　　　　　＼喻依：例如虛空

以下依次論述這宗、因、喻三個命題。

　　關於宗方面，根據商羯羅天主的《入正理論》，宗這樣的
命題，有兩個特別的條件。其一是由有法（dharmin）與能別
（viśeṣana）合成。能別又稱為法（dharma）。有法指具有法的
那個東西，故是主詞，法則指作為主詞的有法的性質，或用以描
述有法的，故是謂詞。以形式邏輯來說，有法相當於小詞 S，法
相當於大詞 P。故宗是指由 S 與 P 合成的命題。另外一個條件是
不含有相違（viruddha）。相違指矛盾。即是說，在結論中不能
有矛盾的情況出現。按這個條件其實是命題或判斷一般的基本條
件，但在新因明中，只視為宗的條件而列出來，此可見其不完足
處。

　　關於矛盾或相違，陳那在《正理門論》中列出五種：自語相違、自教相違、世間相違、現量相違、比量相違。其中，自語相違比較麻煩，我們用符號式來幫助解釋。其他的相違則只略作解釋。

　　所謂自語相違，其意是，某一主張自身便含有矛盾成分，所謂自相矛盾。例如「一切言說都是虛妄」這一主張，這本來是要否定論敵的言說，但由於主張自身亦是一種言說的表現，結果連自己的這種主張亦否定了。這便是自相矛盾。若以符號來表示，則可以 W 表真，$\overline{W}$ 表偽（虛妄），G 表言說，則「一切言說都是虛妄」一命題可寫成：

$$(\forall x)\,[(x \in G) \;\rightarrow\; (x \in \overline{W})] \underline{\hspace{3cm}} (1)$$

若以 P 表這個命題，則可寫成：

$$P \equiv (\forall x)\,[(x \in G) \;\rightarrow\; (x \in \overline{W})] \underline{\hspace{2.5cm}} (2)$$

「≡」表示兩命題相等。這樣，可成立如下的推理：

$$(\forall x)\,[(x \in G) \;\rightarrow\; (x \in \overline{W})]$$

$$\therefore (P \in G) \;\rightarrow\; (P \in \overline{W}) \quad （結論） \underline{\hspace{2cm}} (3)$$

此中之所以能得 $(P \in G) \rightarrow (P \in \overline{W})$，正是由於 P 表示一個命題，而命題亦不外是言說。這 P 是言說一點，可以寫成：

$$P \in G \underline{\hspace{6cm}} (4)$$

現在以(3)的結論為大前提，以(4)為小前提，則可得這樣的推理：

$$(P \in G) \;\rightarrow\; (P \in \overline{W})$$

$$P \in G$$

$$P \in \overline{W} \underline{\hspace{6cm}} (5)$$

由(2)可知 P 正是這個「一切言說都是虛妄」的主張，故必須被假定為真，因而有下式：

$$P \in W \underline{\hspace{6cm}} \text{(6)}$$

把⑸的結論與⑹放在一起,得:

$$(P \in W) \cdot (P \in \overline{W}) \underline{\hspace{4cm}} \text{(7)}$$

這即是「P 是真,同時又是偽」的矛盾命題。這是由最初的⑴式中必然生起的。[31]

關於其他的矛盾或相違,略釋如下。自教相違指與自家的教

---

[31] 在西方的分析哲學中,對於像「一切言說都是虛妄」這種可以引起自身矛盾的命題,有它的消解方法。即是把言說分成兩層,「一切言說」是被描述的,這是一層,這是「對象語言」(object language);「一切言說都是虛妄」一命題,雖然亦是言說,但它是描述「一切言說」的,有後設的意味,故不必列入「一切言說」中,而屬於另一層,即是,它是「描述語言」(description language),或「後設語言」(meta-language)。若能分清楚語言的層次,便可避免產生混淆。佛教的中觀學派亦碰到外派以類似的問題來問難。例如在龍樹的《迴諍論》(*Vigrahavyāvartanī*)中,作為反對論者的正理學派與阿毗達磨(Abhidharma)佛教學派便攻擊龍樹的無自性的空觀。彼等謂:「若一切無體,言語是一切,言語自無體,何能遮彼體?」(《大正藏》32.13b)彼等的論證是:若一切東西都沒有自性或自體,都是空的,則這「一切東西都沒有自體,都是空的」一言說,亦無自體,亦是空;既然這言語是無自體是空,則亦不能否定自體。另一方面,若說言說有自體,則又有困難如下:「若語有自體,前所立宗壞,如是則有過,應更說勝因。」(同上,13c)其意是,反過來說,倘若言說具有自體,則你先前的主張便不成立了。即是「一切東西都沒有自體,都是空的」一說法便要破掉。在這裏,顯然是以一兩難的格局來否定無自體的空義。即是,不論說言說無自體抑有自體,都有困難,故空義不能成立。其實,若能把語言的層次區分清楚,即可不發生兩難。說「一切東西都沒有自體,都是空的」自然包括言說在內,但不能包括此「一切東西都沒有自體,都是空的」一言說。因這一言說是能指,是後設的,而其中的「一切」是所指。所指不能再概括能指。這樣,界線劃分清楚,便無困難。

理相矛盾的命題。世間相違指命題雖然在邏輯上無矛盾，但與世間的常識矛盾。這種相違顯示因明學的現實立場，它不單講推理的合法性有效性，同時也照顧及世間的常識與理解。嚴格來說，推理是不必顧及這方面的。這也可以看到印度人不僅注重形式、思考規律，同時也有現實的關懷。現量相違則指與經驗事實矛盾的命題，如「聲不是所聞的東西」。比量相違則指由推理而得的不符合世間事實的命題，如「瓶是永遠不變的東西」。這亦顯出一種實用的立場。

　　以上是說宗。以下我們說因。因可分原因與理由兩種。前者是經驗事件的原因，後者是理論意義，是邏輯上的理由。《正理門論》以原因為生因，以理由為了因，或證了因。所謂邏輯的理由，即是了因。陳那對於這種了因確立了三個條件：

> 一是「因是宗之法」。宗本來是論者的主張，是推理的結論。但這裏的「宗」，則是指這結論的主詞 S。「宗之法」則指 S 的謂詞，這不是小前提，而是中詞 M。這個條件的意思是，中詞 M 是小詞 S 的謂詞，或 M 包攝 S。寫成符號，則為：
> $S \subset M$
> 其二是這「S 是 M」（$S \subset M$）一命題，必須是論者與論敵雙方共同認許的。不然的話，辯論便無法進行。因為這「S 是 M」是小前提。
> 其三是確立作為宗（小詞）之法的因（中詞）要能把小詞 S 與大詞 P 連結起來。即 S 必須為 M 包攝，M 必須為 P 包攝，即：
> $S \subset M，M \subset P$

　　兩者必須同時成立，才能得出 S 與 P 的關係，即 S⊂P 的結
論。這是把小詞與大詞的關係建立起來的論式。

第一條件（即 S⊂M）為因的第一相。第二條件（即 M⊂P）為
因的第二相。另外，全部 M 須為 P 所包攝，即要確立「M 而非
P」的情形是沒有的，這是因的第三相，亦即第三條件。這三者
合起來，便是所謂「因三相」。這是陳那的因明學的第一特色。
關於這點，後面會再詳論。

　　最後我們說喻。這是較為複雜的一面。喻是譬喻，是提出實
際的例子，這在上面已提過。喻的用意是以實例來支持因。陳那
的因明學把喻分為兩部分：喻依與喻體。前者是實例；後者是一
全稱命題。試看下例：

　　　　宗：聲是無常
　　　　因：（聲是）所作性之故
　　　　喻體：一切所作的東西都是無常
　　　　喻依：譬如瓶

若以 S 表聲，M 表所作性，P 表無常，T 表瓶，則可得：

　　　　宗：S⊂P
　　　　因：S⊂M
　　　　喻體：$(\forall x)\,[(x \in M) \rightarrow (x \in P)]$

喻依的「例如瓶」，其意即是：「例如瓶是所作的東西，故是無
常」。其式為：

　　　　喻依：$(T \subset M) \rightarrow (T \subset P)$

若把喻體與喻依連結起來，可寫成：

　　　　喻：$(\forall x)\,[(x \in M) \rightarrow (x \in P)] \cdot [(T \subset M) \rightarrow (T \subset P)]$

這論式的前半部，即喻體部分，是全稱命題，若寫成包攝關係，可如：

$$(\forall x) [(x \in M) \rightarrow (x \in P)] \equiv (M \subset P)$$

因而可得：

喻：$(M \subset P) \cdot [(T \subset M) \rightarrow (T \subset P)]$

若把喻體 $M \subset P$ 抽出，與宗、因相並，可得這樣的推理：

喻體（大前提）：$M \subset P$

因　（小前提）：$S \subset M$

宗　（結　論）：$S \subset P$

這推理式正是形式邏輯的定言三段論的第一格第一式 Barbara。

　　倘若以喻依為大前提，則可得以下的推理：

喻依（大前提）：$(T \subset M) \rightarrow (T \subset P)$

因　（小前提）：$S \subset M$

宗　（結　論）：$S \subset P$

這種推理，在邏輯上並不完整。三支作法主要成立於：

喻體＋因→宗

的推理上。喻依是提出實際例子，只能作為對喻體的補充，它是不足以作大前提看的。通常我們以宗、因、喻說三支，其中的喻，當指喻體而言。

　　另外，關於喻方面，陳那又區別開同喻與異喻。同喻即如前述那樣，是肯定式的大前提；異喻則出之以否定形式。如：

同喻——喻體：一切所作的東西都是無常
　　　　喻依：例如瓶

異喻——喻體：一切常住的東西都非所作
　　　　喻依：例如虛空

以符號來表示，則同喻如上面已表述那樣：

$$(M \subset P) \cdot [(T \subset M) \rightarrow (T \subset P)] \underline{\hspace{3cm}} (1)$$

關於異喻，則常住是無常 P 的否定，因而是 $\overline{P}$；非所作是所作 M 的否定，因而是 $\overline{M}$；又以 R 表實例的虛空，則異喻可寫為：

$$(\forall x) [(x \in \overline{P}) \rightarrow (x \in \overline{M})] \cdot [(R \subset \overline{P}) \rightarrow (R \subset \overline{M})] \underline{\hspace{1cm}} (2)$$

很明顯地看到，$R \subset \overline{P}$ 指虛空是常住之意；$R \subset \overline{M}$ 指虛空是非所作。此中的前半式可寫成：

$$(\forall x) [(x \in \overline{P}) \rightarrow (x \in \overline{M})] \equiv (\overline{P} \subset \overline{M}) \underline{\hspace{2cm}} (3)$$

把(2)與(3)合起來，異喻可寫成：

$$(\overline{P} \subset \overline{M}) \cdot [(R \subset \overline{P}) \rightarrow (R \subset \overline{M})] \underline{\hspace{2.5cm}} (4)$$

把(1)與(4)比較看，兩者的喻體部分，即 $(M \subset P)$ 與 $(\overline{P} \subset \overline{M})$ 恰成對偶（contraposition）關係，故為相等，可得：

$$(M \subset P) \equiv (\overline{P} \subset \overline{M}) \underline{\hspace{3.5cm}} (5)$$

故單就喻體而言，若以連語形式把同喻與異喻並列起來，便會有邏輯上的重複情形出現。因而可把其中的一方消去。若消去異喻的喻體，則如上面所示，推理式成了定言三段論法的第一格第一式 Barbara。若消去同喻的喻體，則成：

喻：$\overline{P} \subset \overline{M}$

因：$S \subset M$

宗：$S \subset P$

這則是定言三段論法中的第二格。若不分別處理，保留兩者的連語形式，則成第一格與第二格的複合推理的特殊形式：

$$(M \subset P) \cdot (\overline{P} \subset \overline{M})$$

$$S \subset M$$

$$S \subset P$$

要注意的是，在異喻的情況，如「一切常住的東西都非所作」，就佛教的立場來說，常住的東西是沒有的，因而不能舉出異喻的實例。而這異喻可符號化為：

$$(\overline{P} \subset \overline{M}) \cdot (\overline{P} = 0)$$

0 表示沒有存在性、沒有存在的分子的空的集合，這在類的區分來說，稱為空類（null class）。這樣的表示式又可寫為：

$$(M \subset P) \cdot (\overline{P} = 1)$$

1 表示包含一切分子，而成全類（universal class）。P＝1 表示所有的分子都是 P，沒有 $\overline{P}$。$\overline{P}$ 是常住，沒有 $\overline{P}$ 即表示沒有常住的東西。[32]

---

[32]　空類與全類是類的兩種。為了較清楚了解起見，我們這裏要對類（class）作一些解釋。類表示一個組合，其中包括若干分子。這些分子之能被歸聚於一起，必須依據某一普遍的標準。後者是各個分子共同分有的性質。必須要有這個普遍的標準，我們才能把散列的東西或個體物聚合起來。因此，類包含各個作為分子的個體物，亦涵普遍的標準或普遍性於其中。

類通常是分子的組合。但亦有些類是沒有分子的，這便是空類（null class）。空類可有兩種：

(1)由自相矛盾的概念所組成的空類。例如「不是紅色的紅蘋果」。由於自相矛盾的概念根本不可能成立，或不可能理解，如「不是紅色的紅」，故所成的類不可能有分子或實例。

(2)由不矛盾但無現實存在與之相應的概念所成的類，例如龜毛、兔角、牛蛋、香港的總統。這些概念並不矛盾，故原則上它們可以成立類，但由於它們所概括的分子沒有現實的存在，故是空類。

總結來說，類可以有五種：

(1)個體類（individual class）：類的概念所包含的分子只有一個，例如川普總統。實際上，每一個體都可自成一類。不過，我們通常說類，很少想到它只有一個分子。

　　以下我們總結一下三支作法的特點。就理論言，三支作法的
基礎，在概念的外延的包攝關係，是演繹推理的形式，相當於傳
統邏輯的定言三段論法的第一格第一式 Barbara。關於這點，相
當明顯，此中不多說。不過，有一點極其重要的是，上面提到同
喻與異喻在喻體方面的對偶性問題，即是：

　　同喻喻體：一切所作的東西都是無常。
　　異喻喻體：一切常住的東西都非所作。

這個關係恰巧可套在我們在第三節論假言三段式推理的第四種情
況：

　　　　如 p，則 q
　　　　今 ~q
　　　　則 ~p

---

(2)有限類（finite class）：類的概念所能概括的分子數目為有限，例如
　　「中國人」。

(3)無限類（infinite class）：類的概念所概括的分子數目為無限，例如
　　「諸法」、「萬物」。

(4)空類（null class）：類的概念所概括的分子不存在。這是由於類概念
　　自身矛盾，或這些分子在經驗事實上為無。

(5)全類（universal class）：全類有些像無限類，但它的範圍較為確定，
　　它是由兩個互相排斥而窮盡的組合而合成。例如「綠」與「非綠」，
　　這兩概念可組成兩個互相排斥而窮盡的組合。兩者的和，即是全類。
　　注意：這裏說的「非綠」，若只限於顏色，則「綠」與「非綠」加起
　　來，即是顏色的全類。但若「非綠」不單指顏色，而廣指不是綠色的
　　一切東西，則「綠」與「非綠」加起來，即成一無限制的，無所不包
　　的全類。

此中，p 是前件命題，q 是後件命題，可分別表示東西是所作與東西是無常。這個關係，可寫成論式如下：

$$p \supset q \cdot \supset \cdot \sim q \supset \sim p \quad （\supset 表示涵蘊之意）$$

而不是

$$p \supset q \cdot \supset \cdot \sim p \supset \sim q$$

後者正是上面第三節論假言三段式推理的第二種情況：

> 如 p，則 q
>
> 今 ~p
>
> 則 ~q？

如該節所示，這是否定前件不必否定後件，故不可能有一定結論。而前者（即 $p \supset q \cdot \supset \cdot \sim q \supset \sim p$）則是否定後件即否定前件，故可有一定的結論。這正是對偶性法則。陳那三支作法中同喻喻體與異喻喻體的表述，正明顯地顯示了這個對偶性法則。這在印度邏輯史上，是極其重要的表現。在陳那之前的邏輯學者，對這對偶性原則，並無確切的理解，他們通常以為否定前件便能否定後件，以為這樣推理而得結論是合法有效的。如比陳那早出約一百年的正理學派學者瓦茲耶耶納（Vātsyāyana）在其《正理經疏》（*Nyāyabhāṣya*）中，便設定如下的推理，以為否定前件便能否定後件：

> 宗：聲是無常
>
> 因：生起性之故
>
> 喻——同喻：凡具有生起性者，都是無常。例如皿
>
> 　　　異喻：凡不具有生起性者，都是常住。例如靈魂
>
> 合：1.聲亦是這樣（即像皿等）。具有生起性
>
> 　　2.聲不是這樣（即像靈魂等）。不具有生起性

　　　結：故聲是無常

此中的喻顯然是 p⊃q・⊃・~p⊃~q 的論式，不符合對偶性原則。

八、因三相

　　所謂因三相，指成就三支作法的推理的妥當性的三項條件。這即是：遍是宗法性（pakṣadharmatva）、同品定有性（sapakṣe sattva）、異品遍無性（vipakṣe asattva）。此中牽涉兩個重要概念，這即是同品與異品。以下先解釋這兩個概念。

　　同品的梵語表示式是 sapakṣa。sa 是共通之意，pakṣa 則指宗。故同品意即「共通於宗的東西」。但這裏的宗，不是指那個作為結論的命題（如S⊂P，S為P所包攝），而是指這命題的謂詞P，亦即是大詞。例如在：

　　　S⊂M
　　　M⊂P
　　　S⊂P

這個推理中，S 是小詞，M 是中詞，P 則是大詞。同品或共通於宗的東西即指屬於 P、為 P 所包攝的一切分子。

　　異品的梵語表示為 vipakṣa 或 asapakṣa，指大詞 P 以外的東西，即「P 以外的個體物的組合」。這相當於 P 的餘補，或輔類（complementary class），即 P̄。倘若 P 指一個類，則一個類與其輔類加起來便是全類。關於全類，我們在上面已解釋過了。關於同品與異品的關係，可以下面的幾何圖形來表示：

此中，P 表同品，$\overline{P}$ 表異品，方形 I 表 P 與 $\overline{P}$ 加起來的和。故同品與異品的基本關係可示如下：

$$\overline{P}=I-P$$

或：

$$P+\overline{P}=I，P+\overline{P}=1$$

其中的 I 或 1 等於方形之全。由此可見，同品與異品是沒有共通部分的，所謂「積」。這可寫成：

$$P\cap\overline{P}=0$$

或：

$$P\cdot\overline{P}=0$$

此中的「∩」、「·」是共通之意，即既是 P，又是 $\overline{P}$ 之意。這共通的部分是沒有的，它等於零。

解釋過同品與異品，以下我們可看因三相或三支作法的三個條件。第一個條件或第一相是遍是宗法性，是作為小前提的因的條件；第二個條件或第二相是同品定有性，是作為大前提的喻的條件；第三個條件或第三相是異品遍無性，是第二相的否定的表現。

以下先看第一相遍是宗法性（pakṣadharmatva）。pakṣa 是宗，dharma 是法，tva 或 tā 是抽象名詞的語尾，「性」或「性格」之意。故這一相的本來名稱應是「宗法性」，「遍是」是漢譯者附加上去的。「宗」是宗主詞，亦是小詞 S；「宗法」則指

作為宗的 S 的謂詞，即中詞 M。「遍是」的意思是，M 是一切 S 的謂詞。故遍是宗法性所表示的第一相的條件是：「一切 S 是 M」（如一切聲是所作性），或「S 為 M 所包攝」。用符號來表示則如：

$$(\forall x) [(x \in S) \rightarrow (x \in M)]$$

或

$$S \subset M$$

第二相同品定有性（sapakṣe sattva）中，sapakṣe 是「在同品中」之意；語尾 "e" 表示位格。sattva 是存在之意。同品指大詞 P 的外延。「同品定有」指必存在於同品中，即作為中詞的 M 必須包攝於大詞 P 中，這如下式所表示：

$$M \subset P$$

例如，一切所作性都是無常。這其實是喻或大前提的必須條件。若 M 與 P 等，即中詞與大詞的外延相同，則可寫成：

$$M = P$$

若與上式結合起來，則可得：

$$(M \subset P) \vee (M = P)$$

第三相異品遍無性（vipakṣe asattva）的意思是，在異品中全然不存在。異品是大詞 P 的外延以外的東西，即 $\bar{P}$。即是，在異品中，作為因的中詞全然不存在。用符號來說，即是 M 與 $\bar{P}$ 的共通部分為零：

$$(M \cap \bar{P}) = 0$$

或

$$M \cdot \bar{P} = 0$$

這因三相也可以幾何圖形來一一表示：

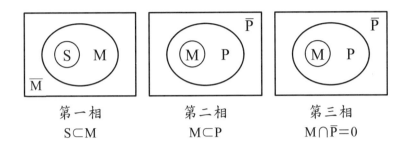

第一相　　　　　第二相　　　　　第三相
S⊂M　　　　　M⊂P　　　　M∩P̄＝0

九、九句因

　　九句因在《因輪整論》中又稱為「九宗法輪」，這是古來所謂「二八正因，四六相違，余五不定」的對九種命題的性質的說法。這九句因是陳那獨創的說法，其目的是要明確地辨別三支作法的正誤。就純理論言，九句因可以說是因三相的應用。推理的原理，都在因三相中。不過，要弄清楚妥當的推理式與非妥當的推理式的實際上的區分，則必須要看九句因。

　　所謂九句因，是把作為因的中詞 M 對作為「宗的謂詞」的大詞 P 的關係完全列舉出來，以建立作為喻的大前提的正確性。這其實是 M 與 P 的所有可能性的列述。即是，作為中詞的 M 與作為大詞的 P 可以作如下的組合：

1. M 對同品 P 來說，可以有「有」、「非有」、「有非有」三個關係。
2. M 對異品 P̄ 來說，亦可有「有」、「非有」、「有非有」三個關係。

因此，M 對同品 P 與異品 P̄ 兩方所成的關係，其總數可得 3×3

＝9，即九種。關於這九句因，《集量論》、《正理門論》與
《因輪整論》都有說及。《入正理論》則未有詳說。《正理門
論》謂：

> 宗法於同品，謂有、非有、俱，於異品各三，有、非有及
> 二。[33]

關於「有」、「非有」、「有非有」三個關係，可作如下理解：

1. 「有」是兩概念如 A 與 B 的外延相等，即 A＝B。
2. 「非有」是 A 與 B 沒有共通的部分，即 (A∩B)＝0。
3. 「有非有」是 A 為 B 所包攝，占去 B 的一部分，即
   A⊂B。

M 與 P、P̄ 之間，依這三種關係來結合，可得九種方式。這稱為
九句。如第一句「同品有異品有」意即 M 對 P 是有，對 P̄ 亦是
有」。這若以符號來表示，即是：

$$(M＝P)\lor(M＝\bar{P})$$

以下我們列出九句因的名目及其符號表示式：

⑴同品有異品有	$(M＝P)\lor(M＝\bar{P})$
⑵同品有異品非有	$(M＝P)\lor[(M\cap\bar{P})＝0]$
⑶同品有異品有非有	$(M＝P)\lor(M\subset\bar{P})$
⑷同品非有異品有	$[(M\cap P)＝0]\lor(M＝\bar{P})$
⑸同品非有異品非有	$[(M\cap P)＝0]\lor[(M\cap\bar{P})＝0]$

---

[33] 《大正藏》32・1b。又參看宇井伯壽，op. cit., 頁 208。

⑹同品非有異品有非有　　$[(M \cap P) = 0] \vee (M \subset \overline{P})$

⑺同品有非有異品有　　　$(M \subset P) \vee (M = \overline{P})$

⑻同品有非有異品非有　　$(M \subset P) \vee [(M \cap \overline{P}) = 0]$

⑼同品有非有異品有非有　$(M \subset P) \vee (M \subset \overline{P})$

　　九句因所表示的，是大前提即喻中的中詞 M 與大詞 P 的關係，如「凡是所作的東西都是無常」中的所作的東西與無常的關係。不過，在上面列舉的九種情況中，並不是全部都合乎喻的條件的，其標準在於因三相中的第二相與第三相。因為這兩相所涉及的，是喻的問題。第一相並不關涉喻，故暫不必理會它。

　　在上節討論因三相中，我們見到第二相的同品的條件是：

　　　　$(M \subset P) \vee (M = P)$ _____ (a)

第三相的異品的條件是：

　　　　$(M \cap \overline{P}) = 0$ _____ (b)

在九句因中，合乎這標準的，只有第二句與第八句。第二句滿足(a)式的後半與(b)式，第八句則滿足(a)式的前半與(b)式。故這兩句可以成為正確合法的大前提。進一步看，第二句：

　　　　$(M = P) \vee [(M \cap \overline{P}) = 0]$

的後半部可改寫為：

　　　　$[(M \cap \overline{P}) = 0] \equiv (M \subset P)$

代入第二句中，即成：

　　　　$(M = P) \vee (M \subset P)$

這其實是(a)式。第八句

　　　　$(M \subset P) \vee [(M \cap \overline{P}) = 0]$

其實是 $(M \subset P)$ 的重複，而 $(M \subset P)$ 是(a)式的前半部。故第二句

與第八句都可以作為正確合法的大前提。

又在九句因中,可分為三種,這即是正因、相違因、不定因。與第二、三相相應的,即第二句與第八句,為正因,可視為正確合法的大前提。與這第二、三相矛盾,而不能作大前提的,為相違因。在九句因中,第四句與第六句,即為相違因。首先看第四句:

$$[(M \cap P) = 0] \lor (M = \bar{P})$$

前半部可轉成:

$$[(M \cap P) = 0] \equiv (M \subset \bar{P})$$

後半部可轉成:

$$(M = \bar{P}) \equiv [(M \subset \bar{P}) \cdot (\bar{P} \subset M)]$$

這是依於兩個概念若為相等,則它們必相互包容的理由。因而第四句可寫成:

$$(M \subset \bar{P}) \lor [(M \subset \bar{P}) \cdot (\bar{P} \subset M)]$$

此中,$M \subset \bar{P}$ 與第三相 $(M \cap \bar{P}) = 0$ 矛盾。第六句經同樣分析,亦與第三相矛盾。故第四、六句都不能作正確合法的大前提。

九句中,除了正因與相違因外,其他的五句,大抵能滿足第二相或第三相,亦有相抵觸之處。這都稱為不定因。如第一句:

$$(M = P) \lor (M = \bar{P})$$

其前半部 $M = P$ 能滿足第二相,但後半部 $M = \bar{P}$ 則與第三相相反。故其前半部為真,後半部為偽,故為不定因。

由是,在九句因中,第二、八句為合法,第四、六句為不合法,其他五句有合法處,有不合法處,因而為不定。這個總結,正是我們在論述這節的開頭時所提出的:二八正因,四六相違,余五不定。

論學書二則

1. 論色空

　　某某兄，你好。十月廿九日大函收悉。洗塵法師患病多年，未能痊癒，令人憂慮。港臺之出家人中，鮮有如彼般具魄力者。香港僧伽會之事業，在一時間內，恐怕難有進展。

　　大函提到兄之溝通佛學與現代科學之文為人抨擊之事，弟甚不安。就弟所瞭解，彼輩之抨擊，恐非出於客觀學理角度，而是出於個人之狹隘觀點。彼輩恐亦非真懂佛教之客觀學理者。希兄勿因此事耿耿於懷。

　　弟無神通之異能，故凡佛典中述及此等情事者，弟皆不能置一言。不能置可否。弟只能一本學者之態度，存疑而已。吾兄有異能，而又一本弘法之誠，發揮此等情事，以攝引大眾，自無不可。昔佛圖澄曾以種種異能，攝服胡人，化其暴戾，使歸於祥和，亦有大功於弘揚佛法也。

　　就《內明》所見，兄於溝通科學與佛學，用功不少，恐怕亦有不少讀者因此而接近佛法。兄之魄力，令人讚歎。惟就學理言，其中恐亦有疏略之處。以下姑舉兩例以明之：

　　一、兄曾以質能互變，解色空相即。此中恐有商榷之必要。色是質，固無問題，但空卻不易與能提在一起。就弟所知，「空」

一概念，於《般若經》與中觀論典中有較專門之發揮，其確意為「無自性」，或自性之否定。其說空之用意，是要人悟入諸法之「無自性」之本質，而去除種種妄執（對自性因而對諸法之妄執）。就此言，空之原義，當是一原理、一狀態，是虛的。它是性相中的「性」邊，不是生滅的緣起法。至於能，則是一種力用，它不必是無形相。（它對我們為無形相，但還是可以儀器測出其存在。）它既是力，便仍是實，而不是虛，不是一原理。它仍是性相中的「相」邊，仍歸於現象，是生滅的緣起法。就佛理而言，質、能、色，統是無自性，統是空。（此中道理深微，恐難以數語說清楚。可以確定的是，能與空，就佛理言，有重大的差異。鳩摩羅什譯《法華經》，有「力」一概念，被視為諸法的一個面相。此中的差異，或可藉認識的方式來輔助理解：能之存在，可藉儀器來確定；空之存在，則必由般若智慧來證會。）弟前曾有〈般若經之空義及其表現邏輯〉一文，發表於《華岡學報》第 8 期，或可助理解。

二、兄曾數次以阿賴耶識為智慧。弟甚不解。據唯識論典，阿賴耶識為妄識之總匯。這正是智慧發展之大障礙。故要覺悟，必須轉捨阿賴耶識，將之轉為大圓鏡智。阿賴耶識自身決不是智慧，把它轉掉，智慧才可能。

以上兩點，請兄指教。弟意　兄除致力溝通科學與佛理外，亦可就學理方面多留意佛法。以　兄之才智，必能精進。

匆匆不一，即祝　吉祥

弟吳汝鈞和南，11.5.

2. On Kuan-yin

Dear Prof. David Kinsley,

This is written in reference to the issue of Kuan-yin as a goddess. In Buddhism, the ten realms (Skt., dhātu) of sentient beings are:

Buddha
bodhisattva $\Big\}$ mahāyānist

pratyekabuddha
śrāvaka $\Big\}$ Hīnayānist

heaven

man

asura – a devil fond of fighting by nature

animal

hungry spirit (or ghost)

hell

The realms from Buddha down to śrāvaka were regarded as realms of enlightenment; whereas the realms from heaven down to hell as realms of transmigration, or *saṃsāra*. Pratyekabuddha is one who attains Buddhahood through self-effort; whereas śrāvaka is one who wakes up to his true nature through hearing the Dharma preached by a Buddha.

The realm of heaven includes gods, goddesses, angels, etc.

This ten-realms doctrine appeared in the *Avataṃsaka-sūtra* and was later on often mentioned by T'ien-t'ai masters.

In making the statement that Kuan-yin is a goddess, it seems to me that the following points have to be added, in order to avoid misunderstandings:

1. Kuan-yin is s bodhisattva, the realm of which is higher than that of goddess. The most crucial difference is that a bodhisattva is free from transmigration, whereas a goddess is not. She is still within the cycle of life and death.

2. It therefore seems that in the Buddhist context, to regard Kuan-yin as a goddess may degrade "her." However, it has to be bore in mind that a goddess in the Buddhist context does not enjoy the admirable attributes (e.g., transcendence) that a goddess in the Wertern context enjoys. For a Buddhist, a goddess is essentially not different from a man at all, both being in the realm of life and death and undergoing transmigration.

3. A goddess is sexually female. A Kuan-yin, as a bodhisattva, which denotes an enlightened being, has essentially nothing to do with sex. The statement that Kuan-yin is a goddess only makes sense when it is spoken of in terms of apparition. It is believed in Buddhism that a bodhisattva is capable of, for the purpose of saving others from sufferings, assuming whatever form in whatever sex. Kuan-yin was a female because "she" always appeared as a female. This is one of the expedient apparitions of a bodhisattva.

Sincerely,

NG Yu-kwan

April 11, 1986

參考書目

排序依據：

一、梵文：依經典名稱之羅馬字體先後排序。

二、中、日文：以作者姓氏筆劃多寡序列。

三、英、德、法文：依羅馬體字母先後序列。

一、梵文

荻原雲來、上田勝彌編集《梵文法華經》，東京，山喜房佛書林，1994。

大正大學綜合佛教研究所梵語佛典研究會編《梵文維摩經：ポタラ宮所藏寫本に基づく校訂》，東京：大正大學出版會，2006。

二、中、日文

一鄉正道著《中觀莊嚴論の研究：シャーンタラクシタの思想》，京都：文榮堂，1985。

上田義文著《大乘佛教の思想》，東京：第三文明社，1977。

上田義文著《大乘佛教思想の根本構造》，京都：百華苑，1972。

上田義文著《佛教思想史研究》，京都：永田文昌堂，1967。

上田義文著《梵文唯識三十頌の解明》，東京：第三文明社，1987。

山口益著《空の世界》，東京：理想社，1974。

山口益著《佛教における無と有と對論》，東京：山喜房佛書林，1975。

山口益著《般若思想史》，京都：法藏館，1972。

山田惠諦著《法華經のこころ》，京都：法藏館，1996。

ツルティム・ケサン、小谷信千代共譯《ツォンカパ著アーラヤ識とマナ
　　識の研究～クンシ・カンテル～》，京都：文榮堂，1986。

久保繼成著《法華經菩薩思想の基礎》，東京：春秋社，1987。

大正大學綜合佛教研究所輪迴思想研究會編《輪迴の世界》，東京：青史
　　出版社，2001。

ひろさちや、木內堯央著《ひろさちやが聞く法華經》，東京：鈴木出版
　　社，1995。

中村元著《東洋人の思惟方法1：インド人の思惟方法》，東京：春秋社，
　　1975。

中村瑞隆譯《現代語譯法華經》上、下，東京：春秋社，1999。

末木剛博著《東洋の合理思想》，東京：講談社，1970。

北川秀則著《インド古典論理學の研究：陳那（Dignāga）の體系》，東
　　京：鈴木學術財團，1973。

北山淳友著、峰島旭雄監譯《東と西　永遠の道》，東京：北樹出版社，
　　1985。

印順著《印度佛教思想史》，臺北：正聞出版社，1988。

印順著《空之探究》，臺北：正聞出版社，1985。

宇井伯壽著《宇井伯壽著作選集第一卷：佛教論理學》，東京：大東出版
　　社，1966。

宇野精一、中村元、玉城康四郎編《講座東洋思想5 佛教思想 I インド的
　　展開》，東京：東京大學出版會，1975。

司馬春英、渡邊明照編著《知のエクスプロージョン：東洋と西洋の交
　　差》，東京：北樹出版社，2009。

牟宗三著《佛性與般若》，臺北：臺灣學生書局，1977。

吳汝鈞著《印度佛學的現代詮釋》，臺北：文津出版社，1994。

吳汝鈞著《佛教的概念與方法》，臺北：臺灣商務印書館，2000。

吳汝鈞著《佛教的當代判釋》，臺北：臺灣學生書局，2014。

吳汝鈞著《金剛經哲學的通俗詮釋》，臺北：臺灣商務印書館，1996。

吳汝鈞著《龍樹中論的哲學解讀》，臺北：臺灣商務印書館，2019。

林鎮國著《空性與現代性：從京都學派、新儒家到多音的佛教詮釋學》，
　　臺北縣新店市：立緒文化事業公司，1999。

金倉圓照著《インド哲學佛教學研究 I 佛教學篇》，東京：春秋社，
　　1973。

長尾雅人譯《維摩經（ヴィマラキールティの教え）》，長尾雅人編《世
　　界の名著》2，東京：中央公論社，1975。

長尾雅人等編集《岩波講座東洋思想第八卷：インド佛教 I》，東京：岩波
　　書店，1998。

松本史朗、金澤篤、木村誠司、四津谷孝道編《インド論理學研究 V：ダ
　　ルマキールティ特輯號》，東京：山喜房佛書林，2012。

武邑尚邦著《佛教論理學の研究》，京都：百華苑，1968。

津田真一著《アーラヤ的世界とその神：佛教思想像の轉回》，東京：大
　　藏出版社，1998。

服部正明、上山春平著《認識と超越：唯識》，東京：角川書店，1974。

宮本正尊編《佛教の根本真理：佛教における根本真理の歷史的諸形
　　態》，東京：三省堂，1974。

梶山雄一、上山春平著《空の論理：中觀》，東京：角川書店，1973。

梶山雄一著《佛教における存在と知識》，東京：紀伊國屋書店，1983。

梶山雄一著《般若經：空の世界》，東京：中央公論社，1976。

梶山雄一著《輪迴の思想》，京都：人文書院，1997。

梶山雄一著、吳汝鈞譯《龍樹與中後期中觀學》，臺北：文津出版社，
　　2000。

梶山雄一著、張春波譯《印度邏輯學的基本性質》，北京：商務印書館，
　　1980。

張忠義、光泉、剛曉主編《因明新論：首屆國際因明學術研討會文萃》，
　　北京：中國藏學出版社，2006。

望月海淑著《法華經における信の研究序說》，東京：山喜房佛書林，
　　1980。

陳森田著、吳汝鈞審訂《佛教中觀學百論的哲學解讀》，臺北：臺灣學生
　　書局，2017。

勝呂信靜著《法華經の成立と思想》，東京：大東出版社，1996。

勝呂信靜編《法華經の思想と展開》，京都：平樂寺書店，2001。

渡邊寶陽著《われら佛の子：法華經》，東京：中央公論新社，2000。

葉少勇著《中論頌：梵藏漢合校、導讀、譯注》，上海：中西書局，2011。

聖凱著《攝論學派研究》上、下，北京：宗教文化出版社，2006。

賴賢宗著《佛教詮釋學》，臺北：新文豐出版公司，2003。

三、英、德、法文

Bhatt, S. R. and Mehrotra, A., *Buddhist Epistemology*. London: Greenwood Press, 2000.

Conze, E., *Vajracchedikā Prajñāpāramitā. Edited and Translated with Introduction and Glossary*. Roma: Is. M. E. O., 1974.

Conze, E. tr., *Buddhist Wisdom Books Containing the Diamond Sutra and the Heart Sutra*. London: George Allen and Unwin, 1980.

Coward, H. ed., *Studies in Indian Thought. The Collected Papers of Professor T. R. V. Murti*. Delhi: Motilal Banarsidass, 1983.

Dasgupta, S., *A History of Indian Philosophy*. 5 Vols. Delhi: Motilal Banarsidass, 1975.

Dharmakīrti, *Vādanyāya of Dharmakīrti: The Logic of Debate*. P. P. Gokhale, tr. Delhi: Sri Satguru Publications, 1993.

Dutt, N., *Mahāyāna Buddhism*. Delhi: Motilal Banarsidass, 1978.

Eckel, M. D., *Jñānagarbha on the Two Truths*. Delhi: Motilal Banarsidass, 1992.

Fatone, V., *The Philosophy of Nāgārjuna*. Delhi: Motilal Banarsidass, 1981.

Frauwallner, E., *Die Philosophie des Buddhismus*. Berlin: Akademie Verlag, 1994.

Frauwallner, E., *The Philosophy of Buddhism*. G. L. Sangpo, tr. Delhi: Motilal Banarsidass, 2010.

Ghose, R. N., *The Dialectics of Nāgārjuna*. Allahabad: Vohra Publishers and

Distributors, 1987.

Gold, J. C., *Paving the Great Way: Vasubandhu's Unifying Buddhist Philosophy*. New York: Columbia University Press, 2015.

Gupta, B. ed., *Explorations in Philosophy: Essay by J. N. Mohanty*. Vol. I Indian Philosophy. Oxford: Oxford University Press, 2002.

Gupta, R., *The Buddhist Concepts of Pramāṇa and Pratyakṣa*. Delhi: Sundeep Prakashan, 2006.

Harris, I. C., *The Continuity of Madhamaka and Yogācāra in Indian Mahāyāna Buddhism*. Leiden: E. J. Brill, 1991.

Hayes, R. P., *Dignaga on the Interpretation of Signs*. Dordrecht: Kluwer Academic Publishers, 1988.

Hopkin, J., *Meditation on Emptiness*. Boston: Wisdom Publications, 1996.

Ichimura, S., *Buddhist Critical Spirituality: Prajñā and Śūnyatā*. Delhi: Motilal Banarsidass, 2001.

Inada, K. K., *Nāgārjuna: A Translation of his Mūlamadhyamakakārikā*. Tokyo: The Hokuseido Press, 1970.

Jayatilleka, K. N., *Early Buddhist Theory of Knowledge*. Delhi: Motilal Banarsidass, 1980.

Jha, G. tr. *The Tattvasaṅgraha of Shāntarakṣita, with the Commentary of Kamalashīla*. 2 Vols, Delhi: Motilal Banarsidass, 1986.

Kalansuriya, A. D. P., *A Philosophical Analysis of Buddhist Notions*. Delhi: Sri Satguru Publications, 1987.

Kalupahana, D. J., *Nāgārjuna: The Philosophy of the Middle Way*. New York: State University of New York Press, 1986.

Kitayama, J., *Metaphysik des Buddhismus: Versuch einer Philosophischen Interpretation der Lehre Vasubanhus und seiner Schule*. Stuttgart-Berlin: Verlag von W. Kohlhammer, n.d. Reprinted by Chinese Material Center, China, 1983.

Kloetzli, W. R., *Buddhist Cosmology: Science and Theology in the Images of Motion and Light*. Delhi: Motilal Banarsidass, 1989.

Kochumuttom, T. A., *A Buddhist Doctrine of Experience. A new Translation and Interpretation of the Works of Vasubandhu the Yogācārin.* Delhi: Motilal Banarsidass, 1989.

Lamotte, E., *L'Enseignement de Vimalakīrti (Vimala-kīrti-nirdeśa).* Louvain, 1992. 此是法文原著，有 Sara Boin 的英譯。

Lancaster, L., ed. *Prajñāpāramitā and Related Systems.* Berkeley: Berkeley Buddhist Studies Series, 1977.

La Vallée Poussin, de, ed. *Mūlamadhyamakakārikā de Nāgārjuna avec la Prasannapadā Commentaire du Candrakīrti.* Bibliotheca Buddhica, No. IV. St. Petersbourg, 1903-13.

Lewis, C. I. and Langford, C. H., *Symbolic Logic.* New York: Dover Publications, Inc., 1959.

Lopez, D. S. ed., *Buddhist Hermeneutics.* Honolulu: University of Hawaii, 1992.

Maitreya., *Maitreya's Madhyāntavibhāga. With Commentaries by K. Shenga and J. Mipham.* The Dharmachakra Translation Committee, tr. New York: Snow Lion Publications, 2006.

Matilal, B. K. and Evans, R. D. eds., *Buddhist Logic and Epistemology: Studies in the Buddhist Analysis of Inference and Language.* Dordrecht: D. Reidel Public Company, 1986.

McCrea, L. J. and Patil, P. G., *Buddhist Philosophy of Language in India: Jñānaśrīmitra on Exclusion.* New York: Columbia University Press, 2010.

Mejor, M., *Vasubandhu's Abhidharmakośa and the Commentaries preserved in the Tanjur.* Stuttgart: Franz Steiner Verlag, 1991.

Mimaki, K. et al., *Y. Kajiyama Studies in Buddhist Philosophy.* (Selected Papers). Kyoto: Rinsen Book Co. Ltd., 1989.

Mishra, R. K., *Buddhist Theory of Meaning and Literary Analysis.* Delhi: D. K. Printworld(p)Ltd., n.d.

Mohanty, J. N., *Essays on Indian Philosophy.* Oxford: Oxford University Press, 1993.

Murti, T. R. V., *The Central Philosophy of Buddhism: A Study of the Mādhyamika*

System. London: Allen and Unwin, 1955.

Mimaki, K. et al. *Y. Kajiyama Studies in Buddhist Philosophy* (Selected Papers). Kyoto: Rinsen Book Co Ltd., 1989.

Mishra, R. K. *Buddhist Theory of Meaning and Literary Analysis*. Delhi: D. K. Printworld (P) Ltd. n.d.

Mohanty, J. N., *Essays on Indian Philosophy*. Oxford: Oxford University Press, 1993.

Nagao, G. M., *Mādhyamika and Yogācāra*. S. Kawamura, tr. Delhi: Sri Satguru Publications, 1992.

Nagao, G. M., *The Foundational Standpoint of Mādhyamika Philosophy*. J. P. Keenan, tr. Delhi: Sri Satguru Publications, 1990.

Ng, Yu-kwan, *T'ien-t'ai Buddhism and Early Mādhyamika*. Honolulu: University of Hawaii Press, 1993.

Padmakara Translation Group, tr., *The Adornment of the Middle Way. Shantarakshita's Madhyamakalankara with Commentary by Jamgön Mipham*. Boston and London: Shambhala, 2005.

Pandeya, R. and Manju., *Nāgārjuna's Philosophy of No-Identity*. Delhi: Eastern Book Linkers, 1991.

Pietersma, H., *Phenomenological Epistemology*. Oxford: Oxford University Press, 2000.

Puhakka, K., *Knowledge and Reality: A Comparative Study of Quine and Some Buddhist Logicians*. Delhi: Motilal Banarsidass, 1975.

Radhakrishnan, S. and Moore C. A. eds., *A Sourcebook in Indian Philosophy*. Princeton, New Jersey: Princeton University Press, 1973.

Ramanan, K. V., *Nāgārjuna's Philosophy, as presented in the Mahāprajñāpāramitā-śāstra*. Tokyo: Charles E. Tuttle Co. Inc., 1966.

Ram-Prasad, C., *Knowledge and Liberation in Classical Indian Thought*. Houndmills: Palgrave, 2001.

Robinson, R. H., *Early Mādhyamika in India and China*. Madison: University of Wisconsin Press, 1967.

Sharma, C., *A Critical Survey of Indian Philosophy*. Delhi: Motilal Banarsidass, 1979.

Sharma, T. R., *An Introduction to Buddhist Philosophy: Vijñānavāda and Mādhyamika*. Delhi: Eastern Book Linkers, 2007.

Siderits, M. Tillemans, T., Chakrabarti, A. eds. *Apoha: Buddhist Nominalism and Human Cognition*. New York: Columbia University Press, 2011.

Silk, J. A. ed., *Wisdom, Compassion, and the Search for Understanding: The Buddhist Studies Legacy of Gadjin M. Nagao*. Honolulu: University of Hawai'i Press, 2000.

Singh, A., *The Heart of Buddhist Philosophy: Dignāga and Dharmakīrti*. Delhi: Munshiram Manoharlal Publishers Pvt. Ltd., 1984.

Sprung, M. tr., *Lucid Exposition of the Middle Way. The Essential Chapters from the Prasannapadā of Candrakīrti*. London: Routledge and Kegan Paul, 1979.

Stcherbatsky, Th., *The Conception of Buddhist Nirvāṇa*. Delhi: Motilal Banarsidass, 1978.

Thurman, R. A. F. tr., *The Holy Teaching of Vimalakīrti*. Pennsylvania: Pennsylvania State University Press, 1976.

Tola, F. and Dragonetti, C., *Being as Conciousness. Yogācāra Philosophy of Buddhism*. Delhi: Motilal Banarsidass, 2004.

Tola, F. and Dragonetti, C. tr., *Nāgārjuna's Refutation of Logic (Nyāya): Vaidalyaprakaraṇa*. Delhi: Motilal Banarsidass, 1995.

Vetter, T., *Erkenntnisprobleme bei Dharmakīrti*. Graz: Hermann Böhlaus Nachf, 1964.

Waldron, W. S., *The Buddhist Unconscious: The ālaya-vijñāna in the context of Indian Buddhist Though*. London and New York: Routledge Curzon, 2006.

Wood, T. E., *Mind Only: A Philosophical and Doctrinal Analysis of the Vijñānavāda*. Honolulu: University of Hawaii Press, 1991.

國家圖書館出版品預行編目資料

印度佛學研究

吳汝鈞著. – 初版. – 臺北市：臺灣學生，1995
面；公分

ISBN 978-957-15-0678-4(平裝)

1. 佛教 – 哲學，原理 – 印度

220.91　　　　　　　　　　　　　　84004399

印度佛學研究

著　作　者　吳汝鈞
出　版　者　臺灣學生書局有限公司
發　行　人　楊雲龍
發　行　所　臺灣學生書局有限公司
地　　　址　臺北市和平東路一段 75 巷 11 號
劃 撥 帳 號　00024668
電　　　話　(02)23928185
傳　　　真　(02)23928105
E－m a i l　student.book@msa.hinet.net
網　　　址　www.studentbook.com.tw
登記證字號　行政院新聞局局版北市業字第玖捌壹號
定　　　價　新臺幣四〇〇元

一 九 九 五 年 五 月 初版
二 〇 二 三 年 十 月 初版二刷

22009　　　　
ISBN 978-957-15-0678-4(平裝)